효과적인 온라인 업무소통 방법

Can You Hear Me?

Nick Morgan 저
박정민 역

박영story

내 모든 세상의 중심인 니키에게.

과거의 세상과 현재의 세상 사이에 다리를 놓아준

사라, 에릭, 하워드, 엠마에게.

새로운 세상을 보여준 라킨, 로건, 에린, 시릴에게.

역자서문

"Can You Hear Me?"를 번역하면서,
업무 현장의 온라인 소통 때문에 발생되는
수많은 오해와 갈등들에 대한 이야기들이
머리속을 끊임없이 스쳐갔습니다.

"할 것이다" "한다" "했다"
"나는 분명히 이야기했으니,
못 알아들은 것은 상대방의 탓이다"라는 태도는
우리가 기대하는 성과를 만들어내는 데에
아무런 도움이 되지 않습니다.
특히 지금과 같이 대면소통을 하는 데에
수많은 장애물들이 존재하고 있는
어려운 상황에서는 말입니다.

온라인 공간의 태생적 특성상
내가 의도하지 않은 오해가
발생할 수 있다는 생각부터
우리는 시작해야 할 것 같습니다.
(솔직히 평소에 온라인 소통을 할 때
우리는 그런 생각은 전혀 안하니까요. ^^;;)

이 책을 읽으시는 독자분들은
업무 동료와 생산적인 커뮤니케이션을 할 수 있도록
내 쪽에서 준비할 수 있는 것이 무엇인지 먼저 생각해보고,
그 다음부터는 서로서로 온라인 소통방법에 대한
질문을 하고 피드백을 받는 과정을 통해
온라인 소통역량 강화를 하는
연습을 해보시기를 권하고 싶습니다.

“어떻게 하면 더 효과적으로 소통할 수 있을까?”
“어떤 말을 어떤 식으로 했을 때
상대방의 이해도와 수용도가 더 올라갈까?”

“어떤 말을 어느 타이밍에
어떤 식으로 했을 때
상대방의 불쾌감과 저항감이 올라갈까?”

“내가 무의식적으로 사용하는,
몸에 배어 있는
부정적인 온라인 소통 표현은 어떤 것이 있을까?”

“내가 쓰는 온라인 소통 표현 중에
기대하는 효과를 잘 만들어내서
조금 더 현명하게 사용하면
훨씬 더 좋을 수 있는 것은 어떤 것이 있을까?”
이제는 정말
진지하고 심각하게 생각해보고

다양한 실험을 해볼 때가 아닐까요.
지금까지 아무도 우리에게
가르쳐주지 않았었죠.
내용보다 과정이
얼마나 중요한지
우리도 몰랐거든요.

온라인 소통은
그저 빠른 속도와 편리감만
강조되는 도구였으니까요.

과거는 과거니까!
그동안 했던
나의 실수들은 깨끗하게 인정하고
그 다음 단계로 넘어갑시다.

이제는 보다 적극적으로
내가 만들 수 있는
보다 건강한 미래를 준비하자구요.

“내가 이렇게 이야기했을 때
상대방이 어떻게 느끼고 생각하게 되지?”

“상대방이 저렇게 이야기했을 때
내가 어떤 느낌과 사고를 갖게 되지?”

이제부터는
상사, 동료, 선배, 후배, 고객들과
"온라인 소통 과정"에 대한
소통을 시작하시기를 제안합니다.
우리가 모두
건강하게 어울려서
일할 수 있는
일터를 만들기 위해서요.

그리고
난생 처음 겪어보는
전쟁과 같은 어려운 상황으로
정말정말 힘들었던 작년 한 해를
최선을 다해
열심히 버텨내신 여러분들께
찬사와 응원의 박수를 보내드립니다.

2021년.
같은 하늘 아래에서
독자분들과 같은 고민을 하며
같은 방향으로 걸어가고 있는
박정민 드림.

프롤로그

"지금 대체 어떤 일이 일어나고 있는 거지?"

우리 모두는 자신도 모르는 사이에 엄청나게 큰 사회적 실험에 참가하고 있다. 그 실험은 2차 세계대전 이후에 시작되었고, 스마트폰의 출현 후 최근 10년 동안 점점 가속화된 것이다. 우리에게는 가상의 페르소나가 생겼고, 온라인 세상의 문이 열렸으며, 디지털 커뮤니티, 소셜미디어상에서의 인생, 이메일로 유지되는 관계, 오디오컨퍼런스 팀이 생겼다. 상대방과 가상공간에서 소통할 수 있는 정말 다양한 방법들이 생성된 것이다.

처음에는 온라인 커뮤니케이션을 할 수 있게 되었다는 것이 우리가 좀 더 편하게 살 수 있게 된 문명의 이기로만 생각되었다. 마우스로 "보내기" 버튼을 클릭하기만 하면, 여러 사람들과 동시에 이야기를 할 수 있게 되었으니까. 더 신속하게, 더 손쉽게, 보다 편하게 말이다.

최근에 와서야 우리는 이 대단한 사회적 실험이 어두운 면도 가지고 있다는 사실을 인식하기 시작했다. 한 가지 일에 집중할 수 있는 시간이 줄어드는 것을 걱정하기 시작했고, 인터넷이 우리를 바보로 만드는 것이 아닌가 하는 우려도 하게 되었다. 하지만 진정한 부정적인 문제는 우리의 눈에 보이지 않는다는 것이 더 큰일이었다. 우리의 무의식적 마음의 기능에 온라인 커뮤니케이션이 영향을 미치고 있기 때문이다.

우리의 삶, 우리의 일터, 그리고 우리가 사람들과 관계를 맺는 모든 방법에 있어서 온라인 커뮤니케이션이 벌써 매우 큰 자리를 차지해버렸기 때문에, 어느날 갑자기 그 자리가 비게 되면 얼마나 정서적으로 공허감을 느끼게 될지에 대해서는 상상도 하기 힘들 것이다. 다양한 형태의 온라인 커뮤니케이션들은 우리의 소통이 가지고 있는 정서적 맥락을 더 투명하게 확대시키기도 하고, 어떤 경우에는 더 감소시키기도 한다. 이건 누구에게나 다 그렇다.

이메일을 한번 생각해보자. 그저 농담을 하고 싶어서 이메일을 보낸 경험은 누구나 있을 것이다. 하지만 메일을 받은 사람이 재미있어 하는 것이 아니라 상처를 받아버려서, 깨어져버린 관계를 회복하는 데 어마어마한 시간을 투자해야 하는 상황도 생긴다. 바로 이러한 것이 온라인 커뮤니케이션이 우리의 감정 전달과정에서 오류를 만들어내는 가장 정확한 예가 될 것이다.

우리는 일을 할 때 종종 컨퍼런스콜을 하곤 한다. 다른 회의 참가자가 자신이 담당하는 업무의 이야기를 하염없이 주절주절 떠들어대면 참지 못하고 음소거 버튼을 누르게 될 때가 있다. 그러면 어느 순간 상사가 갑자기 끼어든다. “닉, 지금 우리 이야기를 듣고 있나요? 새로운 장치에 대한 닉의 생각은 어때요?”

그리고 소셜미디어에 대해서도 생각해볼 것이 많다. 엄청나게 많은 정서적 공감과 유대관계가 존재하는 것같이 보이지만, 사실 그 관계라는 것은 프링글스 감자칩 같은 거다. 프링글스 감자칩은 하나만 먹어서는 도저히 만족할 수가 없기 때문에, 계속해서 여러 개를 먹을 수밖에 없다. 짭짤한 감자칩의 맛을 느끼다 보면 계속 과자통으로 손이 가게 되고 멈출 수가 없게 되는 것이다. 이러한 우리 자신의 모습은 페이스북을 쓸 때에도 나타난다. ‘좋아요’ 한 개를 받기 위해 애쓰고, ‘좋아요’가 눌러졌을 때 기뻐하다 보면, ‘좋아요’의 수를 늘리기 위해 더욱 많은 노력을 하게 된다. 우리는 트위터와 인스타그램을 통해서 사회적 사랑을 얻는다. 그렇기 때문에, 하루에도 수백번씩 핸드폰을 들여다보게 되는 것이다. 간단히 말해서, 우리는 어마어마한 양의 인간적 상호작용들을 온라인 세상으로 옮겨놓았다. 그 결과, 대면소통을 할 때 정서적 정보, 지지, 강화를 효과적으로 얻지 못하는 상황도 생기게 되었다는 이야기를 하고 싶다.

온라인 관계는 좀더 깨지기 쉽고 망가지기 쉽다는 특성을 가지고 있다.

왜냐하면, 대면적 상호작용에서는 자동적으로 전달되는 무의식적 유대감이 온라인 관계에서는 부족하기 때문이다. 눈썹의 움직임, 목소리의 톤, 짧은 미소, 고갯짓… 이것들을 통해 우리는 상대방의 의도를 해석하곤 한다. 하지만 디지털 커뮤니케이션에서는 이러한 시그널들이 존재하지 않는 경우가 많다.

특히 일을 할 때 이와 같은 시그널의 부재는 소통의 오류와 오해를 만들어내고, 했던 일을 쓸데없이 또 하게 되는 상황이 조성되어, 업무회피현상이 나타나다 못해 업무관계에까지 손상을 입히게 된다. 불필요한 비용을 쓰게 되니 당연히 업무가 비효율적으로 진행된다. 손상된 관계, 잃어버린 기회, 깨어진 유대관계에 대한 비용 또한 제대로 계산할 수 없을 만큼 크다. 우리가 어떤 결정을 내릴 때에는 반드시 내면적인 감정이 동반되기 마련이기 때문에, 정서적 메시지 전달이 제대로 이루어지지 않는 온라인 커뮤니케이션과 컨퍼런스콜, 웨비나(webinar)에서 제대로 된 판단을 내리기란 거의 불가능하다고 말할 수 있겠다.

개인적인 삶에 있어서도 동일한 문제가 생기고 있다. 특히 물리적으로 멀리 떨어져 있는 사람과 온라인 관계를 유지하려고 할 때 그렇다. 사실 온라인 커뮤니케이션 외의 방법들은 너무 비용이 많이 드는 상황이다.

이와 같이 거대한 규모의 사회적 실험이 가져온 결과는, 외로움, 사회적 소외, 고립공포감(FOMO : Fear of missing out), 인스타그램/페이스북에서의 질투 들이 있다. 더 심하게는 10대의 우울증과 자살과 같은 비극적인 결과도 만들어내고 있다. 온라인 커뮤니케이션을 할 때 불편감을 느끼는 사람들이 많이 존재하며, 대면소통능력이 부족한 사람들도 정말 많다. 한 발은 대면 세상에, 다른 한 발은 온라인 세상에 담가둔 상태에서, 어느 한쪽도 제대로 하지 못하는 느낌을 받을 수밖에 없다. 두 가지의 소통을 하기 위해 많은 노력을 하지만, 어느 한쪽이라도 100% 완전한 편안함을 느낄 수 있도록 완벽하게 마스터할 시간이 부족한 상황이다.

도대체 어떻게 해야 할까? 이 거대한 사회실험은 앞으로도 계속될 것인데 말이다. 이 도구들이 없이 살아낼 방법도 없다. 우리의 개인적 삶과 업무적 삶의 너무 많은 부분들이 온라인 세상에서 일어나고 있기 때문이다. 게다가 글로벌 사업을 하는 기업이라면 매일매일의 업무현장에서 비대면 소통 방식을 사용하지 않으면 제대로 기능할 수 없는 경우가 매우 많다.

그렇기 때문에, 우리는 이 새로운 온라인 세상에서 조금 더 현명하게 생활하고, 조금 더 다르게 소통할 수 있는 방법을 배워야만 한다. 잘못된 상호작용으로 인해 지불해야 하는 비용(개인적 삶에서의 손해, 금전적 손해)을 낭비하지 않을 수 있도록, 의도적으로 정서적인 맥락을 온라인 커뮤니케이션에 추가해볼 필요가 있다.

그것이 바로 이 책의 핵심 주제라고 말할 수 있겠다.

차례

서론

예전보다 우리는 주위 사람들과 더 많이 연결되어 있다고 하는데,
왜 나는 이렇게 외로운 걸까?

"와, 이건 정말 예술의 경지네요." 나는 보스턴에 있는 반쪽 회의실로 안내받아 들어갔다. 나머지 반쪽 회의실은 그 회사의 지사가 위치한 덴마크에 있었다. 그 회사에서 내가 해야 할 일은, 앞으로 중요한 미팅에서 발표를 해야 하는 여섯 명의 임원들을 코칭하는 것이었다. 그 임원들은 미국, 유럽, 아시아 등 다양한 나라에서 일하고 있는 사람들이었다.

그날, 나는 한 임원을 대상으로 코칭을 하였다. 그 임원은 앞으로 1-2주 정도는 미국에 돌아올 수가 없기 때문에, 하루라도 빨리 발표 준비를 시작해야 하는 상황이었다. 그래서 그녀는 현재 있는 덴마크 회의실에서, 화상을 통해 미국에 있는 나와 만난 것이었다.

"같은 방에 있는 느낌이 들만큼 좋네요." 덴마크를 연결하기로 한 창문없는 방으로 나를 안내해준 행정 비서가 이야기했다. "거의 예술의 경지예요!"

안내에 따라 나는 고급 경영대학원의 강당에 있을 것 같은 멋진 테이블과 함께 놓여 있는 의자에 앉았다.

내 앞쪽에는 무대나 강단이 아닌 스크린이 있었다. 스크린에는 내가 있는 방의 모습이 비쳐 보였다. 멋진 테이블, 의자들, 각 의자 앞에 놓인 마이크들.

거대한 거울을 보는 느낌이었다. 그 거울 안의 반쪽만 비어 있을 뿐.

나는 방을 둘러보면서 기다렸다. 행정 비서는 낮은 목소리로 몇 가지 유의점을 이야기해주었다. "마이크에 대고 이야기를 해주세요. 말씀을 하실

때에는 이 버튼을 누르시면 됩니다. 일어서지 않으셨으면 좋겠구요. 이야기를 하실 때 특별히 소리를 크게 지르실 필요는 없습니다."

왜 일어서지 말라는 건지 궁금했다. 비서가 나간 후 1-2분이 지났을까, 내가 코칭해야 할 임원인 듯한 사람의 모습이 나타났다

처음에 그 임원의 머리는 일부분만 보였다. "이 예술의 경지"는 의자에 앉은 사람만 커버할 수 있다는 것을 알게 되었다. 평균적인 키의 사람이라면 말이다. 매우 키가 큰 사람이라면 약간 등을 구부려야 할 것 같았다.

임원이 앉았을 때에야, 나는 그녀의 얼굴을 제대로 볼 수 있었다.

"ㅇㅇㅇ하십니까"라는 말이 들렸다.

잠깐 당황했지만, 아마 인사를 했을 거라는 생각이 들었다. 마이크는 그 임원의 말에서 첫 단어를 전달하지 못한 모양이었다.

나는 마이크 버튼을 누르고 이야기했다. "(삑— 버튼 누르는 소리) 만나 뵙게 되어 기쁩니다. 감사합니다. 안녕하십니까."

마이크 버튼을 누를 때 생기는 퍼커션 소리가 이어지고, 이야기가 겹치기도 하는 와중에, 코칭 대화는 진행되어갔다. 코칭 회기가 끝날 무렵, 우리는 왠지 목소리를 높여서 외치는 수준에서 이야기를 하고 있었다. 왜 그랬는지 모르겠다. 의자에서 일어나지 않는 한 서로의 모습을 잘 볼 수 있었다. 말하기 전에 마이크 버튼을 누르기만 하면 서로의 이야기를 잘 들을 수 있는 상황이기도 했다. 그런데 왜 그렇게 힘들게 느껴졌던 것일까? 왜 코칭 마무리쯤에는 서로에게 소리소리 지르고 있었던 것일까? 거의 같은 방에 있다고 생각될 만큼의 상황이었는데 뭐가 그렇게 어려웠던 것일까? (이 질문에 대한 대답은 서론의 끝 부분에서 하도록 하겠다. 그리고 화상회의의 문제점과 긍정적 기회에 대해서는 9장에서 다뤄볼 계획이다.)

디지털 세상에서 소통을 하게 되면 대화의 명확성, 손쉬움, 깊이라는 부분에서 잃어버리는 것이 많다고 생각하는 사람들이 꽤 된다. 이메일에서는 당신이 원하는 어조의 가벼움 정도를 명확하게 전달하기 위해 애를 써야 하고, 당신이 웃고 있는 모습이 이메일로는 제대로 전달되지 않기 때

문에 동료들에게 오해를 살 수도 있다. 컨퍼런스콜에서는 중간중간에 연결이 잘 되지 않는 상황이 생겨서, 90분 동안의 회의 시간에 계속해서 집중하기가 어렵기도 하다. 스카이프(Skype) 통화에서는 어느 정도의 몰입 태도를 보여주어야 하는지 감을 잡기가 어렵다. 취업을 위한 인터뷰인데, 인터뷰어는 당신과 마찬가지로 자신의 집 식탁에 앉아 있는 것이라면, 그러한 상황은 인터뷰의 역동에 어떤 영향을 미치게 될까? 집에 있을 때와 회사에 있을 때는 어떻게 다를까? 어조가 더 개방적이 될까, 폐쇄적이 될까? 더 공식적인 태도로 느껴질까, 아니면 캐주얼하고 편하게 느껴질까? 진지한 느낌은 늘어날까, 줄어들까?

오늘날의 온라인 세상에서 바람직한 정서적 태도란 어떤 것일까?

사람들은 지금도 온라인 커뮤니케이션을 제대로 해내기 위해 여러가지 장애물을 넘으며 애를 쓰고 있다. 하지만 아직도 뭔가 중요한 것들이 많이 빠져 있는 경우가 많다. 상대방 이야기의 뉘앙스, 정서, 세부적인 핵심 내용을 정확히 알아내기가 점점 더 어려워지고 있다. 그렇다면 디지털 세상은 우리를 더 멍청하게 만들고 있는 것일까? 소통에 집중하기가 더 힘들다는 이야기인가? 정서적 유대를 맺는다는 것이 그다지 바람직하지 않다는 의미인가?

그렇지는 않다. 하지만 우리가 예전과는 조금 다르게 움직이는 방법을 배워야 한다는 의미이기는 하다. 새로운 규칙들을 학습할 필요가 있다. 새로운 언어로 소통하는 것을 배우는 것과 마찬가지이다. 온라인 세상이 펼쳐지면서 여러 개의 새로운 세계들이 동시에 펼쳐지기 시작했다. 이 새로운 세계들은 나름대로의 새로운 행동규범을 가지고 있어서 새로운 니즈를 창출해냈다. 대면소통에서는 아무 생각 없이 자동적으로 이루어졌기 때문에 당연하게만 생각했던 많은 것들이, 이제는 의식을 하고 의도적으로 해야 하는 일이 되었다. 디지털 세상은 우리의 무의식적 소통 습관을 다시 다듬어서, 의식적인 목표달성을 위해 노력해야 한다고 이야기한다.

그리고 가장 중요하고 시급하게 우리가 배워야 하는 것은, 디지털 세상에 존재하고 있는 함정은 어떤 것인지, 새로 나타난 소통의 형태는 어떤 것인가에 대한 것이다. 예를 들어, 심리학자들은 새로운 공포증을 발견하고 있다. 예를 들어 휴대폰이 없이 생활해야 하는 것을 두려워하는 노모포비아(nomophobia)같은 것이다.[1] 하지만 우리가 디지털 세계에 빠져들수록, 우리의 고립감은 그만큼 빨리 늘어난다는 것을 많은 연구결과들이 보여주고 있다.[2] 한낱 도구에 지나지 않는 것에 우리는 왜 이렇게 집착해서, 오히려 사람들과의 거리감을 증대시키고 있는 것일까? 우리 사회에는 페이스북 - 고립공포감(FOMO), 트위터 - 질투, 링크드인 - 상실과 같은 현상이 일어나고 있다. 사람들은 그와 같은 불편감을 감소시키기 위해 더 깊숙이 디지털 세상으로 파고 들어가게 된다. 온라인 세상의 물을 벌컥벌컥 들이마실수록 더 많은 목마름을 느끼게 되는 상황이다.

우리는 예전 그 어느 때보다 사람들과 많은 연결을 맺고 있지만, 더 많은 외로움을 느끼고 있다

현재 우리는 도움이 필요한 상황이다.

대면소통을 할 때에는 상대방이 대화의 순간순간마다 느끼는 감정에 대해 매우 많은 정보를 얻을 수 있지만, 온라인 커뮤니케이션에서는 쉽게 만족할 수 없는 부분이다. 온라인 커뮤니케이션은 조금 더 평면적이기 때문에, 우리는 의도적으로 내 자신의 감정을 표현하려고 애써야 하고, 상대방의 감정도 이해하기 위해 노력해야 한다.

그렇기 때문에, 디지털 시대의 의식적 커뮤니케이션에 대한 새로운 규정집이 필요하다는 것이다. 우리의 무의식은 디지털 세상에 대한 효과적인 진입을 방해하는 면이 있다. 디지털 세상에서 우리는 보다 민감하게 상대방의 감정을 느끼고, 패턴을 인식하며, 기억을 되살리는 방법을 새로이 배워야만 한다.

그래서 당신이 지금 손에 들고 있는 이 책은(혹시 e-book을 읽고 있거나, 오디오북을 듣고 있을 수도 있겠다. 아니면 아마 앞으로 개발될 최신 기술에 의해 당신의 뇌에 곧바로 인식될수 있는 상황이 펼쳐져 있을지도 모르겠다) 효과적인 온라인 소통 방법을 소개하려고 한다. 이 책에서는 우리가 이미 들어가 있지만 아직 잘 알지 못하는 디지털 세상을 이해하기 위한 포도스 가이드(*Fodor's guide*. 역주: 여행 안내서)를 제공할 예정이다.

우리에게 디지털 세상이 필요한 것은 사실이지만, 그곳에서 건강한 마음을 가지고 살기 위해 노력해야 할 일이 아직 너무 많이 남아 있다.

신속하게 얻을 수 있는 무료 정보의 기회비용은 엄청나게 비싸다

이제 독자분들도 새로운 디지털 세상이 가지고 있는 어두운 면에 대해 알게 되었을 것이다. 일의 세계에 살고 있는 우리가 해결해야 할 문제는 어떤 것들이 있을까? 상황을 더 좋게 만들기 위해 우리는 무엇을 할 수 있을까? 서론에서는 디지털 커뮤니케이션이 가지고 있는 난제를 다루는 이 책의 주요한 아이디어를 간단하게 소개해보려고 한다.

안타깝게도, 더 많이 알면 알수록, 우리가 만들어놓은 세상의 더 안 좋은 면이 나타난다. 점점 더 많은 연구들이 디지털 시대의 인생이 가져오는 부정적 효과를 보여주고 있다. 무제한으로 끊임없이 재생산되는 소소한 정보들은 수퍼컴퓨터가 뱉어내는 것으로는 괜찮겠지만, 인간에게 도움이 되는 방향인가를 생각해보면 분명 문제가 있다.[3]

게다가 더 안 좋은 것은, 디지털 세상이 상황을 어떻게 더 어렵게 만들고 있는지를 금방 알 수는 없지만, 우리가 경험하는 어려움은 아주 명확하다는 것이다. 자, 그렇다면 여기에서 온라인 세상에서의 이상적인 커뮤니케이션이란 어떤 것인지에 대한 연구를 잠깐 살펴보도록 하자.

이메일 수신자는 송신자에 대해 그다지 협조할 생각이 없다. 게다가, 그렇게 협조를 하지 않는 것에 대해 당연하다고 생각하기까지 한다.[4] 어떨 때에는 뻔뻔하게 거짓말도 한다.[5] 사회적 의무감을 그다지 느끼지 않는 상황이기 때문에, 상대방에 대해 더 매몰차게 평가를 한다.[6] 이메일로 협상을 하기 전에 간단한 전화통화를 하는 것이 더 효과적이라는 연구가 있을 정도이다.[7] 논쟁을 해야 하는 대상과 웹캠을 통해 눈맞춤(eye contact)을 하게 되면, 적대감은 줄어들고 대화가 더 잘 된다는 연구도 있다.[8] 눈맞춤을 통해 우리는 장기적으로 누가 권력을 갖게 될지를 알게 되고, 단기적으로는 누가 이야기를 하고 있는지를 알수 있다.[9]

일반적으로, 감정 소통("내가 당신을 존중하고 있습니다"와 같이, 대면소통에서 쉽게 전달 가능한 감정)이 부족한 문제를 해결하기 위해 노력한 일터에서는, 무단결근이나 번아웃(burnout)과 같은 문제가 감소하고 구성원의 몰입도가 상승했다는 연구 결과도 존재한다.[10]

온라인 커뮤니케이션은 예상치 못한 방법으로 우리를 방해하고 있다

커피나 축구와 같은 사회적 단어들을 대화에서 자주 사용하는 사람들은 해고되는 경우가 적다는 연구가 있다.[11]

이제는 사람들이 사실은 컨퍼런스콜에 집중하지 않는다는 이야기를 들어도 놀라는 사람은 없을 것이다.[12] 물론 당신도 마찬가지일 거다. 동료들로부터 컨퍼런스콜의 소리가 꺼져 있는 줄 알고 멍청이같은 행동을 한 우스운 이야기를 들은 적도 많을 테니 말이다. 한마디로 말해서, 전세계의 사무실에서 근무하는 사람들은 당신이 월요일 아침에 진행하는 중요한 컨퍼런스콜에 몰입해서 참여할 생각이 없는 것이다.

나도 고백을 하나 하고 싶다. 언젠가의 지루한 컨퍼런스콜을 하던 중에 나는 타로카드를 가지고 놀기 시작했다. 그렇다고 해서, 내가 타로카드의 맹신자도 아니었다. 그냥 시간을 때울 무엇인가가 필요했다. 차라리 간단한 운동을 하는 것이 더 낫다는 것을 발견하기까지는 타로카드 장난을 계속했다. 이제 나는 컨퍼런스콜에서 이루어지는 대화들을 들으면서, 운동을 하곤 한다.

어떤 때에는 낙서를 하는 것이 오히려 집중력을 더 높여주기도 한다.[13] 낙서를 하게 되면 무의식적인 상태에 더 몰입할 수 있기 때문인 것 같기도 하다.

문자를 보내는 것보다는 낙서를 하는 것이 더 나을지도 모른다. 연구자들에 따르면, 연애관계를 유지하기 위해 문자를 더 많이 보내는 사람일수록, 그 관계에 대한 만족도는 더 낮다고 한다.[14] 하지만 회의중에 문자를 보내는 행동은 바람직하지 않다. 당신의 동료들 중 4분의 3은 불편해할 것이기 때문이다. 아무리 당신이 지금 하고 있는 짓을 잘 숨기려고 한다해도 말이다.[15] 누구든지 눈치를 채기 마련이다.

물론, 사람들은 이메일을 통해 훨씬 더 명확한 소통을 할 수 있다고 생각하고 있다. 실제는 그렇지 않음에도 불구하고 말이다.[16] 어조라는 것은 사실 소통하기가 매우 어려운 것이다. 표면적으로 나타나지 않는 감정들이 숨겨져 있기 때문이다. 분자생물학자이자 『브레인 룰스(*Brain Rules*)』의 저자인 존 메디나(John Medina)가 이야기했듯이, 사람들은 지루한 것들에 대해서는 그다지 주의를 기울이지 않는다. 다른 감각들보다 시각은 우선적으로 정보를 가져오긴 한다. 하지만 대면소통에 비교했을 때 비디오콜(video call)에서는 충분한 정보를 받지 못한다. 상대방이 있는 방의 공기 상태가 어떤지, 어떤 향기가 나는지, 어떤 소리가 들리고 있는지에 대해 파악하기가 어렵기 때문이다. 우리가 가지고 있는 다섯 가지 감각기관이 느끼는 자극들에 대한 정보는 비디오콜에서 압축되거나 일부가 삭제될 가능성이 높다.[17]

인간은 원래 자연속에서 지속적으로 움직이면서 대면소통을 하는 존재였다

메디나의 주장에 따르면, "인류의 뇌는 자연속에서의 생존과 관련된 문제들을 해결하기 위해 설계되었다. 불안정한 기상조건하에서 계속 움직여야 했기 때문이다." 우리가 가지고 있는 감각기관과 무의식까지 모두 총동원해야 하는 작업을 해야 하는 상황이었다. 하지만 온라인 세상에서는 이와 같은 조건이 대부분 존재하지 않는다. 메디나는 이런 주장도 했다. "우리의 뇌는 세부적인 사항을 파악하기 전에 우선 의미에 대해 생각하려고 한다는 사실을 이해할 필요가 있다. 상대방이 구체적으로 무슨 이야기를 하는지를 알기 이전에, 상대방의 이야기가 담고 있는 의미를 원한다는 것이다."[18] 즉, 우리는 왜(why)를 먼저 알고 싶어하고, 그 다음에야 방법(how)과 내용(what)을 알고 싶어한다는 주장이다.

신경과학자들에 따르면, 뇌는 새로운 것을 마주했을 때(사실 우리의 일상생활에서 매우 많이 일어나는 일이다), 질문을 하기 시작한다고 한다. 외부세상에서 받은 자극에 대해 여섯가지 핵심적인 걱정을 하기 시작하는데, 이는 당연히 생존에 관한 것이다. 이것이 나를 잡아먹을까? 내가 이것을 먹을 수 있을까? 내가 이것과 성관계를 할 수 있을까? 이것이 나와 성관계를 할 수 있을까? 내가 이것을 이전에 본 적이 있나? 내가 이것을 이전에 본 적이 없나?

3분기의 회계수치 때문에 컨퍼런스콜에서 논쟁하고 있는 사람들의 무의식 속에서 이와 같은 질문들이 돌아다니고 있는 장면을 상상이나 할 수 있을지 모르겠다.

우리의 무의식은 주위 상황에 대해 넓게 파악을 하고 싶어하는 동시에(평원에서 어느 정도 떨어진 동굴에서 살 때부터 가지고 있었던 기대), 안전한 은신처를 찾고 싶어한다. 하지만 우리가 현재 살고 있는 온라인 세상에서는 광범위한 시각이나 은신처를 얻기가 매우 어렵다.[19]

온라인 커뮤니케이션에는 대면소통에서는 거의 일어나지 않는 다섯가지 큰 문제가 존재한다

온라인 커뮤니케이션이 가지고 있는 첫번째 큰 문제점은 피드백의 부족이다. 온라인 세상의 흐름에서 만들어지는 모든 문제들로부터 야기된 것이다. (진화적 시각에서 보았을 때) 인간은 취약점이 많은 존재이다. 날카로운 발톱과 이빨을 가지고 있는 큰 동물들에게 잡혀서 저녁 식사 거리가 될 가능성이 높다. 그래서 인간은 앞으로 일어날 일에 대한 예측력을 발달시켰고, 민첩하게 주위를 정찰하는 능력을 개발하였다. 우리는 항상 앞으로 어떤 일이 일어나게 될지에 대해 알고 싶어하고, "혹시 동굴 입구에 보이는 저 그림자는 호랑이가 다가오고 있는 것이 아닌지"를 파악하고 싶어한다.

인간의 뇌는 지속적으로 주위의 상황을 스캔하면서 위험요인이 있는지를 찾으며 앞으로의 일을 예측하는 일을 한다. 우리가 인식하고 있는 다섯가지 감각을 이용하고, 무의식적 마음이 가지고 있는 기능까지 활용해서 주위를 살핀다. 다른 인간이나 동물이 가까이 다가오고 있을 때의 공기 변화를 감지하는 것과 같이 말이다.

온라인 세상에서는 대부분의 경우, 이와 같은 감각적 정보를 얻기가 쉽지 않다. 대면소통상황에서는 지속적으로 받을 수 있고 분석가능한 피드백을 온라인에서는 받기가 어렵다. 그래서 우리의 뇌는 감각적 정보 대신에 예전의 기억과, 혼자 만들어낸 예측, 그리고 불안으로 가득차게 되는 것이다.

게다가 온라인 세상에서 경험하게 되는 반복성, 혼란스러움, 긴장감은 우리를 더 힘들게 만든다. 감각적 피드백이 없다는 사실이 우리가 온라인 세상에서 겪게 되는 첫번째 어려움이다.

두번째의 큰 문제점은 첫번째 문제점과 연결되어 있다. 공감의 부족이다. 온라인 커뮤니케이션에서 얻을 수 있는 정보가 많지 않기 때문에, 상대방의 감정에 대해 배울 수 있는 것도 매우 적기 마련이다. 다른 사람들의 감정에 대해 우리에게 지속적으로 자료를 전달해주는 거울신경도 그다지 정보를 얻지 못하기 때문에, 결국 스스로가 자료를 만들어내게 된다. 이메일을 보낸 상대방이 나에게 화가 나 있는지, 나를 좋아하고 있는지 상상해야 하는 것이다. 그 사람이 어떤 생각을 하고 있는지를 알 수가 없기 때문이다.

이와 같은 정보의 부족으로 인해 생기는 오해는, 상대방의 감정 상태에 대해 제대로 해석을 할 수 없게 만든다. 대면소통상황에서는 잘할 수 있었던 공감도 수준이 낮아지거나 정확도가 떨어지기 마련이다.

공감의 부족에서 생기는 또 하나의 부작용은, 온라인 세상을 지루하게 느끼게 된다는 것이다. 실제 세상에서 우리가 시간과 에너지를 들여서 주로 하는 일은, 다른 사람들의 감정을 파악하는 것이기 때문이다. 그러다보니 온라인 세상에서의 주의력은 10분 정도로 짧아질 수밖에 없다.[20] 그럼에도 불구하고 우리는 지금까지 해왔던 대로 한 시간 이상 지속되는 회의를 하게 되는데, 사실 온라인으로 진행되는 회의는 우리가 집중할 수 있는 시간을 매우 감소시킨다.

세번째 큰 문제점은, 우리 자신의 페르소나(persona)에 대한 통제 부족이다. 이 문제는 온라인 세상에 존재하는 감정의 사막 때문에 생긴다. 온라인 세상은 모든 부분이 기계에 의해 운영되고 있기 때문에, 모든 것들이 다 기록된다. 즉, 당신이 어디를 가든지 디지털 발자국이 끊임없이 생긴다는 것을 의미한다. 현실에서는 사람들은 일어났던 일을 잊어버리고 용서를 하기도 한다. 하지만 온라인 세상에서는 많은 취업준비생들이 후회할만한 일이 일어나게 된다. 광란의 대학 파티에서 찍은 창피한 사진들이 여전히 존재하고 있고, 누구든지 인터넷을 검색해서 찾아볼 수 있다는 사실 말이다.

물론 온라인 세상에서의 페르소나도 어느 정도는 통제가 가능하지만, 당신이 탐험했었던 모든 자취들이 기억되는 세상에서는 쉬운 일은 아니다. 당신이 디뎠던 모든 발걸음에 시멘트가 발라져서 그대로 보관되는 상황이니 말이다.

네번째의 큰 문제점은 감정의 부족이다. 인간의 마음은 지속적으로 주위환경을 파악하고, 만나게 되는 모든 사람들의 의도를 이해하려 노력한다. 감정적 맥락을 제대로 파악하지 못하면 당황스러운 일이 벌어질 수밖에 없다. 의사결정을 내리기가 영 어렵게 된다. 우리는 스스로가 스포크박사(Spock, 역주: 미국의 유명한 육아전문가, 소아과의사)와 같이 전문가적 판단을 할 수 있다고 믿고 있다. 즉, 의식적으로, 논리적으로 적절한 의사결정을 할 수 있다는 것이다. 하지만 신경과학분야의 많은 연구들에 따르면, 우리는 무의식, 즉 기억과 감정에 기반하여 의사결정을 할 때가 많다고 한다.[21] 그 결과, 온라인 세상에서의 우리의 의사결정력에는 심각한 한계가 생기게 된다. 제대로 된 결정을 하기도 힘들고, 부족하거나 잘못 해석된 자료에 기반하여 옳지 않은 방향으로 판단을 하게 되는 것이다.

예를 들어 생각해보자. 우리가 이메일을 보낼 때 의도하지 않았던 감정을 혼자 상상하고 내용을 잘못 해석한 상대방 때문에 골치가 아팠던 경험이 누구나 있을 것이다. 오디오컨퍼런스에서도 동일한 상황이 발생할 수 있다. 당신이 말을 한 다음에 상대방이 침묵한다면, 합의하고 싶지 않다는 것일까, 아니면 화가 났다는 것일까, 아니면 지금 파티를 하고 있어서 무음버튼을 눌러놓은 것일까? 아무것도 알 수가 없으니 결정을 내릴 수가 없다. 너무나 어려운 상황이다.

마지막 큰 문제점은 연결관계와 관계몰입의 부족이다. 인간은 누구나 주위 사람들과 관계 맺기를 원한다. 온라인 세상도 끊임없는 사회적 상호작용이 일어나는 공간으로 보여진다. 하지만 진정한 연결관계란 의사결정과 마찬가지로 감정에 기반하고 있다. 충분한 감정이 존재하지 않는 온라인 세상에서 생각보다 우리는 더 많은 고립감을 느낄 수밖에 없다. 사람들이 직접 만나서 서로를 이해하고, 사랑에 빠지고, 공통적인 흥미를 찾아내는, 그야말로 자연스럽게 연결관계를 형성하는 과정이 부족한 것이다.

수천 명의 트위터 팔로워, 엄청나게 많은 인스타그램과 페이스북의 친구들, 매우 큰 링크드인 커뮤니티를 가지고 있으면서도 우리가 끊임없이 쓰레기같은 온라인 관계('좋아요'나 조회수로만 측정되며, 포옹과 같은 실제 연대감은 없는 순간적인 쾌감)에 탐닉하게 되는 이유이다.

그 결과, 온라인 세상에서의 관계몰입(commitment), 즉 신뢰는 매우 깨지기 쉬운 것이 되어버렸다는 사실이 우리를 두렵게 한다. 트롤링(trolling. 역주: 천박하고 비생산적인 언어로 상대방의 화를 돋구고 놀리는 행위)이 여기저기에서 흔하게 일어난다. 온라인 세상에서의 정서적 대화는 실제 인간이 가지고 있는 마음을 제대로 표현해주지 못하는 경우가 많다.

이 다섯가지 문제는 이후의 내용에서 더 자세히 다루어볼 예정이고, 결론에서는 다양한 형태의 온라인 커뮤니케이션을 통해 활용해볼 수 있는 솔루션도 제공해보려고 한다. 물론 이 다섯가지 문제점들은 어느 정도 겹치는 부분이 있다. 인간의 마음에 대한 것이기 때문에, 명확하게 구분하기란 쉽지 않다. 피드백이 부재하게 되면 공감이 부족하게 될 수밖에 없다. 온라인 정보가 부족하게 되면 통제력도 감소하게 된다. 감정이 결핍되면 당연히 의사결정을 제대로 내릴 수가 없다. 연결관계가 부족해지면 상대방에 대한 관계몰입이 결핍될 것이다. 이 문제점들은 매우 중요하기 때문에 하나씩 하나씩 독립적으로 다루어볼 예정이다.

그리고 드디어 우리는 이제 연구작업을 시작하게 되었다. 이 책을 쓰면서 나는 스스로 하고 싶은 말을 대변해주는 새로운 연구결과들을 만날 수 있었다. 지금까지 나를 힘들게 만들었던 것은 임팩트가 큰 연구가 별로 없었다는 사실이었다. 온라인 커뮤니케이션에 대해서는 아직 답을 찾지 못한 수천 개의 질문만이 존재하고 있었다. 이 독특한 이슈에 대해 조작적 정의를 명확하게 내린 경우가 없기 때문에, 제대로 연구가 이루어지지 못한 점도 있었다. 뇌와 커뮤니케이션에 대해 현재 이해하고 있는 내용도, 추후에 더 많은 연구가 진행되면 아마 바뀌게 될 것이다. 어떤 신경과학자는 인터뷰에서 "이건 오프더레코드이지만, 사실 우리가 뇌에 대해 아는 것은 아무것도 없어요"라고 말해주기도 했다.

물론, 정말 아무 것도 모르고 있다고 한 이야기는 아니었지만, 그 전문가가 이야기한 것은 보다 나은 발전을 위해 생각해봐야 할 거리인 것은 분명하다. 하지만 지금부터 온라인 커뮤니케이션이 가지고 있는 핵심적인 문제들을 관찰하고, 앞으로 어떻게 해나가야 할지에 대해 제안해보기 시작하는 것은 가능할 거라고 생각한다.

*

앞에서 이야기했던 비디오컨퍼런스 이야기로 돌아가보자. 그 상황은 왜 그렇게 불편하게 느껴지는 것일까? 대면소통이 어떻게 이루어지는지에 대해 간단하게 분석을 해보면, 내가 초반에 제기했던 몇가지 의문들에 대한 대답을 찾는 데에 도움을 얻을 수 있을 것 같다. 다섯가지 문제에 대한 내용을 바로 읽어보고 싶은 독자분은, 여기서 바로 1장을 펼치셔도 좋을 것이다.

정서적 진실은 인지적 진실만큼 소통에서 중요한 역할을 하는 요소이다

인간은 제대로 된 옷을 입지 않고, 서로 주먹다짐을 했으며, 으르렁거리는 소리로 메시지를 전할 때부터 소통이라는 것을 배우기 시작했다. 인간 집단은 털북숭이 매머드(mammoths)나 날카로운 이빨의 호랑이와 같은 괴물들에 맞서 싸우기에는 너무나 힘이 없었다. 민첩하게 달아나는 것만이 살 길이었다. 그래서 상대방의 의도를 즉각적으로 읽어내는 것이 생존과 죽음의 차이를 만들어냈다. 신속하게, 무의식적으로, 간단하게 소통하는 방법을 배우게 된 것이다.

우리의 소통에 기반된 것은 원시인류가 다른 동물에 대해 반응을 보일 때 배웠던 지식이다. 살아남기 위해 상대방의 패턴을 인식하고, 그 인식 결과에 따라 민첩하게 행동해야 했으니까 말이다. 상대방에 대한 패턴 인식을 지속적으로 진행하고, 명확하게 기억하기 위해 우리는 중요성의 위계를 만든다. 그때 각 단계마다 붙이는 것이 정서적 이름표이다. 가장 무서웠던 일을 우리는 가장 잘 기억하게 된다. 매일 우리의 뇌는 새로 시작하기 위해, 가장 중요해보이는 기억(식량, 은신처, 섹스 그리고 다른 중요한 것들과 밀접한 관련이 있는 가장 무서웠던 기억)을 유지하기 위해 덜 중요한 정서적 기억을 지워없애는 것을 배웠다.

그게 삼십만년 전 이야기고, 이십구만구천구백년 동안 별 변화가 없었다. 그런데 인간은 온라인 커뮤니케이션을 시작하게 되었다. 이후에 더 자세히 살펴보겠지만, 온라인 커뮤니케이션은 의도치 않게 대면소통에서의 정서적 구조 대부분을 없애버렸고, 사람들과 더 신속하게 더 편하게 연결할 수 있다는 점만 강조하고 있다.

그 결과. 우리는 밀려들어오는 방대한 정보에 압도되었고, 얼마 지나지 않아 인생이 지루해졌다.

대면소통을 할 때 우리는 의식적인 노력을 그다지 많이 하지 않아도 정서적인 상호작용을 할 수 있다. 상대방의 언어를 이해하지 못하는 상황에서도 몸짓과 표정으로 핵심적인 아이디어와 전달하고자 하는 감정을 신속하게 알아채는 것이 가능하다. 그러나 물리적으로 떨어져 있는 사람과 소통할 때, 우리가 들여야 하는 노력은 매우 크고, 소통의 오류가 생길 가능성도 어마어마하게 커질 수밖에 없다.

대면소통은 인간 행동의 기본이라고 말할 수 있다. 물론, 휴대폰 없던 예전의 삶이 어땠었는지를 기억하는 것은 점점 더 어려운 일이 되고 있지만 말이다. 우리는 이천년 동안 점점 더 빠르고 효과적으로 쉽게 대면소통을 하며 진화해왔다. 온라인 환경에서 일을 하기 위해 가상의 소통 기계를 사용하게 되면서 어떤 일이 일어나게 된 것일까?

온라인 환경은 우리의 표준 소통 모드에 있어서 유해한 점이 많다

사무실에서 일을 하고 있는 사람을 상상해보자. 회색으로 칠해진 벽, 회색 의자, 회색 컴퓨터가 놓여져 있다. 주위에서는 웅웅거리는 회색 소음이 들린다. 하지만 전화통화를 시작하면, 전화기는 그 직원이 현재 느끼고 있는 대부분의 감정을 잘라내고 목소리만을 전달한다. 전화통화나 웨비나가 그렇게도 지루한 이유가 바로 이것이다. 정서의 전달이 없기 때문에.

지금의 상황이 매일, 매달, 매년 지속된다고 생각해보자. 최근 갤럽 조사 [22] 에서 밝혀졌듯이, 조직구성원의 70%가 온라인 소통에서 지루함을 느끼거나 몰입하지 못하고 있다는 사실이 놀랍지 않을 것이다. 또 다른 최근 연구에 따르면, 정기적인 대면소통을 하게 될 경우, 성인의 우울증 위험도를 반으로 낮춘다고 한다. 전화와 이메일은 그만큼의 효과를 가져오지 못했다. [23]

우리의 무의식은 소통과정에서 정서적인 연결관계가 맺어지는 것을 느끼고 싶어한다. 인간은 원래 사회적인 존재이기 때문이다. 주위에 친밀한 사람들이 없는데 잘 지내기란 쉽지 않다. 무의식적 마음의 소통이 필요하다. 그러한 정서적 소통을 얻지 못한다면 고용주로서, 직원으로서, 인간으로서 건강하게 살아가기가 힘들 수밖에 없다. 우리는 직접 만나서 얼굴을 보고 하는 상호작용이 필요하다.

온라인 세상은 이와 같은 인간적 니즈를 제대로 채워주지 못한다. 우리는 지난 50년 동안 이루어졌던 커뮤니케이션의 변화에 아직 제대로 적응하지 못하고 있다.

항상 허전함을 느끼고, 지루한 데다가, 고립감도 느낀다.

조금 더 깊은 이야기를 해보도록 하자. 우리가 잃어버린 것 중에 가장 중요한 것은 무엇일까? 기본적인 대면소통이 어떻게 이루어지는지에 대해 생각을 한번 해보자. 우리는 대부분 대화를 시작할 때 상대방의 집중을 받기 위해 눈맞춤을 한다. 그러고 나서 하고 싶은 이야기를 진행하곤 한다. 영감을 얻기 위해, 기억을 되살리기 위해, 또는 상대방이 잠깐 숨을 고를 수 있게 해주려고 천장이나 바닥, 옆쪽을 바라보기도 한다. 그리고 자신의 이야기를 이제 마무리하고 상대방에게 대화 바통을 넘겨줄 준비가 되면, "이제 내 이야기가 거의 끝나가요. 이제 하고 싶은 얘기를 시작할 준비를 하세요"라는 의미를 전달하기 위해 상대방과 다시 눈맞춤을 하게 된다.

눈맞춤이 없이는 제대로 된 대화를 하기가 어렵다

눈맞춤은 소통과정에 있어서 중요한 역할을 하는 조절기(regulator)이다. 그리고 온라인 세상에서는 거의 잃어버린 소통도구이기도 하다.

대면소통에서 중요하지만 온라인 세상에서는 잘 찾아보기 힘들거나 기능을 하지 못하는 다른 소통 도구는 어떤 것이 있을까?

이메일부터 살펴보도록 하자. 거기에서부터 디지털 세상이 본격적으로 시작되었으니까. 디지털 시대는 '시간과 돈이라는 두가지 문제점을 오래된 소통 도구를 통해 해결하려 했던' 이메일과 함께 시작되었다. 편지, 메모, 다른 형태의 문서 커뮤니케이션(보고서, 백서)은 실리콘 밸리가 프릭션(friction)이라고 부르는 것, 즉 만들기도 어렵고 가격이 비싼 것들로 가득 차 있었다. 대면소통을 하기에는 너무나 일정이 바쁜 사람들이 많은 상황이었다. 매사추세츠 공과대학(MIT)의 엔지니어와 과학자들, 그리고 방위산업계에서는 간편하고 효율적인 소통 대체재를 원하게 되었다.

최초의 이메일은 1971년, 대학 연구자들과 군수산업가들이 정보를 공유하기 위한 목적으로 만들어진 아라파네트(ARAPANET)를 사용해서 보내졌다. 시간과 돈을 절약하겠다는 목표가 달성되었고, 이때부터 디지털 시대가 시작되었다. 커뮤니케이션은 간편하고 효율적으로 진행할 수 있게 되었고, 그야말로 판도라의 디지털 박스를 사람들은 열게 된 것이다.

이렇게 큰 의미가 있는 좋은 시도가, 왜 우리에게 정서적 교감이 부재한 환경을 만들어주게 된 것일까? 시간과 돈이라는 문제를 해결하기 위해, 디지털 커뮤니케이션은 의도치 않게 두가지 다른 문제점들을 만들어냈다. 우리는 점점 더 많은 이메일의 홍수 속에서 허우적대게 되었고, 곧 이메일의 대부분들은 별로 읽어보고 싶지 않은 것들이 되어버렸다. 하지만 디지털 시대에 완전히 들어온 후에야(그리고 새로운 기술에 대한 매력이 완전히 없어진 후) 명확해진 더 심각한 문제점이 또 하나 존재하고 있다. 편지(예전에는 전보에도)에 담겨 있던 정서적 요소가 완전히 없어져 버린 것이다. 물리적으로 떨어져 있는 사람과, 편리하고 쉬운 커뮤니케이션을 하게 되면서, 우리는 지나치게 많은 정보들을 떠안게 되었고, 항상 켜져 있는 소셜미디어 시대의 따분함 속으로 빠져들게 되었다.

그리고 또 하나 안 좋은 점이 있다.

우리 마음의 주된 기능은 무의식이다

우리의 마음은 대부분의 경우 무의식적 과정에 의해 움직인다.[24] 무의식적인 사고나 욕구를 감지하고, 우리는 그에 따라 의사결정을 하게 되는 것이다.

우리의 몸이 그 의사결정에 따라 움직이게 되면, 의식적 마음이 그 과정을 따라잡게 되고, 어떤 일이 일어나는지를 파악하고, 그 결과를 수용하게 된다. 우리의 마음은 무의식적 충동과 의식적 사고 간의 간극에 대해 불편하게 인식하지 않도록 하기 때문에, 의식하지 못한 상태에서 몸이 움직이는 것을 경험해도 힘들어하지 않는다.

우리의 무의식은 1초당 1,100만개의 정보를 분석할 수 있지만, 의식적 사고가 처리할 수 있는 정보의 양은 1초당 40개에 불과하다.[25] 우리가 활기차고 안전하게 사고를 할 수 있도록 무의식이 기능하는 것이다. 우리의 의식이 위험을 알아채기도 전, 1,000분의 1초만에 우리의 몸은 무의식의 결정에 따라 반응을 할 수 있다. 그린 존(Green Zone: 이라크 바그다드 내의 특별경비구역)에서 열린 뉴스 컨퍼런스에서 불만에 가득찬 이라크 기자가 던진 신발을 민첩하게 피했던 미국의 조지 부시(George W. Bush) 전 대통령과 같이, 우리는 사고하기 전에 움직일 수 있다. 이는 우리에게 매우 유리한 점이다.

하지만 우리가 의식하기 전에 의사결정을 하는 것이 문제를 일으킬 때도 있다. 판단을 할 때 우리는 정서적 기억과 무의식적 기억패턴을 활용하게 된다. 딸기를 먹으면 안 돼, 배가 아파지니까! 왠지 위험할 것 같은데, 다른 길로 돌아서 집에 가도록 하자! 그녀는 나한테 맞지 않는 사람이야!

무의식적인 수준에서 의사결정을 하는 것이 왜 문제를 일으킨다는 것일까? 또 그게 이메일과는 무슨 관련이 있을까? 누군가의 얼굴을 직접 보고 이야기를 할 때, 우리는 자동적으로 상대방의 정서적 상태를 파악할 수 있다. 특히 상대방을 잘 알고 있는 경우라면, 그 사람이 "당신 머리카락이 불타고 있네요"라는 말을 했을 때, 진지하게 이야기를 하는 것인지 농담을 하는 것인지 바로 판단할 수 있을 것이다. 그렇게 되면, 이야기를 어떻게 들을지, 소통에서 얻은 정보를 어떻게 이해해야 할지를 결정할 수 있게 된다. 그 사람과 이전에 해왔던 상호작용에서 얻은 정서적 기억과, 전반적인 다른 상호작용 및 기억에 기반하여 말이다.

대부분의 경우 우리는 원활하게 움직이는 두가지의 무의식적 프로세스(패턴을 인식하고 정서를 통해 그 패턴에 의미를 부여하기)가 매일 보는 익숙한 정보와 새롭게 마주친 낯선 정보를 어떻게 분석하는지, 그리고 다른 사람들과의 협상을 어떻게 진행하는지, 어떻게 의사결정을 내리는지를 잘 알지 못한다. 뜨거운 난로에 손가락을 갖다 댄 어린 아이를 한번 상상해보자. 곧 아이의 무의식적 마음은 놀라움과 분노, 고통, 당혹스러움으로 부글부글댈 것이다. 그렇기 때문에 그 작은 아이는 다시 똑같은 행동을 하지 않게 된다. 패턴 인식과 정서적 기억 덕분에 그 아이는 뜨거운 난로 가까이에 가지 않게 되는 것이다.

우리의 마음은 이런 식으로 움직이고 있다. 그렇기 때문에 이 과정에서 감정이라는 것이 빠지게 되면, 메시지를 전반적으로 이해하기가 어렵게 되는 것이다. 이메일을 주고받다보면, 당신과 상대방이 얻을 수 있는 신호가 그다지 많지 않기 때문에, 정서적 기억을 기반으로 의사결정을 하기가 쉽지 않다는 사실을 알게 된다. 이메일의 내용이 그저 지루하게 느껴지거나, 아예 부정확한 해석을 하게 될 수 있다. 어느 쪽이든 문제가 생길 수밖에 없는 것이다.

이메일이라는 것이 너무나 쉽게 발송할 수 있는 것이기 때문에, 우리가 받게 되는 메시지의 양과 수는 날로 늘어가고만 있다. 그런 상황에서 우리의 의사결정 프로세스는 그 많은 정보에 압도되어 제대로 기능을 못하고 있다. 자신에게 도착하는 모든 정보들 중 어느 것이 더 중요한지를 알아채기가 어려워지는 것이다. 메일의 분류가 어려워지고, 흥미를 느끼지 못하는 정보가 많아진다. 그리고 뭔가 다소 강한 반응을 했을 때, 상대방은 당신의 반응을 잘못 해석할 수도 있다.

결국 이메일(그리고 문자, 슬랙(Slack : 협업용 메신저), 그러니까 문자 기반의 모든 소통 형태들)이 간편하고 손쉽게 쓸 수 있는 도구들인 것은 분명하다. 하지만 동시에 금방 지루해지고, 지나치게 많은 정보가 덮쳐와서 압도되기 쉽고, 잘 다루기가 어려운 도구인 것도 사실이다. 이것이 디지털 시대의 현재 상황인 것이다.

반대로, 대면소통은 우리가 매우 잘 대처할 수 있도록 많은 경험과 연습을 해왔고, 신속하게 충분한 정보를 무의식 중에 다룰 수 있는 도구라고 말하고 싶다.

디지털시대, 우리는 소통재난과 마주했다

지금까지는 전달하고자 하는 메시지를 명확하게 하기 위해 주로 이메일에 대해 이야기를 해왔다. 하지만 시간과 공간을 초월해서, 그리고 보다 손쉽게 정보를 전달하고자 하는 디지털 시대의 기대를 충족하기 위해 만들어진 다른 도구들에서도 동일한 문제점들이 발생하고 있다. 처음에 디지털 시대의 문을 열었던 엔지니어와 과학자들은 대면소통의 가치에 대해 크게 관심을 가지지 않았었다. 그러다보니 인간의 니즈(주로 무의식적인 통로를 통해 인간의 의도와 의미에 대해 충분한 정서적 정보를 담고 있는 자료들을 신속하게 교환하고 싶은 것)를 충족시키기 위해 다양한 종류의 디지털 소통도구를 최적화하는 작업은 잘 해내지 못했다.

대부분의 우리와 마찬가지로, 어쩌면 그 사람들이 엔지니어였기 때문에 의식적 사고과정에 조금 더 관심을 가지지 않았을까 싶다. 사전적 정의로 보았을 때, 무의식이란 자신감에 차 있고 논리적으로 보이는 의식적 사고를 하는 자아에서 떨어진 채 숨겨져 있는 무언가로 생각되는 경우가 많다. 우유는 원래 우유통에서 나오는 거고, 고기는 처음부터 원래 랩으로 싸여져 있는 것이 맞으며, 본인이 원하는 재미있는 프로그램은 어느 전자 장비나 집어들기만 하면 원래 나오는 거라고 생각하는 서구 사회의 아이가 가지기 쉬운 시각이다. 그러한 시각을 가진 엔지니어들은 우리에게 이메일, 전화, 보이스 메일, 비디오콜, 다양한 디지털 사운드와 이미지를 복합화한 도구들을 제공해주었다. 대부분의 경우는 의도한 것은 아니지만 정서요소가 빠져 있다.

이제부터는 또 하나의 중요한 샘플인 전화를 한번 살펴보도록 하자. 엔지니어들이 인간의 목소리를 압축해서 전달할 수 있는 방법을 개발했을 때, 인간의 목소리는 세가지 종류의 사운드로 구성되었다는 사실을 발견했다. 사람의 목소리에서 가장 낮은 부분(대부분 남성)은 85Hz(헤르츠)까지 내려가고, 가장 높은 부분(대부분 여성)은 255Hz까지 올라간다. 청력이 정말 좋은 사람이라면 20Hz에서 20,000Hz까지 들을 수 있다.

언더톤과 오버톤이란 것은 무엇일까? 의식의 수준에서는 들을 수 없지만, 무의식적으로는 예민하게 캐치할 수 있는 것이다. 모든 인간의 목소리는 약간씩 다른 피치, 언더톤, 오버톤을 가지고 있다. 이 요소들이 합쳐져서 각각의 목소리를 독특하게 만들어준다. 음악가들이 이야기하는 "음색"이 바로 이것이다. 사람들의 음색을 듣게 되면 크게 의식을 하지 않아도, 그리고 언더톤과 오버톤을 신경써서 듣지 않더라도, 각각의 목소리를 알아차릴 수 있게 된다. 존(John)의 목소리인지, 제인(Jane)의 목소리인지 쉽게 구분이 가능한 것이다.

당신의 무의식적 마음은 엄청나게 대단한 힘을 가지고 있다

수백명의 사람들의 목소리를 구분할 수 있는 능력이라는 것은 정말 어마어마한 것이다. 무의식 속에서 이루어지는 작업을 통해, 의식적 마음이 현재 어떤 일이 일어나고 있는지를 알아차리기도 전에 믿을 수 없을 만큼 빠른 속도로 목소리의 패턴과 기억들을 되살려낸다. 의식적 마음이 적절한 시기에 인식할 수 있도록 매우 짧은 시간 내에 파악해주는 것이다.

전화를 만들어낸 엔지니어들이 대부분의 언더톤과 오버톤을 잘라내었기 때문에, 전화에서 듣게 되는 목소리는 원래만큼 독특하게 들리지는 않지만, 무의식적 수준에서는 여전히 구분 가능한 소리로 들린다. 지금까지는 뭐 그럭저럭 참아줄 만한 상황이었다.

여기서부터가 진짜 흥미로운 이야기이다. 인간의 목소리에 담겨 있는 감정은 언더톤에 의해 전달되기 때문에, 언더톤을 잘라내게 되면 목소리로부터 감정을 느끼기가 어렵게 된다는 연구결과가 나왔다.

그렇기 때문에 오디오컨퍼런스가 그렇게 지루하게 느껴지는 것이다. 감정에 기반한 의사결정을 해야 할 때, 오디오컨퍼런스, 인터넷 전화, 컴퓨터 전화 시스템, 컴퓨터 비디오 시스템에서 얻게 되는 정보에 흥미를 갖기가 힘들고 효율적으로 사고하기가 어렵게 된다. 물론 진짜 내용이 지루할 수도 있다. 하지만 이 도구들을 통해 우리는 정말 최선의 결정을 내릴 수 있는 것일까?

게다가, 우리는 언더톤에 힘이 있는 리더들을 뽑는 경우가 많다. 미국의 대통령 후보였던 버락 오바마(Barack Obama)와 존 맥케인(John McCain)이 토론을 했을 때, 맥케인은 초반 두번의 논쟁에서 승리를 거두었다는 평가를 받았다. 그리고 연구자들이 두 후보들의 목소리 패턴을 분석했더니 놀랍게도 오바마가 자신의 언더톤을 맥케인에게 맞추고 있었다는 사실을 알게 되었다. 즉 오바마가 어느 정도는 맥케인에게 숙이고 들어갔다는 것이다. 유권자들도 동일한 생각을 했고, 맥케인은 투표수에서 앞서게 되었다.[26]

일주일 후에 열린 세번째 토론에서 오바마는 갑자기 칼자루를 쥐는 모습을 보였다. 맥케인은 그에 따라 자신의 언더톤 목소리 패턴을 오바마에게 맞추게 되었고, 오바마는 그 논쟁에서 승리했다는 평가를 받았다. 보다 많은 표를 모을 수 있었고, 결국 대통령에 당선되었다.

우리가 리더를 뽑는 방법은 매우 놀라운 부분이 있다

리더십은 우리의 언더톤이 가지고 있는 목소리 패턴에 의해 결정되는데, 디지털 오디오 커뮤니케이션에서는 대부분의 정보가 제거된다. 즉, 전화나 유사한 디지털 소통 수단으로 자신이 맡은 팀을 효과적으로 이끌기란 어려운 일이라는 말이다. 집중을 하고, 의사결정을 하고, 의미를 분석하고, 패턴을 인식하며, 통찰을 하기란 더욱 어려워진다. 정보의 시대에 모든 사람들이 중요시하는 정신적 작업을 하기가 힘들어진다는 의미이다.

하지만 당신이 이 책을 읽고 있다면 아직 기회가 있다.

비디오는 어떨까? 비주얼적인 요소가 소통에 좀더 많은 도움을 주는 걸까? 당연히 그렇다. 비디오가 도움이 되는 부분이 분명히 있다. 하지만 그 나름대로의 도전과제가 존재한다. 사람들이 비디오콜을 힘들어하는 이유는 무엇일까? 비디오컨퍼런스에서 상대방이 잘 들린다고 하는데도 사람들이 자꾸만 소리를 지르게 되는 이유는 무엇일까?

대면소통을 할 때 우리의 무의식적 마음은 자연스럽게 어려움을 해결하는 방법을 알고 있다. 우리가 좋아하는 사람, 아이디어, 물건들에게 무의식적으로 가까이 다가가게 되고, 좋아하지 않는 것들에서는 멀리 떨어지려 한다. 대부분의 사람들이 쉽게 알아차리게 되는 신체적 언어 신호가 있다. 예를 들어, 공격적인 분위기의 사람이나 아이디어에 부딪히게 되면 우리는 곧 고개를 뒤로 젖히게 된다.

우리의 무의식은 주위의 사람들이 기분에 따라 여기저기로 움직이는 모습을 눈으로 볼 뿐 아니라, 그들의 움직임으로부터 생겨나는 작은 분위기 변화까지 감지한다. 비디오컨퍼런스의 화면에서 누군가를 볼 때, 우리의 무의식은 이와 같은 조그마한 신호를 감지하려 애를 쓰지만 제대로 된 정보를 받기가 어렵기 때문에, 상대방의 현재 상태와는 다른 판단을 내리게 될 가능성이 높게 되는 것이다.

우리는 온라인 소통 상대방과의 거리를 쉽게 측정할 수 없다

그래서 사람들이 목소리를 높여서 외치는 거다. 비디오콜이 어렵다고 느끼는 이유이기도 하고. 대면소통이 실제 전화라면 비디오콜은 실 전화 같은 거라 말할 수도 있겠다(게다가, 전화통화 자체도 쉽지 않은 일이다).

디지털 세상의 대부분은 2차원인 반면, 우리의 마음은 3차원이다. 그러다보니 오디오에서 많은 부분이 삭제되고, 감정소통이 막히거나 아예 없는 것으로 치부되기도 한다.

비디오는 2차원이기 때문에 핵심적인 감각 정보가 부족할 수밖에 없다. 이메일과 문자는 상대방의 의도를 파악할 수 있는 어조를 알려주지 않는다. 시스템이 발전할수록 정서 및 핵심적인 인간 사고 프로세스와 관련된 부분은 줄어들고 있다.

이와 같은 디지털 세상의 평면성 때문에 디지털 커뮤니케이션의 어려움이 생기는 것이다. 물론 시간과 공간의 한계를 뛰어넘는 편리함이 존재하는 것은 맞다. 하지만 무의식적으로 소통에 필요한 무언가가 부족하다고 느끼는데도 그 약점을 보완할 수 있는 것이 없기 때문에 우리는 디지털 소통도구를 편안하게 느끼지 못한다.

우리는 주위 사람들과 관계를 맺고 싶어한다

결국 인간은 사회적인 존재이며 상대방에게 공감할 수 있는 존재이다. 신속하고 진정성이 있는 대면소통을 통한 관계 맺기를 원한다. 우리의 세상에서는 사람들 사이에 다양한 연결선들이 존재하고 있다.

대면소통을 할 때 우리는 서로에 대해 어마어마하게 많은 정보들을 교환한다. 그중에서 의식적으로 파악가능한 정보는 일부분일 뿐이다. 온라인 세상에서의 소통이 이루어지면서, 그 풍부하던 정보교환은 양과 질 부분에서 문제가 생기기 시작한다. 바로 이것이 우리가 바로잡고자 하는 불균형 상태인 것이다.

앞으로는 온라인 커뮤니케이션에서 생기게 되는 다섯가지 문제점들을 한가지씩 답해보도록 하겠다.

이 책을 활용하는 방법

이 책의 1장부터 5장까지는 온라인 커뮤니케이션이 가지고 있는 다섯 가지 큰 문제점(피드백, 공감, 통제, 정서, 연결관계와 관계몰입의 부족)들을 다루면서 그 문제에 대해 어떻게 생각해야 하는지, 그리고 어떻게 대처해야 할지에 대해 고민해볼 것이다. 6장부터 10장까지는 세부적인 이슈들을 파악해보면서 다양한 디지털 채널(이메일, 이메일의 대체도구들, 문자 메시지, 컨퍼런스콜, 웨비나, 스카이프/행아웃/채팅 도구들)을 효과적으로 활용할 수 있는 방법을 알아보도록 하겠다.

마지막 장에서는 상업에서 중요한 분야인 영업에 대해 다뤄볼 것이다. 영업은 특히 인간의 관계에 많은 부분을 기반하고 있으며, 온라인 세상의 발전에 의해 많은 변화가 이루어진 분야이기 때문이다. 결론에서는 미래에 대한 예상도 해보도록 하겠다.

요약

- ★ 인간이라는 존재는 대면소통과 함께 발전해왔다.
- ★ 우리의 소통 중 대부분은 무의식적으로 이루어지며 감정에 기반하고 있다.
- ★ 감정은 우리가 소통 내용 중 어떤 것이 중요한지를 판단할 수 있도록 도와준다.
- ★ 온라인 커뮤니케이션은 소통의 핵심 부분인 무의식적 정서의 대부분이 제거된 상태이다.
- ★ 효과적인 소통에 꼭 필요한 정서가 부재한 상태에서, 온라인 커뮤니케이션은 지나치게 많은 정보의 홍수에 압도되고, 지루해지며, 오래 기억할 수 없다는 단점이 생기게 된다.
- ★ 대부분의 온라인 커뮤니케이션 도구는 인간의 무의식이 제대로 소통할 수 있는 환경을 조성해주지 못한다.
- ★ 온라인 커뮤니케이션으로 좋은 의사결정을 하기란 매우 힘든 일이다.
- ★ 연구 결과에 따르면, 온라인 커뮤니케이션을 할 때 대면소통을 할 때만큼 협업을 잘하기가 어렵다고 한다. 상대방에 대한 신뢰를 쌓기가 힘들고, 자주 기분이 상하게 되기 때문이다.
- ★ 온라인 세상에서 성공을 거두기 위해서는 사라져버린 정서를 의식적으로 다시 소통과정에 투입해야 할 필요가 있다.

1부

온라인 커뮤니케이션이 가지고 있는 **다섯가지 기본 문제점**

1장

피드백의 부족

명료한 정서적 표현은 어디로 가버렸단 말인가?

당신은 지금 협상을 해야 하는 상대방을 바라보고 있다. 그 사람은 컨퍼런스룸의 커다란 나무 탁자 건너편에 앉아 있고, 당신은 그가 뭔가 이야기를 하기를 기다리고 있는 중이다. 복잡한 협상과정이 진행되었던 지난 4주 동안, 당신은 상대방에 대해 매우 잘 알게 되었다. 그 사람의 언어적 표현 습관, 세심하게 보지 않으면 눈에 잘 띄지 않는 신체적 언어 신호까지(무표정한 얼굴 아래에서 어떤 생각을 하고 있는지를 말해주는).

드디어 그가 입을 열었다. "이제 진행만 하면 될 것 같습니다." 하지만 당신은 뭔가 아직 다 해결되지 않았다는 것을 느낀다. 그의 비언어적 표현을 보면 미묘한 불편감이 있다는 것을 파악하고 있기 때문이다. 상대방이 이 협상에 대해 완벽하게 만족하지 않았다는 것을 당신은 알고 있다. 그래서 곧바로 반색하며 "좋습니다. 같이 한번 잘해보죠"라고 이야기하는 대신에, 당신은 호흡을 한번 하고 나서, "지금까지 이야기되지 않은 것들 중에서 선생님을 불편하게 하는 것이 혹시 있었는지요?"라는 질문을 한다. 상대방에게 자신의 생각을 이야기할 수 있는 기회를 주는 것이다.

예상한 대로 그 사람에게는 뭔가 미진한 점이 있었다. 표면 아래 숨어 있던 그 문제점을 당신이 깔끔하게 해결해주고 난 뒤에야, 상대방은 '사실은 처음에 이 협상을 최대한 미루다가 지지부진해지면 조용히 없었던 일로 만들려는 생각이 있었다'고 고백했다. 그런데 '지난 한달 동안 당신과 함께 협상을 해오면서 당신을 점점 좋아하게 되었기 때문에, 대세에 영향을 주지도 않을 사소한 문제점을 이야기하는 것이 불편했다'는 것이다.

하지만 막상 이야기를 듣고 보니, 그 문제점은 계약에 큰 영향을 줄 수도 있는 중요한 이슈였다는 것을 알게 되었다. 당신이 상대방에게 마지막으로 이야기할 수 있는 기회를 주지 않았다면, 그 사람은 협상을 중단시켜 버릴 수도 있었던 것이다. 상대방의 비언어적 표현을 읽어냈던 당신의 행동이 그날의 협상을 성공시켰다.

감각 피드백(sensory feedback)이란 무엇일까? 인간에게 있어서 왜 그렇게 중요한 것일까?

피드백에는 두 종류가 있다. 암시적 피드백(implicit feedback)과 명시적 피드백(explicit feedback). 우리의 무의식은 암시적 피드백을 우리에게 365일, 24시간 내내 항상 제공해준다. 우리가 경험하는 세상에 대해 시각, 청각, 후각, 촉각, 미각을 통한 정보를 주는 것이다. 우리가 잘 알고 있는 다섯가지 감각 이외에도, 신경과학자들은 다양한 감각들이 존재한다고 주장한다. 온도감각(thermoception), 고유수용성 감각(proprioception), 평형감각(equilibrioception), 기계적자극 수용감각(mechanoreception), 다양한 상태, 배고픔과 목마름에 대한 화학수용기(chemoreceptors), 그리고 이제 겨우 우리가 파악해가고 있는 다른 다양한 감각들까지 말이다.[1]

명시적 피드백은 각각의 개인, 팀, 조직이 일상생활에서의 업무를 할 수 있도록 지원하는 중계방송(running commentary)이다. 실제 세상에서는 두 가지 종류의 피드백이 자연스럽게 혼합되어 쓰이고 있다. 우리가 주위 사람들과 주고받는 단어들에는 엄청난 양의 무의식적 감각적 정보들이 자동적으로 같이 따라가게 된다. 우리는 미소를 짓고, 얼굴을 찌푸리고, 몸을 뒤로 젖히고, 앞으로 숙이며, 웃고, 운다. 우리의 감각은 매일매일 어느 순간에도 일을 하면서 일상생활에서의 맥락과 정서적 의미를 만들어내고 있다.

그런데 온라인 세상에 들어오게 되면서 이와 같은 감각들이 매우 많이 사라져버렸다. 뇌에 있는 멀티채널의 감각 시스템에서 한 개 이상의 감각이 사용되지 못하게 되면서, 뇌는 그 빈 자리 때문에 불편감을 느낀다고 뇌신경학자들은 주장한다. 그래서 뇌는 가정(assumptions), 기억, 가짜 정보들로 그 빈 채널을 채우려 한다. 여기에서 자연스럽게 생기게 되는 결과가, 온라인 세상에서 흔히 볼 수 있는 소통의 오해인 것이다. 그래서 이메일이 송신자가 의도하지 않았던 빈정대는 듯한 어조를 전달하는 일도 생긴다.

전화 회의는 참가한 사람들 모두에게 이 프로젝트가 완전히 망해가고 있다고 생각하게 한다. 비디오컨퍼런스는 당신이 그 팀에 참여하는 것을 자꾸만 불편하게 여기게 만든다. 트롤링과 같은 공격적인 행동들도 발생한다. 어려운 점이 한두가지가 아니다.

간단하게 정리해보면, 우리는 온라인 세상에 들어오면서, 매일의 삶을 잘 살아가기 위해 매우 중요한 요소인 암시적 피드백을 얻을 수 있는 기회가 줄어들게 된 것이다. 진화적 용어로 설명을 한다면, 인간은 매우 취약한 존재이기 때문에 독특한 예측 스킬과 패턴 인식 능력을 개발해올 수밖에 없었다. 이 두가지 스킬을 합쳐서 생존할 수 있었던 것이다. 우리가 앞으로 일어날 수 있는 일을 예측하고 상황을 인식하게 해주는 정보를 얻지 못하게 되면, 당연히 길을 잃을 수밖에 없고 안전감을 느끼지 못해 혼란에 빠질 수밖에 없다. 바로 이것이 간단하게 요약해본 온라인 세상이다.

하지만 이 외의 문제들도 매우 많다. 명시적 피드백은 대부분의 사람들이 인식하고 있는 것보다 암시적 피드백에 많이 의존하고 있다. 그래서 우리가 누군가의 프레젠테이션, 미팅, 타운홀 세션에 대해 기억나는 바에 대해 질문을 받게 되면, 명시적 피드백과 암시적 피드백 받은 것을 모두 이야기할 수 있는 것이다. 겉으로 보기에 독해 보이는 메시지도 순화해서 받아들일 수 있고, 부드럽게 표현된 메시지에 숨은 독한 뜻도 해석 가능하다. "그냥 괜찮았어요"라고 말을 할 수도 있겠지만, 우리의 신체적 언어(암시적 피드백)를 보면 그 세션이 정말 재난수준이었다는 우리의 생각이 드러난다. 물론 그 반대의 경우도 가능하다. 강한 단어들을 이야기하면서도 "그렇게 나쁘지 않았어요"라는 메시지를 표현할 수도 있다. 따뜻한 손길이나 미소를 통해 부정적인 영향력을 감소시킬 수 있는 것이니까 말이다. 물론 그 중간 수준의 다양한 의미들도 전달 가능하다.

팀구성원들에게 비언어적인 암시적 표현을 하면서 연결관계를 맺는 스타일 때문에 명시적 피드백을 제공하는 것에 익숙하지 않은 관리자는 온라인 세상에서 어려움을 겪을 수 있다. 기존에는 전혀 언어적으로 표현하지 않았던 모든 것들을 구체적으로 표현해야 하기 때문이다. 이 일을 잘 못하게 되면, 구성원들은 리더의 의도와 자신의 성과에 대한 평가가 어떤 것인지에 대해 혼란을 느낄 수 있다.

명시적 메시지에서 암시적 피드백으로부터 얻을 수 있는 정보가 빠지게 되면, 말을 하는 사람 또한 혼란스러움과 고립감을 느끼게 된다. 온라인 세상에서 얻을 수 있는 피드백이 가지고 있는 어려움에 대해서는 이후에 더 자세히 살펴보도록 하겠다.

우리가 파악해본 기본적인 문제점은 이것이다. 명시적 피드백은 정서적 연대감을 제공하기 위해 암시적 피드백에 많이 의존한다. 이 정서적 연결관계는 사람들의 관계를 의미있게 만들고, 사람들이 조직생활의 수많은 변화 안에서 효율적으로 기능할 수 있도록 도와주고, 사람들이 건강하게 견뎌낼 수 있도록 조력한다.

명시적 피드백은 인간의 정서적 상호작용의 무의식적 맥락이 부족하다

별 뜻 없이 한 피드백이 갑자기 공격적 발언이 되거나, 상대방에 대한 분노가 높아지게 되는 상황은 온라인 세상에서 매우 자주 일어나는 일이다. 도대체 왜 그런 것일까? 사람들 간에 이루어지는 의미있는 소통은 왜 온라인 환경에서는 제대로 기능을 못하는 것일까?

가장 근본적으로 변화된 것은 신뢰의 속성이라고 말할 수 있겠다. 신뢰가 변화하면서, 우리가 사람들과의 연결관계를 형성하는 관계의 속성 자체가 변해버렸다. 온라인 세상에서의 신뢰는 초반에 구축하기는 훨씬 더 쉬워졌지만, 그만큼 깨지기도 매우 쉬워졌다. 무언가 신뢰를 위협하는 것이 나타났을 때의 상황도 많이 달라졌다.

피드백은 신뢰에 기반하는 것이다. 신뢰가 있는 대면소통관계에서도 누군가 한쪽에서 갈등과 분노, 불신을 만들어내는 행동을 하는 것은 가능하다. 하지만 구축되어 있는 연결관계가 탄탄하다면, 생산적인 피드백은 시작된다. 문제가 불거졌을 때, 그 행동을 했던 사람이 사과를 하게 되면 신뢰가 회복될 수 있는 것이다. 그리고 일단 복구작업이 완료되면, 신뢰는 예전보다 더 강해질 수도 있다.

온라인 세상에서는 얘기가 완전히 다르다. 한번 신뢰가 위협을 받으면, 그 즉시 깨어지고, 복구도 거의 불가능하다. 사람들은 그냥 각자 가던 길을 간다. 온라인 세상에서의 신뢰는 만들어질 때부터 매우 취약한 것이었기 때문에, 작은 부정적 자극만으로도 바로 깨어져 흩어지게 된다.

그래서 온라인 세상에서의 피드백은 명확한 약점을 가지고 있다. 우선, 대면소통상황보다 온라인 세상에서 피드백을 제대로 주기가 더 어렵기 때문에, 피드백 자체가 훨씬 더 많이 줄어들게 된다.

둘째, 온라인 피드백의 유지가능성은 그다지 높지 않고, 회복이 불가능한 손해를 입힐 가능성도 크다. 셋째, 영향력이 약한 피드백이 가질 수 있는 의미는 크지 않다.

신뢰가 깨질 가능성이 크기 때문에, 그 자리에서 바로 온라인 피드백을 주는 경우는 많지 않다. 당신에 대한 나의 신뢰가 그다지 크지 않은 상황이고, 의도적이지는 않더라도 갑자기 깨질 가능성이 크다면, 왜 내가 그렇게 위험성이 큰 피드백을 시작해야 하겠느냔 말이다.

대면소통의 상황에서는 상대방으로부터 자연스럽게 받게 되던 무의식적인 정서정보가 부족한 온라인 소통 상황에서, 피드백의 취약성은 더 크고, 영향력도 더 작으며, 당연히 대면소통보다 흥미가 더 떨어질 수밖에 없다. 하지만 여전히 우리는 온라인 소통에서 상처를 받는다.

도대체 온라인 피드백은 왜 그렇게 많은 사람들에게 상처를 입히는 것일까? 우리 인간은 사회적 존재이다. 대면소통을 통해 무의식적으로, 그리고 즉각적으로 서로의 정서에 맞출 수 있게 해주는 거울신경을 가지고 있다.[2] 우리는 은연중에 상대방에게 감정을 보여준다. 서로에게 동의하거나 같은 감정을 느끼게 되면 상대방의 움직임을 따라하게 된다. 상대방에게 귀를 기울이며 이야기에 푹 빠지게 되면 상대방의 뇌 활동도 따라할 수 있다. 커뮤니케이션에서 가장 어려운 두가지를 말이다.[3]

이와 같은 감정의 표현과 공유를 통해 우리는 신뢰감, 친밀감, 연대감을 느끼게 된다. 다른 사람의 시각에 대해 관심을 가지고 받아들일 수 있는 준비도 하게 된다.

우리는 이런 커뮤니케이션을 하고 싶은 거다. 현대의 온라인 세상이 만들어준 '나 혼자 산다'의 삶을 모든 사람들이 좋아한다고 생각하는 것은 오해이다. 우리는 사람들과 함께 명확한 감정들과 이야기들을 공유할 때, 그리고 우리를 안전하게 같이 일할 수 있도록 해주는 강한 영향력과 카리스마를 가지고 있는 리더와 함께 일할 때 가장 큰 편안함을 느낀다.

반대로 온라인 세상에서는 몰입도를 올린다는 것이 쉽지 않다. 정서적 정보를 많이 얻을 수 없는 환경이기 때문에, 인간이라면 어떤 도구를 쓰더라도 자연스럽게 몰입하는 것이 어려울 수밖에 없다.

부정적인 온라인 피드백은 상대방에게 상처를 주기 쉽다

대면소통과 온라인 소통이 모두 가능한 현대 우리의 삶에서는 신뢰의 부족뿐 아니라 진정성(authenticity)의 부족 문제가 대두되고 있다. 기존의 사회에서 중요성을 인정받아온 다른 품성들보다 진정성에 대한 요구가 더 커지고 있는 상황인 것이다. 그렇다고 지금까지 진정성의 중요성이 인식되지 못했던 것은 아니지만, 시기에 따라 그 가치에 대한 평가는 상승과 하락을 거듭해왔다. 현재의 사회에서 진정성의 가치는 탁월함(excellence), 차분함(coolness), 기교(artifice)와 같은 품성들보다 훨씬 더 높아져 있다. 높은 자리에 올라가거나 베스트셀러 작가가 되고 싶다면, 진정성에 대한 개발을 준비해야 할 필요가 있는 상황이다.

진정성에 대한 요구가 많아지다보니 우리는 더 많은 피드백에 노출되게 되었다. 그리고 온라인 피드백은 웬만한 트롤링 수준을 뛰어넘고 있다. 사람들은 온라인 공간에서 누군가의 실명을 거론하며 수치심을 주고, 트위터에서 설전을 벌이고, 온라인 세상에서 갑자기 유명해진 셀럽들은 네티즌들이 쏟아놓는 혐오 발언들로 인해 한 순간 나락으로 떨어진다.

그러다보니 우리는 우리 시대의 모순에 대해 깊이 성찰을 하게 되는 세상에 살게 되었다. 피드백을 갈망하지만, 동시에 그 피드백을 두려워할 수밖에 없는 곳 말이다. 피드백을 쉽게 받을 수 있다는 것은 멋진 일이지만, 영혼을 잠식당할 수도 있는 일이다. 우리 모두는 자신감이 없고 불안정한 존재가 되었다. 우리 시대에 존재하는 셀럽들과 정치가들은 그 어떤 시대보다 더 많은 사랑을 받고 있지만, 동시에 그 어떤 때보다 더 많은 미움을 받는다.

우리는 인정을 원하지만, 동시에 그 인정에 대해 두려움을 가지고 있다. 양극화 현상이 일어나고 있는 것이다. 우리는 피드백(인정, "좋아요", 리트윗, 온라인 세상에서 확인받기)에 중독되어 있다. 그리고 그 피드백이 우리에게 화살을 돌리고 우리를 망칠까봐 두려워한다.

온라인 세상에서의 신뢰는 깨지기 쉬울 뿐 아니라 우리를 공격하는 무기가 될 수도 있다. ID를 도둑맞을 수도 있고, 트롤링의 대상이 될 수도 있고, 더 최악의 상황으로는 잊혀질 수도 있는 상황에 누구든지 처할 수 있기 때문에, 우리는 신뢰를 필요로 한다.

사람들에게서 휴대폰을 뺏으면 어떤 일이 일어날까? 새로운 사회적

질병인 노모포비아(nomophobia)라고 불리는 상황이 벌어질 것이다. 성인의 66%가 노모포비아를 갖고 있다고 한다.[4]

어떤 사람들은 (휴대폰이 없을 경우에 대한) 불안감이 너무 커서 패닉까지 느끼게 된다고 한다. 현대 사회에 살고 있는 사람이라면 사실 이러한 문제점을 어느 정도는 가지고 있다. 도대체 무슨 일이 일어나고 있는 것일까?

노모포비아는 휴대폰이 없는 상황에 대한 두려움을 말한다.[5] 최근 연구자들은 보다 구체적으로, 스마트폰이 없이 살아야 하는 상황에 대한 공포증을 설명할 때 이 용어를 사용하기 시작했다. 호주머니나 지갑을 보았는데 그곳에 핸드폰이 없을 때 패닉을 경험했다면, 배터리가 떨어져간다는 신호가 당신을 불안하게 했다면, 핸드폰 없이 외출을 한다는 것을 상상할 수도 없다면, 핸드폰을 끈다는 생각을 도저히 할 수가 없다면, 마트에서 계산을 하기 위해 선 줄에서 3분 이상 기다려야 할 때 핸드폰을 보지 않고 버티는 방법을 알지 못한다면, 아마 당신은 노모포비아를 가지고 있는 사람일 것이다.

아이오와(Iowa) 주립대학의 연구자인 카글라 일디림(Caglar Yildirim)과 아나-폴라 코헤이아(Ana-Paula Correia)는 노모포비아의 네가지 요소를 다음과 같이 정리하였다. "소통을 할 수 없음, 사람들과 연결이 되지 않음, 정보에 대한 접근이 불가능함, 편리함을 포기해야 함."[6] 친구나 지인들과 커뮤니케이션을 할 수 없다는 것은 스마트폰이 없는 상황을 걱정해야 하는 가장 명확하고 이해가능한 이유이다. 하지만 공포증이라는 것은 '사람들과 연결되지 않으면 어떡하지'라는 걱정을 하는 수준 이상을 의미한다. 연구자들이 노모포비아를 "진단"하기 위해 사용한 질문지에는 "스마트폰에서 최신 뉴스를 보지 못하게 되면 불안해진다", "온라인 ID로 접속을 하지 못하게 된다면 불안해질 것이다"와 같은 문항이 들어 있다.

우리의 소셜 미디어 페르소나들은 우리의 삶에서 매우 중요한 위치를 차지하게 되었기 때문에, 그것들과 연결을 못하게 된다는 생각만 하더라도 불안감이 치솟게 된 것이다. 심리학자들은 고립감과 불안정감이 이 문제의 핵심이라고 설명한다.[7] 스마트폰의 시대에는 우리가 절대 혼자 있을 필요가 없으니까 말이다. 누군가에게 항상 문자를 보내고, 트윗을 날리고, 페이스북에 글을 올리며, 인간들과의 연결에서 오는 따스함을 곧바로 느낄 수 있는 시대에 우리는 살고 있다.

또한 트롤링에 대한 공포 속에서도 우리는 살고 있다. 온라인 세상의 딜레마는 우리가 피드백을 갈망하면서도 두려워한다는 사실이다.

하지만 더 심각한 문제가 존재한다. 스마트폰을 자주 쓰는 행동은 우리의 뇌가 기능하는 방법에 변화를 가져 오고 있다. 연구결과에 따르면, 인간이 외부로부터 정보를 쉽게 얻을 수 있는 상황에서는 그 정보를 기억하는 능력을 점점 잃어버리게 된다고 한다. 한번 생각해보자. 당신이 지금 당장 기억해낼 수 있는 전화번호는 몇 개나 되는가? 기차를 타고 가면서 봤던 영화에 출연한 배우의 이름을 알고 싶을 때, 당신은 기억을 더듬어 보는가, 친구에게 물어보는가, 아니면 그냥 구글(Google)에서 검색을 해보는가?

당신의 휴대폰이 이미 당신의 뇌의 한 부분이 되어 있다면, 당연히 휴대폰이 없어지는 상상만 해도 불안해질 것이다. 그리고 이 문제점은 시간이 갈수록 점점 더 커지고 있다. 젊은 세대는 기성세대보다 훨씬 더 빨리 노모포비아를 경험할 가능성이 높아졌다. 18세~24세의 사람들 중 3/4 이상은 노모포비아를 가지고 있다(기성세대의 경우는 66%이다).[8] 한 설문조사에서는 10대의 92%가 절대 휴대폰을 끄지 않는다는 것을 발견했다.[9] 10대 청소년이 휴대폰을 사용하지 못하게 되면 곧바로 혈압수치가 상승하고, 휴대폰을 가지고 있을 때 손쉽게 했었던 기억과 주의집중에 대한 간단한 인지테스트도 제대로 해내지 못한다는 연구결과도 있었다.

젊은 세대들이 편안함을 느끼기 위해서는 휴대폰을 가지고 있어야 하는 상황이 된 것이다. 이런 것이 정말 디지털 시대에서 성공을 거두기 위해서 필요한 디지털 숙련(digital mastery)인 것일까?

정서적 서브텍스트subtext가 없다면, 우리의 능력은 줄어들게 되기 마련이다

디지털 역량강화에 대한 문제가 아니라 디지털 혼란 현상이 오늘날 우리가 사는 사회에서는 매우 많이 나타나고 있다. 동료나 친구와 온라인 커뮤니케이션을 하다가 상대방의 어조를 잘못 이해한 덕분에 생각지도 않았던 논쟁을 하게 되고, 서로의 흥분 정도가 최고조를 찍었던 기억이 모두 있을 것이다.

바쁘게 움직이다보니 당신은 동료가 그 프로젝트를 완료하기 위해 거의 일주일 동안 많은 고생을 했다는 사실을 언급하는 것을 잊어버렸고, 상대방은 당신이 아무 생각이 없는 이기적인 사람이라는 인상을 받았을 수도 있다.

이와 같은 의사소통오류의 중심에는 신속하고 자연스럽게 이루어지는 대면소통을 통한 피드백의 부족이라는 문제점이 존재하고 있다. 상대방이 눈썹을 약간 움직이거나 다소 놀란 듯한 미소를 짓는 것을 보면, 당신의 유머가 잘 먹히지 않았다는 것을 우리는 금방 알 수 있다. 하지만 온라인 세상에서, 적절한 피드백을 받기란 쉽지 않다. 상대방이 완전히 화가 났거나, 상처를 받았거나, 계약을 취소할 마음을 먹었을 때쯤에야 뭔가 신호를 받을 수 있으니 말이다.

가장 중요한 원칙으로 돌아가보자. 성공적인 소통은 독백이 아니라 대화이다. 대화란 언제든지 쌍방으로 이루어지는 과정이다. 최소한의 피드백 루프(feedback loop)가 존재한다. 상대방이 자신의 이야기에 귀를 기울이지 않는다는 느낌이 들면, 커뮤니케이션이 성공할 리가 없다.

21세기의 직장을 보면 (특히 2008년 이후부터), 온라인 미팅이 이전의 어떤 시기보다 많아졌다. 이러한 상황은 10년 정도의 기간 내에, 조직 생활 — 그리고, 인간의 행동 — 에 있어서 매우 큰 변화를 가져왔다. 물론, 하이테크 소통도구 판매자들은 그 도구를 사용해서 미팅을 할 때의 강점을 줄줄 나열한다. 효율성, 속도, 여행 중에도 미팅이 가능함 등등. 부인할 수 없는 사실이다.

하지만, 대면소통과 상호작용을 통해 정서적, 무의식적, 비언어적 정보를 교환하고 싶어하는 인간의 욕구를 온라인 미팅이 완벽하게 채워주기란 불가능한 일이다.

온라인 커뮤니케이션은 물론 소통을 가능하게 해준다. 하지만 거기까지이다. 복잡하고 까다로운 소통, 중요한 거래, 감정이 많이 표출되는 논의, 중요한 피드백과 같이 강한 인간의 정서가 많이 개입되는 경우에는 제대로 기능을 하지 못한다.

온라인 미팅은 좋은 차선책이기는 하지만, 신뢰를 주고받기가 어렵고, 적시에 정확한 피드백을 받기가 쉽지 않다

아마존(Amazon)과 같은 온라인 회사가 그렇게 높은 신뢰를 얻고 있는 이유(다른 온라인 회사는 그렇지 못함에도 불구하고)에 대해 한번 생각해보자. 아마존은 고객이 사이트를 방문하면 언제나 품질 좋고 투명한 거래를 할 수 있다는 할 수 있다는 사실을 확신시키기 위해 어마어마한 노력을 하고 있다. 쇼핑이야말로 인간의 상호작용에 있어서 가장 쉬운 방법이다.

하지만, 우리가 관계를 형성하는 데 있어서 기본이 되는 요소를 뭔가 변화시키고 있는 것은 아닌가 하는 의구심이 들긴 한다. 우리의 후손들은 현재의 사람들이 대면소통 관계에 투자하는 것과 동일한 방법으로 온라인 관계에 시간과 에너지를 투자할 수 있게 될까?

만약 우리의 관계들 중 대부분이 온라인상에서 이루어진다면, 그 관계의 취약성 때문에 대면소통에서는 자연스럽게 극복이 되는 장애물과 부정적 자극들에 항상 걸려넘어질 가능성이 높아질 것이다. 온라인 세상에서 이루어지는 관계몰입 패턴에만 익숙해 있는 상황이라면, 관계가 가질 수 있는 의미에 대한 이해수준이 매우 낮을 수밖에 없다. 그렇게 되면 관계에서 주고받을 수 있는 신뢰와 피드백은 어떻게 될 것인가?

이제 우리는 자신이 가지고 있는 커뮤니케이션 스킬을 보다 갈고 닦을 필요가 있다. 온라인 소통과 대면소통을 하는 모든 상황에서, 우리는 그 상호작용에서 기대하는 목표가 무엇인지, 그리고 상대방에게 원하는 것이 무엇인지를 보다 명확하게 그릴 수 있는, 조금 더 효율적인 대화를 할 수 있는 사람이 되어야만 한다. 대면소통에서 무의식적 수준의 피드백을 얻을 수 없다는 느낌이 들 때마다, 주위에서 신뢰할 만한 사람에게 모니터링을 부탁하는 것이 바람직하다. 신뢰할 수 있을 만한 피드백을 정기적으로 받는 방법을 마련해놓는 것이 중요하다.

대면소통에서는 간단한 명시적 반응과 암시적 반응들을 섞어 쓰면 해결될 수 있는 문제이지만, 디지털 세상에서 피드백을 효율적으로 잘하기 위해서는 의도적인 노력이 필요하므로, 이때 활용 가능한 기본적인 규칙을 소개한다.

온라인 피드백은 상대방이 투자한 노력, 상황, 특성을 고려해서 이루어져야 한다

소통에 있어서 요령을 부리는 것은 물론 필요한 일이지만, 가장 중요한 것은 정직함이다. 매년 TV에서 '아메리칸 아이돌(American Idol)'의 시즌이 시작될 때마다, 이 쇼에서는 심사위원들로부터 상냥하게 또는 퉁명스럽게 "정말 형편없네요"라는 평가를 듣고 나서 분노에 가득 차 쿵쿵거리며 무대 밖으로 뛰쳐나오는 음치 가수들의 우스꽝스러운 촬영장면을 보여준다. 그렇게까지 노래를 못하는데도 경연 프로그램에 자신감을 가지고 출연한 그 지원자들의 이야기를 들어보면, 지금까지 그 누구도 솔직한 피드백을 제공하지 않았던 것으로 보인다. 그 결과, 그들은 전혀 현실이 될 만한 가능성이 없는 스타의 꿈을 꾸면서 몇 년간을 허송세월해왔고, 결국 전국에 방송되는 TV 프로그램에 나와서야 현실을 깨닫게 된 것이다. 화가 머리끝까지 나고 상처도 받고 때로는 부인을 하기도 하겠지만, 그 피드백의 적절성에 대해서는 이의를 제기할 사람이 없는 상황이다. 그들이 자초

한 일이고, 받을 만한 평가를 받은 것이니까. 바로 그것이 이 프로그램의 가장 큰 매력이다.

온라인 피드백은 정직해야 하지만, 잔인할 필요는 없다

교사나 멘토들은 종종 전혀 희망이 없어 보이거나, 현실가능성이 제로라고 생각되는 목표를 향해 가려는 사람에게 피드백을 주어야 하는 상황을 만나게 된다. 대부분의 경우, 멘토들은 현재 성과를 잘 내지 못하는 상대방에게 다른 분야를 생각해볼 수 있는 기회를 제공해준다. 하지만 가끔씩은 떡잎이 노랗게 보이는 그 사람들 중의 누군가가 트와일라 타프(twyla tharp; 미국의 현대무용가이자 안무가), 피카소(Picasso)나 스티브 잡스(Steve Jobs)가 되는 일이 생긴다. 지금까지 빛을 보지 못했으나 미래에는 눈부시게 빛을 발하게 될 숨겨진 천재들과 우리 모두를 위해, 명확한 피드백을 줄 때 따스한 친절함을 덧붙이는 것은 반드시 필요한 일이다.

온라인 피드백은 권위를 갖추는 동시에 겸손한 태도로 제공되어야 한다

초반에 받았던 비평ㄱ가들의 의견이 잘못되었다는 것을 스스로 입증하게 될 잠재력있는 미래의 천재들에게 있어서, 피드백을 주는 사람들은 아티스트로서, 사업가로서, 체스 선수로서 어떤 약점을 가지고 있는지에 대해 명확히 파악할 수 있어야 한다. 피드백을 줄 때에는 자신의 전문성에 기반하여 왜 그런 평가를 하게 되었는지에 대한 근거가 필요하다. 그리고 동시에 자신의 전문성이 가지고 있는 한계를 인식해야 하며, 그러한 사실을 고려하여 신중하게 피드백의 언어를 선택하는 것도 요구된다.

온라인 피드백은 구체적인 내용을 담고 있어야 하며, 관련된 과제, 성과, 산출물에 초점을 맞추어서 이루어져야 한다

어떤 일이 성의가 없이 진행되고 있다는 느낌이 들면, 그때 바로 피드백을 주는 것이 좋다. 어떤 점에서 아쉽다고 생각이 되는 것인지를 설명해주되, 상대방이 게으르다는 식으로 결론을 내면 안 된다. 예술 작품이 기대 수준에 못 미치게 나왔다고 해서, 당신이 그 창작자의 인격에 대해 뭔가를 운운하며 평가를 할 자격이 생기지는 않는다. 빙빙 돌려서 모호한 피드백을 줘봤자 아무런 쓸모가 없다. "이건 아닌 것 같은데"라는 식으로 애매하게 말하지 말자. 최선을 다해서 산출물에 대해 파악을 한 후에 이렇게 말해주는 것이 더 나을 것이다. "내가 보기에 그림의 윗부분에서의 붓 터치는 다소 조급한 마음이 드러나는 것 같습니다." 이런 식으로 말이다.

온라인 피드백은 제공자가 아니라 피드백을 받는 사람을 중심으로 이루어져야 한다

작가들의 모임에 참석해보면, 미스터리 작가들이 논픽션 작가들에게 '작품에 서스펜스가 좀더 들어가야 한다'는 피드백을 주는 장면을 볼 수 있을 것이다. 많은 경우, 피드백은 피드백을 주는 사람에 관련된 이야기로 이루어진다. 결국 자신의 전문분야에 대해 얼마나 많이 알고 있는가를 보여주는 것이다. 당신이 진정으로 피드백을 제공하고 싶다면, 정말 도움이 될만한 의견을 전달하기 위해, 충분한 안전감과 거리감, 균형감을 갖출 필요가 있다. 피드백을 받는 사람은 비판을 받을 때 생기는 고통스러운 감정을 최선을 다해서 소화시켜야 하는 상황이니까 말이다.

온라인 피드백은 기성 세대가 다음 세대를 위해 제공해야 하는 의무이다

인간이 더 이상 발전하지 않는다면, 이미 존재하고 있던 예술이나 비즈니스를 재생산하는 일밖에 할 수 있는 것이 없게 되고, 지루한 과정을 거쳐 인간사회와 조직들은 점점 더 퇴보하게 될 것이다. 비즈니스 세상과 예술의 세계는 모두 엄청난 경쟁으로 이루어져 있는데, 우리 모두는 그 경기장에 최고의 게임을 가져갈 필요가 있다.

피드백은 너그러운 태도로 제공되어야 하고, 피드백을 받을 때에는 겸손한 태도를 갖추어야 한다

피드백을 주고 받는 과정에는 불리한 상황과 위험을 감수하겠다는 태도가 반드시 필요하다. 이 과정의 참가자들은 예의를 갖추어 상대방을 존중해야만 한다. 만약에 너그러움과 겸손과 같은 태도를 갖추지 못했다면, 피드백 과정은 아무런 가치가 없어지거나 서로를 파괴하는 자리가 될 수밖에 없을 것이다.

이와 같은 일곱가지 가이드라인을 보면, 피드백이라는 것이 어떤 모습을 갖추어야 하는지를 알 수 있을 것이다. 대면소통 세상에서는 자연스럽게 이루어지는 것들도 온라인 소통에서는 미흡해지는 것들이 있다. 온라인 세상에서 암시적 피드백의 지원을 제대로 받지 못하는 상황에서 이루어지는 명시적 피드백은 종종 피드백을 받는 사람에게 해를 입히곤 한다.

실용적인 해결방법

효과적인 온라인 소통을 위한 체크리스트

효과적인 온라인 소통을 위해 필요한 항목들이 무엇인지를 미리 숙지하게 되면, 온라인 세상에서 너무나 자주 일어나고 있는 오해들을 방지할 수 있게 될 것이다. 좋은 피드백 습관을 몸에 익혀서 오디오컨퍼런스, 비디오컨퍼런스에서 잘 활용해보도록 하자.

1. 이 대화/상호작용의 핵심 포인트는 무엇인가?
2. 이 대화를 통해 내가 얻고 싶은 것은 무엇인가?
3. 상대방은 이 대화에서 어떤 것을 원하고 있는가?
4. 이 대화의 초반에 나는 어떤 느낌을 가졌었나?
5. 이 대화를 마무리하면서 나는 어떤 기분이 들었나?

6. 상대방은 이 대화의 초반에 어떤 느낌을 가졌을까?
7. 나는 상대방의 느낌을 알기 위해 필요한 질문을 했는가?
8. 상대방은 이 대화를 마무리하면서 어떤 기분이 들었을까?
9. 나는 상대방의 기분을 파악하기 위해 필요한 질문을 했는가?
10. 나는 이 커뮤니케이션의 핵심 내용을 요약해서 공유했는가?
11. 나는 오해가 될 수 있는 요인들을 점검했는가?
12. 다음에 동일한 대화를 다시 한다면, 어떤 것을 다르게 해야 할까?

이모티콘을 활용한 요약

온라인 커뮤니케이션(오디오컨퍼런스나 비디오컨퍼런스)을 시작할 때, 자기자신의 정서적 상태를 표현하는 이모티콘(팀구성원들과 미리 합의가 되어 있는)을 보내는 것도 하나의 방법이 될 수 있다. 모든 팀 구성원들이 이 방법을 한번 시도해보도록 해보자. (온라인 세상에서 이모티콘이 이렇게까지 인기를 얻게 된 이유는, 실종된 정서적 요소를 보완해줄 수 있기 때문이다. 의도적으로 연습해서 습관화시킬 것을 추천한다.) 예를 들어 초록색은 “다 좋아요”, 노랑색은 “오늘은 좀 힘드네요. 약간 스트레스 받고 있어요”, 빨강색은 “지금 완전 난리 났어요” 또는 “뭔가 일이 심각하게 잘못되고 있는 것 같아요”라는 내용을 의미할 수도 있다.

그리고 온라인 미팅이 끝날 때, 초록색, 노랑색, 빨강색 이모티콘을 다시 선택해서 표현해보자. 필요하다면 구체적인 언어표현을 덧붙일 수도 있다.

피드백에 대해 기억할 것

누군가에게 피드백을 제공해야 하는 상황이 생기면, 자신의 의견을 효과적으로 표현하기 위해 다음의 항목들을 한번 훑어보고 들어가도록 하자.

1. 피드백은 상대방이 투자한 노력, 상황, 특성을 고려해서 이루어져야 한다.

2. 피드백은 물론 정직해야 하지만, 잔인할 필요는 없다.
3. 피드백은 권위를 갖추는 동시에 겸손한 태도로 제공되어야 한다.
4. 피드백은 구체적인 내용을 담고 있어야 하며, 관련된 과제, 성과, 산출물에 초점을 맞추어서 이루어져야 한다.
5. 피드백은 제공자가 아니라 피드백을 받는 사람을 중심으로 이루어져야 한다.
6. 피드백은 기성 세대가 다음 세대를 위해 제공해야 하는 의무이다.
7. 피드백은 너그러운 태도로 제공되어야 하며, 피드백을 받을 때에는 겸손한 태도를 갖추어야 한다.
8. 피드백은 신뢰와 마찬가지로, 온라인 대화에서 상호교환이 제대로 잘 이루어지지 못하는 경우가 많다. 인간의 정서적 상호작용의 무의식적 맥락이 부족하기 때문이므로, 의도적으로 대화에서 실종된 감정들을 채워넣기 위한 노력을 할 필요가 있다.

요약

★ 대면소통의 세계에서 피드백은(암시적·명시적 피드백 모두) 핵심적인 위치를 차지하고 있다.

★ 온라인 세상에서 피드백은 시간이 갈수록 더 많은 오해들을 만들어내고 있다.

★ 피드백을 하는 데 있어서 신뢰라는 것은 매우 중요한 요소임에도 불구하고 온라인 피드백에서는 매우 취약한 모습을 하고 있다. 그래서 온라인 피드백은 종종 트롤링으로 오해받을 때가 있다.

★ 인간은 실제 세상과 온라인 세상에서 모두 원활한 대인관계가 이루어지기를 기대하지만, 온라인 세상에서의 연대감은 그다지 우리를 만족시켜주지 못하고 있다. 그러다보니 온라인에서 받게 되는 부정적인 피드백으로부터 좀더 아픈 상처를 입게 된다.

★ 그 결과, 우리는 온라인 커뮤니케이션에 더 집착하게 되고, 더 많은 고립감을 느끼고 있다.

★ 온라인 커뮤니케이션 상황에서는 우리의 정서적 상태를 보다 명확하게 표현하기 위한 행동을 좀더 많이 해야 할 필요가 있다. 그러기 위해서는 온라인 커뮤니케이션의 초반과 후반에 우리의 정서적 의도와 태도를 상대방에게 알리기 위해 합의된 신호를 전달하는 것이 좋다.

2장

공감의 부족

일관성은 어디로 갔는가?

최근에 나는 한 친구로부터 고객이 될 수도 있는 사람을 소개받아서, 우선 스카이프(Skype)를 통해 첫 만남을 가지기로 했다. 어쩌다보니 내가 미팅 일정을 캘린더에 잘못 입력해 놓는 바람에, 급하게 일을 처리하느라 나는 약속시간보다 약간 늦게 접속을 하게 되었다. 벌써 나는 지쳐 있는 상황이어서 제대로 집중을 하기가 어려웠던 데다가, 스카이프까지 연결상태가 매우 좋지 않았다. 덕분에 나는 계속해서 눈을 깜박거리고 있었다.

'이 미팅은 잘 되지 않겠구나' 라는 예감이 들었다. 약속시간도 제대로 못 지키고, 집중도 못하는 데다가, 스카이프 하나도 제대로 다루지 못하는 인간과 무슨 일을 하고 싶겠는가. 솔직히 이렇게 변명을 하고 싶었다. "지금 저에 대해 느끼신 첫인상이 좋지 않으실 수도 있겠지만, 평소의 저는 이렇지 않습니다! 저는 평소에는 차분한 편이고, 스카이프와 같은 온라인 소통 도구도 잘 다루는 사람이구요. 약속시간은 철저하게 지키고 있습니다. 지금의 저는 정말 예외의 경우라구요!"

결국 미팅은 별 성과 없이 끝났다. 다시 생각해보면, 좀더 적극적으로 나가는 것이 좋았을지도 모른다. 어쩔줄 몰라 당황하며 진땀을 쏟는 모습을 보이고, 더듬거리며 변명을 했다면 최소한 상대방에게 인간적인 면이 느껴졌을 수도 있다. 그랬었다면 미팅에서 뭔가 성과가 생겼을지도 모른다. 개인적인 매력을 보여준 것이 시간약속을 못 지켰던 것에 대한 불만을 상쇄시켰을 수도 있을 것이다.

온라인 관계는 모 아니면 도의 특성을 가지고 있다

온라인 세상에서 뭔가 실수를 했을 때 원상회복시키기란 매우 어려운 일이다. 내가 뭔가 멍청이 같은 행동을 했다면 그날의 운이 안 좋아서일 수 있지만, 상대방이 뭔가 바보 같은 짓을 했다면 그건 그 사람의 성격에 흠결이 있어서일 것이다. 이건 온라인 세계에서는 100% 진실이다.

개방성(openness)이란 관계의 좋은 시작을 위해 절대적으로 중요한 요소이다. 사람들의 관계에서 효과적인 개방성이란 우리의 얼굴, 몸, 손을 사용해서 환영한다는 신호를 보내는 것을 가리킨다. 하지만 다른 사람의 개인적인 장소를 어지럽힐 만큼 지나친 개방성을 보이는 것은 적절치 않다. 온라인 세계에서는 개방성이라는 것을 어떻게 표현해야 하는 것일까?

사실 가능한 방법이 없다. 우리가 새로 만들어낸 놀라울 정도로 편리한 온라인 세상(몇번 클릭만 하면 거의 모든 것들을 얻을 수 있는)은 우리의 진정한 친밀감을 앗아가고 있기 때문이다. 온라인 세상에서 시간을 많이 보낼수록 친밀감을 느끼는 정서가 감소되고 있다. 페이스북, 우리가 좋아하는 항공사의 보상 프로그램, 아마존은 가짜 친밀감을 제공하는 대신에 진정한 친밀감을 없애고 있다. 온라인 세상은 우리의 친구가 누구인지를 파악하고 있다! 우리가 앉고 싶어하는 비행기 좌석이 어디인지, 어떤 기내식을 먹고 싶어하는지도 알고 있다! 우리가 사고 싶어할 책을 추천해주기까지 한다!

하지만 새로운 아마존 서비스의 엄청난 기능은, 지난 휴가에서 어떤 즐거운 일이 있었는지, 또는 시내로 외출을 했을 때 생겼던 재미있는 일에 대해 당신이 이야기를 할 때 진정한 친구가 눈가에 주름이 잡히도록 웃어주었던 표정을 대신할 수가 없다. 그 친구는 내가 이번 여행을 가기 전에 경험했던 모든 좌절과 사건들을 모두 알고 있기 때문이다.

페이스북에서 받을 수 있는 "좋아요", "최고예요", "멋져요" 라는 멋진 공감은 우리를 점점 더 굶주리게 만들 뿐이다. 온라인 세상이란 완전한 만족감을 느낄 수 없어서 끝이 없이 진행되는 파티와 같은 것이다. 그 파티는 절대 멈추는 일이 없다. 온라인 세상은 기본적인 인간의 니즈를 채워주지 못한다. 공감 말이다. 공감이라는 정서적 연대감은 사람의 모든 행동실험에서 결과를 창출할 수 있도록 도와주는 핵심적인 조력제이다.

커뮤니케이션의 일관성은 대면소통 세상에서보다 온라인 세상에서 더 중요한 요소이다

실제 세상에서, 팀이 어려운 결정을 해야 할 때(예를 들어, 프로젝트를 끝내기 위해 추가 근무를 할 것인가), 팀 리더는 구성원의 신체적 언어를 관찰하면서 어느 정도의 반대의견이 있는지를 판단해볼 수 있다. 리더는 프로젝트가 끝난 후의 추가 휴가를 제안하면서, 구성원의 불만스러운 인상을 펼 방법을 찾을 수도 있을 것이다.

하지만 온라인 세상에서 사전동의를 구할 때에는 좀더 복잡한 상황이 된다. 구성원들의 불만스러운 얼굴을 볼 수가 없기 때문에, 팀 리더는 아무런 반응을 들을 수가 없고, 그러한 침묵은 곧 동의를 의미한다고 잘못 판단할 수가 있는 것이다. 결국 앞으로도 팀구성원이 느끼고 있는 진정한 감정은 밖으로 드러나지 않을 가능성이 높아지게 된다.

이는 공감의 실패에 대한 또 하나의 실례이다. 온라인 관계에서 생기는 거리감 때문에 사람들은 상대방에 대해 제대로 된 존중을 표현하지 못하게 되고, 주위 사람들의 감정에 대해 효과적으로 공감을 하지 못하게 된다. 이것이 바로 공감의 부족이라고 할 수 있다.

MIT의 샌디 펜트랜드(Sandy Pentland)는 팀 내에서 커뮤니케이션이 가장 잘 이루어질 때란, 모든 구성원들이 거의 동일한 참여도(equal measure)를 보이는 상황이라는 사실을 발견했다.[1] 이는 온라인 소통에서는 거의 이루어지기가 어려운 것이다. 끊임없는 컨퍼런스콜이 이루어지는 상황에서는 말이다.

컨퍼런스콜에서 상사가 뭔가에 대해 한참 이야기를 하고 있을 때, '음소거' 버튼을 누르고 튜바(tuba)를 연습할 수 있다는 것을 우리는 이미 알고 있다. 그다지 집중해서 들을 필요가 없다는 생각이 들기 때문에, 튜바를 연습하고 싶은 마음이 생기는 것이다.

드물긴 하지만 컨퍼런스콜에 제대로 참여하고 싶은 생각이 들었을 때, 당신은 일어나서 튜바를 내려놓고 음소거 버튼을 다시 누르겠지만, 상사의 이야기는 이미 다음 주제로 넘어가 있을 가능성이 많다.

당신은 뭔가 중요한 이야기를 하고 싶었지만 이미 그 주제에 대한 대화는 너무 많이 진행되어버려서 끼어들기가 불가능한 상황이 된 것이다. 다른 사람들은 어느 정도 합의가 이루어진 상황이라, 당신이 선택할 수 있는 옵션의 폭은 매우 좁아진다. 이와 같이 디지털 세상에서는 상대방이 고려해줄수 있는 인간적인 반응을 보이기가 어렵기 때문에, 뭔가 타이밍을 놓쳤을 때 처음으로 다시 돌아가기란 불가능하다.

이메일도 마찬가지이다. 이메일 메시지에서 우리가 비언어적 표현(눈썹 찌푸림, 보일듯 말듯한 미소, 아주 작은 고개 끄덕임)을 통해 느낄 수 있는 모든 뉘앙스를 보여주기란 매우 어려운 일이다. 우리가 원하는 만큼의 정보가 상대방에게 전달되지 않는 상황인 것이다.

온라인 세상에서 우리의 인간성은 줄어들고 있다

온라인 소통을 하는 데 있어서 비디오가 추가되었다고 해도, 사실 별로 나아지는 것은 없다. 비디오컨퍼런스에서도 여전히 어색하고 인위적인 상호작용이 이루어지고 있기 때문이다. 자꾸만 큰 소리로 외치게 되고, 다른 사람들의 말을 가로막게 되다보면 얼마 지나지 않아 지쳐버리게 된다. 상대방이 나를 얼마나 가깝게 느끼고 있는지, 얼마나 멀게 느끼고 있는지에 대한 정보를 우리의 무의식이 제대로 받지 못하고 있기 때문이다. 그래서 우리는 과잉보상을 하게 된다. 매표구의 유리를 사이에 두고 친밀한 대화를 해보려고 하는 것과 마찬가지로 어려운 일이다. 상대방의 말을 제대로 듣기가 어렵다. 현재 일어나고 있는 일을 파악하기 위해 감각기관들을 제대로 활용하기도 힘들다. 그러다보니 당연히 지치게 되고, 소통에 대한 참여의지도 낮아질 수밖에 없다. 결국 상대방에 대한 공감행동은 줄어들게 된다.

대면소통만큼 효과적으로 활용 가능한 온라인 커뮤니케이션 도구나 채널은 존재하지 않는다. 따라서 우리에게는 상대방을 잘 이해할 수 있는 방법이 줄어들게 된 것이다. 온라인 소통을 할 때 우리가 눈으로 볼수 있는 정도, 귀로 들을 수 있는 정도, 인간적인 면모를 볼 수 있는 정도는 모두 감소되었다. 디지털 커뮤니케이션 채널은 엔지니어들이 설계했다는 점을 기억할 필요가 있다. 연설가들, 외향적인 사람들이나 정치인들이 개발한 것이 아니다.

분명히 제한점이 있는 시도였다는 점을 인정하자. 그렇다면 온라인 세상에서 감소된 인간성을 어떻게 회복시킬 수 있을 것인가?

지금의 문제상황을 해결할 수 있는 열쇠는 사람들간의 관계를 연결해줄 수 있는 인간의 정서에 대한 공감이다. 어떤 감정을 경험하는 사람과 함께 대면소통을 할 때에는, 우리에게 있는 거울신경이 자연스럽게 작동하게 된다. 우리는 같이 웃게 되고, 같이 울게 되며, 연대감을 느끼게 된다. 하지만 온라인 세상에서는 공감이 그만큼 효과적으로 기능하지 못한다. 거울신경은 적절한 시기에 움직이지 않게 되기 때문에, 제대로 된 관계를 유지할 수가 없다.

인간은 공감을 필요로 한다

최근 연구를 보면, 정기적으로 대면소통을 하게 되면 성인의 우울증 위

험도를 반으로 낮출 수 있다고 한다. 전화나 이메일은 그만큼의 효과를 내지 못하는 상황이다.[2]

우리의 무의식적 마음은 상대방과 정서적 관계를 맺고 싶다는 욕구를 가지고 있다. 인간은 사회적 존재이다. 친밀한 인간관계가 없는 환경에서 행복하게 살기란 쉬운 일이 아니다.

이와 같은 무의식의 욕구를 제대로 충족시키지 못하면 고용주로서, 조직구성원으로서, 인간으로서 자신이 맡은 역할을 훌륭하게 수행하기란 불가능하다. 우리의 무의식이 보기에 온라인 세상은 매우 지루하다. 우리는 대면소통이 필요하다.

나는 사람들이 대화와 미팅, 프레젠테이션에서 자신이 표현하고자 하는 페르소나를 결정할 수 있도록 돕는 일을 한다. 특정 페르소나가 무엇이라고 생각하는지에 대해서 논쟁을 벌이기도 한다. 주위에서 자신을 어떻게 생각해주면 좋겠는지에 대해 물어보면, 고객들은 정말 다양한 형용사를 이야기한다. '권위있는, 재미있는, 전문가다운, 다가가기 쉬운, 자신감에 차 있는, 겸손한'. 이런 이야기를 듣고 있다보면, 다른 사람들이 우리를 생각해주기를 바라는 이 중요한 일을 논하는 데 있어서 우리의 언어표현이 얼마나 빈곤한가라는 문제에 항상 부딪히곤 한다.

대부분의 사람들은 긍정적인 형용사를 이야기한다(하긴, 자기자신에 대해 어느 누가 부정적인 단어를 말하겠는가?). 그러고 나서 우리는 현재 상황에서 자신에게 도움이 될 만한 변화는 어떤 것이 있는지, 이상과 현실의 차이는 어떤 것이 있는지, 자신이 원하는 상태에 도달하려면 어떤 행동이 필요한지에 대해 논의한다. 주위에서 보기에 좀더 공감적인, 자신감에 찬, 권위있는, 재미있는, 전문가다운 사람이 되려면 어떻게 해야 할지에 대해 말이다.

상대방의 감정을 미루어 짐작하는 방법

내 자신의 감정을 다른 사람에게 보여주는 것은 그다지 즐겁기만한 일은 아니다. 공감도 마찬가지이다. 공감력이 뛰어난 사람으로 보여지려면 어떻게 해야 할까? 아니, 도대체 그게 무슨 말인 걸까? 그리고 온라인 소통에서 상대방에게 공감표현을 한다는 것이 가능하기는 한 것일까?

아마 "공감(empathy)"이라는 단어는 다른 사람의 감정에 대한 민감성을 의미하는 것 같다. 무대에 있는 배우를 보면서 당신은 그 배우의 감정을 어떻게 느끼는가? 회의실 건너편에 앉은 동료의 감정에 대해서는 어떻게 짐작하는가? 당신이 보는 것은 머리의 움직임인가, 손짓인가, 포즈인가, 아니면 또 다른 것인가? 다른 사람들도 공감력을 높이고 싶은데 어떻게 해야 할지를 몰라 고민하고 있는 것일까?

인간은 거울신경시스템을 가지고 있기 때문에, 원래 자연스럽게 공감을 할 수 있는 존재이다. 하지만 온라인 세상에서는 우리의 거울신경시스템이 제대로 기능을 하지 못한다. 그렇다면 도대체 어떻게 해야 하는 것인가?

최근 연구결과에 따르면, 사람들의 공감능력은(특히 주위의 고통에 대한 공감) 자기자신이 불편감을 느끼게 되면 더 강화된다고 한다.[3] 어느 정도의 불편감 경험은 심리적인 고통이라는 것이 무엇인지에 대해 알게 해주고, 주위 사람들이 겪을 수 있는 잠재적인 불편감에 대해 더 민감하게 반응할 수 있게 해준다는 것이다.

멋진 연구결과이긴 하지만, 공감이라는 것이 무엇인지, 무엇이 사람들을 공감행동을 하게 만드는지에 대해 알려주는 것은 거의 없다. 자기자신이 불편감을 경험하게 되면 공감능력을 강화할 수 있다고 쳐도, 공감행동이 시작되게 되는 원리는 도대체 무엇이란 말인가? 그리고 더 중요한 문제로서, 심리적인 공감을 넘어서서 신체적인 공감행동을 불러일으키는 것은 무엇일까?

이제 온라인 세상에서의 공감에 대해 한번 생각해보자. 우리의 모든 인간적 행동이 실제 세상에서의 자극에 의해 일어나는 것이라면, 온라인 세상에서는 어떤 원리가 적용되는 것일까? 우리는 따뜻한 커피잔을 들고 있는 상황에서 온라인에서 이야기하는 사람들에 대해 좀더 긍정적인 의견을 가지게 된다. 뭔가 차가운 것을 들고 있을 때에는 반대의 상황이 벌어진다.[4] 이와 유사한 사례는 매우 많이 존재한다.

우리의 뇌는 실제 존재하는 감각적 정보에 의해 움직이는 것이지, 모조품에 대해서는 반응하지 않는다. 우리의 신체적 감각을 활용하여 사람들에 대한 공감능력을 강화할 수 있다면, 온라인 소통상의 공감에 대한 지각을 높이는 데에 도움이 될만한 점이 있을까?

몇가지 기억해야 할 원칙들이 존재한다. 우리의 신체적 경험과 심리적 경험은 매우 심층적인 관계를 가지고 있다. 이 관계에 대한 이해는 이제 막 시작된 단계이다. 그러다보니 온라인 세상에 대해서도 속단하지 말고 신중하게 생각해봐야 할 필요가 있다.

우리의 태도, 정서, 의도는 대부분의 경우 무의식적으로 만들어진다. 나 스스로 고통을 경험하고 있을 때 내가 다른 사람의 불편감에 대해서 더 잘 공감하게 되는 것은, 내가 의식적으로 "정말 고통스럽구나. 다른 사람들도 이만큼 힘들겠지. 주위 사람들의 고통에 대해 더 공감을 잘해주는 사람이 되어야지"라고 생각하기 때문이 아니다. 무의식적인 움직임이 생기는 것이고, 정서적 연대감이 생기기 때문에 공감이 가능한 것이다. 우리가 의식을 하고 있지 않기 때문에 더 큰 영향력을 미치게 되는 것이기도 하다.

신체적 경험을 하게 되면 심리적 변화가 일어난다. 오히려 심리적 변화가 생겼을 때 신체적 행동을 하게 될 확률보다 높다. 일단 우리는 몸을 가지고 있는 물리적인 존재이니까 말이다. 하지만 좀더 심층적으로 생각해보면 우리의 신체와 감정이 연결되어 있기 때문에, 직관적이지 않고 당황스러운 방법으로 우리의 마음이 움직이게 된다고 말할 수도 있겠다.

우리는 마음속의 감정을 몸으로 표현한다. 우리의 움직임을 보면 매력이 느껴지고, 혐오감도 감지할 수 있으며, 행복감이나 슬픔도 느낄 수 있다. 몸을 움직이게 되면, 우리가 생각하는 것이 무엇인지를 파악하고 이해하는 수준을 높일 수 있게 된다.

결국, 우리의 태도, 정서, 의도는 모든 인류에 걸쳐 공통적으로 가지고 있는 것이고 매우 상호적인 것이다. 우리는 다양한 정서에 대한 공감을 경험하는 존재이다. 타인에 대한 우리의 태도, 우리에 대한 타인의 태도 모두 느낄 수 있다. 사람들은 스스로가 자기주도적이고, 개별적이며, 의식적인 행동을 하는 존재라고 생각하고 싶어한다. 하지만, 삶을 살아가다보면 인간은 서로 서로 연결되어 있는 존재이며, 공통점을 많이 가지고 있으며, 무의식적 행동을 자주 하는 존재라는 것을 알게 된다. 이것이 우리의 공감이다. 그런데 바로 그것이 온라인 세상에서는 찾아볼 수 없는 것이다.

원래 온라인 세상은 사람들간의 연대감을 강화시키기 위해 설계되었지만, 엄청나게 빠른 고속도로를 통해 정보를 주고받는 동안 우리의 정서 엔진이 제대로 기능하지 못하게 된 덕분에, 우리는 더 많은 고립감을 느끼게 되었다.

10대 청소년을 대상으로 조사를 해보면, 휴대폰 사용량과 우울증 간에 직접적인 상관관계가 발견된다. 전화를 하는 시간이 길어질수록, 더 많은 우울감을 느끼게 된다는 것이다.[5] 따라서 우리는 현재 살고 있는 디지털 세상에서 더 효과적으로 활용할 수 있는 새로운 커뮤니케이션 접근법을 배울 필요가 있다.

온라인 공감의 라이프 사이클은 어느 정도일까?

비즈니스 관계를 관찰해보면 공감의 부족으로 인한 문제를 여기저기에서 볼 수 있다. 한쪽이 서비스/제품 공급자이고, 다른 쪽이 고객/손님인 비즈니스 관계를 한번 떠올려보자. 우선 초반에 선택할 수 있는 옵션으로는, 고객이 원래 원했던 서비스나 제품이 아니었기 때문에 아예 거래 시작을 거절하고 다른 공급자를 찾는 것이 있다. 그게 아니라면 몇번 미팅을 해보면서 아이디어들이 교환되고, 가격 협상이 이루어지고, 다양한 이슈들이 검토된다. 거래가 성사되면 그 이후의 과정이 진행될 것이다.

계약이 1년 남짓 지속되면서, 여러가지 사건이 생길 수 있다. 소통을 하는 데 있어서 오해도 많이 발생할 것이다. 그때그때 문제를 해결하기 위해 다들 애를 쓸 것이다. 목적이 달성되고 계약이 완료되면 비용을 지불하게 되고, 고객은 만족하게 된다.

다양한 사람들이 참여하는 큰 규모의 계약이라면, 양쪽에 큰 팀이 존재하는 동시에, 각 개인 참여자들마다 상황도 다양하고 각자 독특한 니즈도 가지고 있을 것이다. 각각의 계약 참여자들에게는 직장을 그만두기도 하고, 이사를 가기도 하며, 아이를 갖고, 나이드신 부모님을 모시고 살기 위해 다른 도시로 옮겨가기도 하는 등 다양한 좋은 일, 나쁜 일이 모두 일어날 것이기 때문이다.

그렇다면 주된 인간 관계의 라이프 사이클(life cycle)은 어떨까? 세가지 단계가 진행된 후 네번째 단계에서는 종결작업이 이루어질 것이다. 각 단계는 조금씩 겹칠 것이고, 다양한 방법으로 다시 시작을 하기도 하겠지만, 전반적으로 볼 때 시간이 지남에 따라 앞으로 나아가게 된다. 각 단계에서는 다양한 형태로 공감이 이루어지게 된다.

[1단계] 상대방이 친구인가 적인가를 판단한다

첫번째 단계는 관계를 구축할 것인가, 계약을 파기할 것인가를 결정하는 친구냐 적이냐를 판단하는 시기이다. 뇌과학자들의 이야기를 들어보면, 사람들이 모였을 때 처음으로 하는 일은 스스로 몇가지 질문에 대한 대답을 하는 것이라고 한다. 나는 이 사람과 함께 있을 때 편안한가? 이 사람은 친구인가, 적인가? 어떤 사람들은 만나자마자 '아, 앞으로는 만나지 말아야겠다'라는 느낌을 주기도 하고, 어떤 사람들은 만나자마자 뭔가 딱 맞아 떨어지는 느낌을 주기도 한다. 이와 같은 결정은 대부분의 경우 우리의 무의식에 의해 이루어진다. 그것도 매우 신속하게. 이것이 대면소통에서 결정이 이루어지는 방법이다.

우리는 소위 말하는 직감이나 육감(gut feeling), 무의식을 무시하기도 한다. 전체적인 팀의 반응을 보고 난 후, 자신의 반응을 숨겨버리기도 하니까 말이다. 아니면 결정과정을 나서서 주도하기도 한다. 정말 다양한 생각이 들 수 있겠지만, 기본적으로는 우리의 무의식이 '이 사람이 친구인가 적인가'를 결정하게 되는데, 이 결정과정은 의식적으로 멈출 수 있는 것이 아니다.

그렇게 이루어진 판단은 그 다음에 이어질 모든 과정에 영향을 미치게 된다. 상대방이 친구라고 판단을 했다면, 관계는 좋은 시작을 하게 되고, 그 이후의 몇가지 단계에서도 일이 잘 이루어질 가능성이 높아진다. 하지만 상대방을 적이라고 판단하였다면, 그 다음 단계들은 모든 것이 훨씬 더 많이 힘들어지게 될 것이다. 소통상 오류와 오해가 발생되는 것이 당연하고, 다음 단계에 대한 우리의 기대와 열정은 매우 빠른 속도로 감소할 수밖에 없다.

이와 같은 관계 구축 단계의 온라인 버전은 제대로 이루어지기가 훨씬 더 어렵다. 정서적 상호작용의 가능성이 막혀있는 경우가 많아서, 참여자들이 최선을 다한다 해도 관계 자체가 뜨뜻미지근해질 가능성이 높다. 서로에 대한 공감이 원활하게 이루어지는 관계를 만들기가 쉽지 않다. 상대방에 대한 신뢰도 깨지기 쉽다. 그러다보니 우리의 뇌는 상대방이 경험하고 있는 감정을 마음대로 상상해내곤 한다. 사람의 무의식적 뇌는 정보가 비어있는 상태를 매우 싫어하기 때문이다.

여기서 우리가 배워야 할 교훈은 다음과 같다. 당신이 상대방과 중요한 관계를 맺을 수 있는 능력이 있다면, 꼭 그렇게 하자. 더 이상 반복할 필요도 없는, 절대적인 진리이다.

하지만 다양한 이유 때문에 튼튼한 관계를 맺기가 어렵다면, 그 관계가 앞으로 깨어질 가능성이 많다는 것을 염두에 두자. 특히 초반에 관계를 일관성 있게, 신뢰롭게, 투명하게 유지하기 위해 당신이 할 수 있는 모든 것을 다 하자. 표면에 있는 아주 작은 균열도 관계를 완전히 망쳐버릴 수 있으니 말이다.

[2단계] 신임도를 점검한다

다음 단계는 신임도(credibility)의 단계이다. 우리가 고객의 입장일 경우, 이 단계에서 우리는 중요한 결정을 하게 된다. 상대방은 지금 자신이 무슨 말을 하고 있는지 확실히 알고는 있는 걸까? 2단계를 진행하는 데에는 1단계보다 조금 더, 아니면 좀 더 많이 긴 시간이 걸릴 수 있다. 관련된 분야의 문화에 따라(사람들이 얼마나 신속하게 비즈니스를 시작하는가), 초반에 워크샵이나 훈련 세션을 계획해서 의도적으로 신뢰성 구축의 기회를 만드는가에 따라 조금씩 달라지기는 하겠지만 말이다. 우리가 서비스·상품 제공자의 입장일 경우에도 유사한 결정을 하게 되지만, 생각해보는 내용이 조금 달라진다. "이 사람(팀)은 올바른 결정을 내릴 만한 권한과 역량을 가지고 있는 걸까?"

이와 같은 신임도 점검은 대면소통의 세상에서와 마찬가지로, 온라인 비즈니스 관계에서도 이루어진다. 인터넷으로 인해 가능해진 정보량의 폭발적인 증가 때문에, 우리는 상대방의 전문성, 선의, 범죄기록까지 체크, 이중체크, 삼중체크까지 할 수 있게 되었다.

[3단계] 신뢰를 쌓는다

초기의 두단계를 무사히 지나오게 되면, 이제 일이 시작된다. 신뢰(trust) 단계로 들어온 것이다. 세가지 단계 중에서 이 단계가 가장 오래 걸린다. 실제로 일이 진행되고 있기 때문이기도 하지만, 더 중요한 것은 신뢰란 구축하는 데에 시간이 걸리기 때문인 것이다. 우리는 다양한 상황에서(스트레스 상황을 포함해서) 상대방이 어떻게 반응하는지를 보고 싶어 한다. 정말 믿을 수 있을지를 파악하기 위해 상대방을 테스트하기도 한다. 상대방은 평소와 다른 상황에서도 우리에게 신뢰할 만한 모습을 보여주는가? 상대방은 일을 더 잘하기 위해 시간과 에너지를 투자하는가? 상대방은 일을 할 때 윤리규정을 잘 지키는가?

어떤 상황에서 신뢰가 깨지게 되면, 사람들은 자연스럽게 상대방의 역량을 확인하려 한다. 깨어진 신뢰를 회복할 수 있을만큼 상대방의 역량이 뛰어난가를 파악하고자 하는 것이 당연할 것이다. 부정적인 판단이 서게 되면, 그 계약 관계는 회복 불가능한 수준이 되어버린다.

온라인 세상에서 대면소통의 관계가 뒷받침 되지 않는 한, 이 단계는 매우 깨지기가 쉽다는 약점이 있다. 그 때문에, 온라인 관계에서의 신뢰란 만들어내기 어렵고, 깨어지기 쉬운 것이 된다. 결국 공감의 부족이 문제인 것이다.

[4단계] 계약관계를 종결한다

마지막 단계는 자연스러운 계약관계의 마무리 작업이다. 종결시기는 업무 캘린더에 명시되어 있을 수도 있고, 계약의 초반에 목표가 언제까지 달성되어야 한다고 구두로 이야기되었을 수도 있다. 성과가 성공적으로 창출되고 그 단계에서 구축된 사람들간의 연대감이 튼튼할 경우, 기본적인 일이 완료된 다음에도 그 연대감은 지속될 가능성이 있다. 하지만 온라인 세상에서의 종결단계는 좀더 급작스럽게 찾아오고, 관련된 사람들도 함께 했던 경험에 대해 다시 이야기를 나누는 경우는 거의 없다.

온라인 세상에는 좀더 많은 감정의 투입이 필요하다

온라인 세상의 독특한 특성 때문에 인간의 전통적인 비즈니스 관계를 유지하는 것이 점점 더 어려워지고 있다. 온라인 세상의 부정적인 영향 중

하나는, 일상적인 온라인 세상의 혼란스러움이고, 또 하나는 나쁜 바이러스가 전파된다는 것이다.

너무나 많은 사람에게서, 너무나 자주 관찰되고 있는 현상은, 우리가 하루 24시간, 1주 7일 동안, 점점 더 많은 자극을 받고 있고, 점점 더 많은 방해를 받게 되는 세상에서 살고 있다는 것이다. 우리는 하루에도 이메일을 수백번씩 확인하고 있으며, 페이스북을 들락거리는 횟수는 아마 그보다 많을 것이다.

그러다보니 우리는 현재의 순간에 계속해서 머무르지 못하고, 휴대폰을 들여다보게 되고, 해야 할 일이 무엇인지를 살펴보게 된다. 누군가 새로운 사람을 만나게 되는 경우가 생겼을 때, 상대방은 당신이 '이 미팅에 집중하지 못하는군'이라고 생각할 거고, 더 심하게는 '완전히 다른 생각을 하고 있잖아'라고 느끼기도 할 것이다. 생산적인 관계를 만들어나가기가 매우 어려운 상황이다. 상대방은 당신이 자신에게 집중하지 못하고 있음을 무의식적으로 알아챌 테니(어떨 때에는 별 생각없이 봐도 그냥 알아챌 수도 있다), 기분이 나빠지는 것은 당연할 것이다. 이런 식으로 관계가 진행되면(특히 온라인에서는), 그 관계가 취약해지고 깨어질 가능성은 높아질 수밖에 없다.

대면소통에서는, 의식의 수준에서 미팅에 집중을 하지 못하고 있더라도 무의식적인 수준에서 부족한 점을 보완해서 관계를 구축해나갈 가능성이 존재한다. 그러나 온라인 소통에서는 망쳐진 관계를 회복하기란 거의 불가능한 일이다. 그럼에도 불구하고 우리가 뭘 잘못하고 있는지를 잘 모르기 때문에, 우리는 온라인 관계의 시작을 영 시원찮게 할 때가 많다. 공감이라고 하는 것은 무의식적 수준에서 이루어지는 것이기 때문에, 공감의 부재를 의식적 수준에서는 잘 알아채지 못하곤 한다. 그렇다면, 핵심적인 인간성을 온라인 소통으로 가져오려면 어떻게 해야 할까?

온라인 세상에서 신속하게 퍼져나가는 정보들의 특성에 대해 한번 생각해보자. 단순하고 표면적인 감정의 파편들이 끝이 없이 반복되며 입에서 입으로 전달되는 것들이다. 우리가 하루의 시간을 이와 같이 소소한 정보들을 찾아보는 데에 주로 쓰게 된다면, 심층적인 감정의 자각과 상호작용이 부족하게 될 것이다. 이렇게 시간이 지나가게 되면, 우리의 온라인 인생은 점점 더 척박해지고 진정한 공감의 경험을 할 수 있는 가능성도 줄어들 수밖에 없다.

하지만 우리는 분명히 지금보다 더 나은 삶을 살아갈 수 있는 능력을 가지고 있다. 상대방의 인간적 감정이 전해주는 이야기에 조금 더 깊이 들어가보기 위해 노력한다면, 온라인 소통의 상대방과 진정한 친밀감과 연대감을 공유하기 위해 애를 쓴다면, 소통의 순간에 진심으로 몰입하는 것은 가능해질 것이다. 기존의 온라인 소통에서 부족했었던 감정들을 경험할 수 있는 기회를 갖게 된다면, 보다 강한 공감이 가능한 관계를 만들 수 있게 될 것이다.

그렇다면, 온라인 소통의 상대방과 함께 우리가 해야 할 여행은 어떤 종류의 것일까? 가슴 절절한 러브 스토리를 전해야 하는 걸까? 우리가 추구해야 할 것은 상대방을 이해시키는 것일까, 우리의 소통 역량의 성장이나 숙련일까? 우리는 지금까지 한번도 가보지 못했던 새로운 땅을 여행한다고 생각해야 하는 걸까? 효과적인 온라인 소통이라는 것은 수많은 갈등과 오해 속에서만 어렵게 얻을 수 있는 성공 스토리인 것일까? 물론 우리는 선택권을 가지고 있다. 하지만 우리가 만나는 거의 모든 사람들이 가지고 있는 '독특한 그 사람만의 스토리'를 파악하기 위해 추가적인 노력을 해야 할 책임을 피할 방법은 존재하지 않는다.[6]

온라인 소통을 하는 데 있어서 우리는 상대방이 어떤 의도를 가지고 있는지에 대해 세심하게 살펴보아야 한다. 상대방의 이야기가 가지고 있는 의미는 어떤 것일까? 상대방은 우리에게 호의를 가지고 있는 사람일까, 아니면 싸워야 할 적일까? 권력이 있는 사람일까, 아니면 별 볼 일 없는 사람일까? 좋은 관계를 맺어갈 가능성이 있을까, 없을까? 생각해봐야 할 문제가 끝없이 많다.

우리와 상대방이 가지고 있는 공통점보다 다른 점이 훨씬 더 많다. 예를 들어, 최근 연구를 보면 뇌스캔을 통해 사람의 감정을 90% 정확도로 읽어낼 수 있다고 한다. 연구자들은 참가자들에게 불쾌한 느낌이 드는 그림(예 : 신체적 상처, 혐오 집단, 공격 행동)을 보여주었더니, 참가자들이 예측 가능한 행동을 하는 것을 발견했다고 말했다. 더 중요한 것은, 참가자들이 그 행동을 할 때 거의 동일한 뇌패턴을 보였다는 사실이다.[7]

하지만 우리는 생각보다 공통점도 많다

또 다른 연구결과도 존재한다. 프린스턴 대학의 심리학자 연구팀에 따르면, 이야기를 하는 사람과 듣는 사람이 함께 모였을 때, 그들의 뇌 패턴은 서로에게 매칭된다고 한다. 이야기는 우리의 뇌 속으로 스며들고, 뇌의 패턴은 그에 따라 변화한다는 것이다.[8]

인간의 감정은 유사한 점이 많고, 그러한 사실을 우리의 뇌 패턴이 보여주고 있다. 프린스턴 연구팀의 선임 연구원인 루크 창(Luke Chang)은 이렇게 주장했다. "인간의 감정은 신경계상의 독특성을 가지고 있기 때문에, 모든 사람에게서 동일한 형태를 취하고 있다." 이 연구결과의 제안에 따르면, 컴퓨터는 인간의 감정을 90% 정도의 정확도로 인식하는 것을 학습할 수 있다고 한다. 〈2001 스페이스 오디세이(*The 2001 : A Space Odyssey*)〉 시나리오의 내용은 실제 우리의 사고 방법과 그다지 다르지 않은 것이다.

원활한 온라인 소통 가능성은 오히려 주의를 산만하게 할 수 있다

불필요한 자극의 홍수 속에서 오히려 혼란스러워하는 소비자들로부터 도움이 될만한 이야기를 듣는 것은 점점 더 어려워지고 있다. 당신의 새로운 상품, 새로운 서비스, 새로운 시장 접근법, 이 모두는 수천명의 다른 업체들 및 수천개의 정보 자원들과 경쟁을 해야 하는 상황이기 때문이다.

당신의 이야기는 다른 대안들보다 더 강력한 설득력을 갖추어야 할 필요가 있다. 상업적 아이디어를 전달하기 위한 온라인 소통에는 어쩔수 없는 한계가 존재하기 때문에, 이는 결코 쉬운 일이 아니다. 상업적 목적을 가진 이야기는 일상적인 소통과 다른 특성을 가지고 있다. 논쟁이 생길 위험을 최대한 피해가려고 하고, 특히 해피엔딩에 관심을 가지고 있기 때문이다.

인간의 정서에 대한 인식을 학습할 수 있는 소프트웨어를 개발하고 있는 회사들이 있다. 사람들이 직접 하는 것보다 훨씬더 정확하고 명확한 인식을 추구하는 것이다. 이와 같은 기술이 사용가능해진다면, 당신의 회사를 홍보하고자 하는 이야기는 잠재적 고객의 정서적 반응을 보면서 경쟁자들의 이야기보다 어떤 것이 우월한가를 검증받을 수 있을 것이다. 곧 이와 같은 소프트웨어는 고객들의 정서적 반응과 결정에 대해 인간보다 더 정확하게 이해할 수 있게 될 거라 생각한다.

원래 의도했던 것은 아니었지만, 이 소프트웨어를 개발하는 연구과정에서 알 수 있었던 것은, 얼마나 많은 인간의 의사결정이 무의식적으로 이루어지는지였고, 하나의 결정이 내려지기 전까지는 의식적인 마음이 그에 대해 알아차리지 못한다는 사실이었다.[9] 전통적으로 사용해왔던 검증 방법(포커스 그룹, 심층 인터뷰, 서베이 등)은 고객의 의사결정에서 아주 흥미로운 부분을 놓칠 수도 있다는 말이다. 판단을 내리게 된 고객의 무의식에 대한 데이터를 분석하지 못하게 되면, 회사에서 파악해야 하는 핵심적인 내용을 알기란 불가능해지게 된다.

당신 회사의 이야기는 지금 이야기하고 있는 어려움을 극복해내고 있는가? 당신 회사의 이야기는 고객의 무의식에 접근할 수 있는 새로운 접근법을 활용하고 있는가?

거기에 하나 더하자면, 당신은 점점 더 효율적으로 이야기를 해야만 한다. 단지 몇 번의 시도만으로 멋진 내용의 이야기를 전달하기란 불가능하다고 말하는 사람이 있을지도 모르겠다. 하지만 헤밍웨이(Ernest HemMingway)는 점심식사 내기를 걸고 이 세상에서 가장 짧은 소설을 써냈다. 그 후부터 많은 사람들은 오늘날까지 플래시 픽션(flash fiction / 1,000단어 이내의 초단편소설) 게임을 하고 있다. 헤밍웨이의 작품은 다음과 같다. 〈한 번도 안 신은 아기 신발 팝니다(For sale : baby shoes, never worn)〉 헤밍웨이가 정말이 소설을 썼는지에 대해서는 다양한 주장들이 존재하지만, 이 이야기에서 중요한 점은 분명하다. 짧은 이야기도 설득력을 가질 수 있다는 것이다.

온라인 세상에서, 좋은 이야기의 중요성은 훨씬 더 커졌다

인간의 무의식에 대한 최근 연구들을 보면, 온라인 세상에서 사람들을 사로잡고 주의를 끄는 이야기의 핵심이 무엇인지는 파악해보려는 시도를 하고 있다.[10] 어떻게 하면 되는 것일까? 에제키엘 모셀라(Ezequiel Mosella)는 자신의 이론에 대해 이렇게 설명을 하였다. "인간이 의식수준에서 지각하게 되는 정보들은 의식적 프로세스에서 만들어진 것이 아니며, 의식적 프로세스를 통해 반응하는 것도 불가능하다. 의식은 중간단계이기 때문에, 대부분의 사람들이 생각하는 것처럼 많은 일을 해내지 못한다."

우리는 스스로의 마음을 지각할 수 있기 때문에, 별다른 노력을 하지 않아도 의식적 감정, 사고, 아이디어를 통해 자연스럽게 행동을 이끌어낼 수 있다고 느낀다. 하지만 모셀라의 설명에 따르면, "우리는 오랫동안 문제를 해결하는 것은 사람의 의식이라고 생각해왔다. 하지만 그 설명은 매우 반직관적이다. 우리가 일상적으로 하고 있는 사고 방법과는 정말 다른 것이다."

원시 시대를 예로 들어 이야기하자면, 우리의 의식적 마음은 단순하게 행동하고, 관찰하고, 우리의 반복적인 움직임(걷기, 먹기, 호랑이에게 쫓기기)에 대해 우리자신에게 보고해주는 것이다. 실제로 우리의 행동을 이끌어내는 중요한 결정은 무의식적인 마음이 하는 것이고, 행동에 대한 지시를 의식적 마음에 보내주게 된다.

모셀라는 다음과 같이 설명한다. "대부분의 인간 역사상, 우리는 사냥과 채집활동을 하면서 재빠르게 판단하고 행동해야 한다는 걱정을 점점 더 많이 하게 되었다. 의식적 마음은 이와 같은 행동을 이끌어내기보다는, 그 행동에 대한 이해를 하는 기능을 해왔던 것으로 보인다."

이와 같은 진화적 결과는 말이 되는 것 같다. 왜냐하면 무의식적 사고는 의식적 사고보다 훨씬 더 효율적이기 때문이다. 그래서 인간은 항상 우리의 감정을 잘 표현해서 주위의 사람들과 상호작용을 하려고 하지만, 사실 그 감정들은 매우 무의식적인 것들이다. 무의식적 사고는 훨씬 더 속도가 빠르며, 위험한 순간 우리를 구해줄 수 있다. 의식적인 수준에서 진행되는 것이 아니기 때문이다.

온라인 소통을 할 때, 사실 우리의 손은 움직일 수 없도록 묶여있는 거나 마찬가지다

하지만 우리의 무의식은 온라인 세상에서 제대로 기능을 못하고 있다. 무의식적 사고와 몸짓은 상대방의 의식적 수준에서는 제대로 해석되지 못하기 때문이다. 사실 몸짓(gestures)이라는 것은 우리의 무의식을 신체적으로 표현하는 것이기 때문에, 몸짓이 빠진 상태에서 제대로 소통하기란 쉬운 일이 아니다. 손을 등뒤로 묶은 상태에서 길게 이야기를 한번 해보면 알 것이다. 얼마나 어려운지 말이다.

온라인 소통 상황을 한번 생각해보자. 당신의 손은 항상 움직이지 못하게 묶여 있는 것과 마찬가지이다.

대면 소통과정에서 우리는 지속적으로 상대방에게 자신의 의도와 감정에 대해 신호를 보내고 있다. 대부분의 경우, 그 신호에 대해 의식적으로 신경을 쓰지는 않는다. 우리가 신호를 보내고 있든, 상대방이 우리에게 신호를 보내든 말이다. 우리의 무의식적 마음이 그 모든 작업을 담당해서 처리한다. 하지만 온라인 소통상황에서는 신호를 보내는 과정에 한계가 있고, 제대로 메시지가 전달되지 못하며, 어떤 때에는 아예 소통 자체가 불가능해진다.

의식적인 수준에서는 온라인 세상에서 제대로 소통이 이루어지지 않는다는 사실을 파악하지 못하더라도, 무의식적인 수준에서는 문자나 음성, 화상 그 어떤 것을 사용하더라도 원활하게 상호작용이 되지 않아 좌절감과 무기력감을 느끼게 되기 마련이다.

온라인 세상에서의 인간 상호작용의 질을 높이고, 대부분의 인간 행동을 이끌어내는 핵심적인 공감활동을 강화시키려면 어떤 것을 할 수 있을까? 우선 먼저 해야 할 일은, 정서적으로 투명하고 진정한 행동을 하기 위해 의식적으로 노력을 많이 하는 것이다. 온라인 세상에서 우리는 정서적인 욕구를 충분히 충족시키지 못하고 있기 때문에(프링글스 감자칩을 먹을 때를 생각해보면 이해가 잘 될 것이다. 과자를 더 많이 집어들려면 캔에 손을 더 깊게 넣어야 한다. 몇 개만 먹고 끝내서는 만족이 안 되기 때문이다.) 당신이 의도하는 것은 어떤 것인지, 어떤 것을 기대하는지, 어떤 것을 요구하고 싶은지를 명확하게 표현할 필요가 있다.

두번째로 해야 할 일은, 다른 사람들에게도 정서적 명확성을 요구하는 행동을 하는 것이다. 우선 스스로의 모습을 변화시키기 위해 노력한 후, 다른 사람에게도 동일한 기대를 가지면 된다. 온라인 세상에서 당신이 말하는 것은 당신의 존재 그 자체를 대변한다는 사실을 잊어서는 안 된다. 대면소통에서는 상대방이 말로 이야기하는 것이 신체적 언어와 일치하는지를 체크해볼 수 있지만, 온라인 소통에서는 상대방이 표현한 그 단어 그 자체로만 그 사람을 판단할 수밖에 없다. 당연히 뭔가 앞뒤가 안 맞는 것 같은 느낌이 들면, 온라인 관계는 바로 끊어지게 된다. 그래서 다음에 이야기할 세번째 요소가 중요해진다.

세번째로 해야 할 일은, 자기자신의 온라인 표현과 관계들에 대해 정기적으로 점검을 해보는 것이다. "나의 표현은 진정성이 있는가? 명확하고 일관적인가?" 당신의 온라인 정체성에 대해서는 정기적으로 청소작업을 해주어야 하고, 지속적인 업데이트 작업을 해주어야 한다는 의미이다. 대면소통을 통해 비즈니스 관계를 맺는다면, "우리 회사의 홍보자료를 업데이트하고 있습니다"라고 이야기할 수 있을 것이다. 하지만 온라인 세상에서는, 당신의 웹사이트 내용, 페이스북에서 보이는 모습, 기타 소셜미디어에서 나타나는 정체성이 당신의 존재를 대변한다. 일관적이지 못한 모습을 보이게 되면 치명타를 입게 될 수밖에 없다.

감정 소통이 부족한 온라인 관계를 조금 더 촉촉하게 만들 수 있는 팁을 몇가지 정리해보도록 하자.

실용적인 팁

공감 테스트

(이 테스트는 캠브리지 대학의 사이먼 바론-코헨(Simon Baron-Cohen)이 개발한 검사를 기반으로 하고 있다)

다음의 25문항을 보고, 내용에 공감하면 +를, 공감하지 않는다면 –를 선택하십시오. 점수 계산 방법은 가장 아랫부분에 정리해놓았습니다.

1. 누군가 대화를 원한다면, 나는 쉽게 상호작용에 참여할 수 있다	+	–
2. 나는 다른 사람들을 돌보는 일을 정말 좋아한다	+	–
3. 나는 다른 사람들과 나의 문제에 대해 논의를 하기보다는, 스스로 해결하려고 노력한다	+	–
4. 나는 특정 사회적인 상황에서 어떤 행동을 해야 하는지 파악하기를 어려워한다	+	–
5. 친구 사귀기와 관계 맺기는 정말 너무나 어려운 일이라, 별로 하고 싶지 않다	+	–

6. 대화를 할 때, 나는 상대방의 생각보다는 내가 하고 있는 생각에 초점을 맞추는 편이다	+	−
7. 상대방이 말로는 A를 말하고 있지만 사실은 B를 의미하는 경우, 나는 쉽게 알아차릴 수 있다	+	−
8. 나는 도덕성에 대해 매우 명확한 의견을 가지고 있다	+	−
9. 나는 사람들이 어떤 것들에 대해 왜 그렇게까지 많이 불편해하는지 이해하기가 어렵다	+	−
10. 나는 상대방이 느끼는 감정에 대해 쉽게 공감할 수 있다	+	−
11. 부모가 자녀에게 가르쳐줄 수 있는 것 중 가장 중요한 것은 좋은 매너라고 생각한다	+	−
12. 나는 상대방이 이 상황에서 어떤 감정을 느끼게 될지 예측하는 것을 잘한다	+	−
13. 나는 집단내 누군가가 당황해하거나 불편해할 때 쉽게 알아차린다	+	−
14. 나는 특별히 의도하는 것은 아니지만 상대방이 나를 무례하다고 생각할 정도로 매우 직설적이다	+	−
15. 사람들은 내가 자신의 감정과 생각을 잘 이해해준다고 이야기한다	+	−
16. 사람들에게 이야기할 때, 나는 내 경험보다는 상대방의 경험에 대해 이야기하는 편이다	+	−
17. 나는 다른 사람의 감정으로부터 영향을 받지 않고 의사결정을 할 수 있다	+	−
18. 나는 누군가 내 이야기에 대해 흥미를 갖거나 지루해하는 것을 쉽게 알아챌 수 있다	+	−
19. 친구들은 내가 자신을 잘 이해해주는 것이 좋다고 하며, 항상 나에게 자신의 고민을 털어놓는다	+	−
20. 상대방이 나한테 명확히 이야기를 하지 않더라도, 내가 상대방의 말에 끼어들고 있다는 것을 느낄 수 있다	+	−
21. 나는 일상생활을 잘 조직화하는 것을 좋아하기 때문에, 내가 해야 할 일의 리스트를 자주 작성하는 편이다	+	−
22. 나는 상대방이 현재 가지고 있는 감정에 대해 자연스럽고 신속하게 파악하고 공감할 수 있다	+	−
23. 나는 다른 사람이 어떤 이야기를 하고 싶어하는지를 비교적 쉽게 알아차릴 수 있다	+	−
24. 나는 누군가 자신의 진짜 감성을 숨기고 있는 경우 알아차릴 수 있다	+	−

25. 나는 상대방의 시각에 동의하지 않더라도, 대부분의 경우 그 사람의 생각을 인정해줄 수 있다	+	−

(점수 계산 방법)

* 문항 1, 2, 7, 10, 12, 13, 15, 16, 18, 19, 20, 22, 23, 24, 25 : 플러스의 경우 2점으로 계산

* 문항 3, 4, 5, 6, 8, 9, 11, 14, 17, 21 : 마이너스의 경우 1점으로 계산

(점수 해석)

*** 30-40점 :** 공감력 수준이 높음. 온라인 세상에서도 손쉽게 상대방의 감정에 대해 공감할 수 있을 것임

*** 20-29점 :** 보통 수준의 공감력을 가지고 있음. 가끔씩은 온라인 세상에서 공감을 하는 것에 대해 어려움을 느낄 때도 있을 것임

*** 10-19점 :** 공감력 수준이 낮음. 온라인 세상에서 공감을 하는 데 있어서 판단을 잘못 내리는 일이 많을 것임

*** 0-10점 :** 공감력이 부족함. 당신에게 있어서 온라인 세상은 공감 지뢰밭으로 느껴질 것임

온라인 세상의 안전한 공간

모든 종류의 중요한 온라인 관계(미팅, 협상을 포함한)가 효과적으로 이루어지려면, 시간제한이라는 요소를 고려하며 체계적인 조직화작업을 해서 안전한 공간이 만들어져야만 한다. 그래서 참가자들이 모두 논의의 결과에 대해 정서적인 반응을 표현할 수 있는 기회와 시간을 얻을 수 있어야 한다. 리더로서 당신은 그 순간에 느끼는 진짜 감정을 표현하면서 상호작용을 시작하고, 모든 참여자들에게 동일한 행동을 할 수 있는 기회를 줄 수 있을 것이다.

정기적 미팅을 잘 하기 위해서는 사회자가 필요하다

정기적인 온라인 업무 미팅을 할 때에는, 사회자 역할을 할 사람을 지명하는 것이 바람직하다. 사회자는 세가지 면에서 미팅이 잘 운영되는지를 모니터링해야 하는 책임을 가지는 사람이다. 우선, 사회자는 모든 참가자들의 정서적 상태에 대한 질문을 하는 것이 좋다. "모두들 오늘 기분이

어떠십니까?" 모든 사람들의 대답을 듣는 시간을 가지는 것이다. 그 다음에 사회자는 사람들의 참여도를 모니터링해야 한다. 연구결과에 따르면, 모든 사람들이 동일한 수준의 참여도를 보일 경우 회의 성과에 대한 만족도가 올라간다고 한다. 그래서 사회자의 역할은 동등한 참여도를 강화하는 것이 된다. "자, 여기서 잠깐 멈추고 크리스의 의견을 들어보죠. 크리스가 지금까지 이야기를 하지 않았었거든요. 크리스, 지금부터의 1분은 당신의 것입니다. 논의되고 있는 이슈에 대해 어떤 생각을 가지고 있는지 이야기해주세요." 그러고 나서, 미팅이 끝날 무렵 사회자는 모든 참가자들이 미팅의 결과물에 대해 정서적으로, 인지적으로 어떤 의견을 가지고 있는지에 대해 확인해야 한다. "오늘의 미팅에서 당신이 얻은 것은 무엇인가요? 그에 대해 어떤 느낌이 드는지 알고 싶습니다."

요약

- ★ 온라인 일터(전화, 컨퍼런스콜을 포함해서)는 감정의 상호작용이 부족한 공간이다. 온라인을 통해 상대방의 감정적인 피드백을 얻기가 어려운 일이기 때문에 많은 문제들이 발생하고, 결국 공감의 부족 현상이 일어나게 된다.
- ★ 우리의 신체적 경험과 심리적 경험은 매우 깊은 관계를 맺고 있다.
- ★ 우리의 태도, 감정, 의도는 대부분의 경우 무의식적인 것이다.
- ★ 우리의 신체적 경험이 심리적인 경험을 이해하는 데에 도움을 주는 정도가, 반대의 경우보다 더 크다.
- ★ 우리는 내면의 감정을 신체적으로 표현한다.
- ★ 우리의 태도, 감정, 의도는 주위 사람들과 깊은 관계를 가지고 있다.
- ★ 온라인 비즈니스 관계는 대부분의 경우 세가지 단계를 통해 진행되며, 가장 중요한 것은 정서적인 관계를 기반으로 한 마지막 마무리 단계이다.
- ★ 온라인 세상에서, 설득적인 비즈니스 스토리는 고객과 이야기를 듣는 사람들을 몰입시키는 데 있어서 훨씬 더 큰 중요성을 가진다.
- ★ 당신의 온라인 정체성이 갖추어야 할 네가지 기준은 다음과 같다. 진정성, 명확성, 포괄성, 일관성.

3장

통제의 부족

좋든 싫든, 당신의 온라인 인생은 누구에게나 공개되어 있다

물리적인 실제 세상에서, 우리는 주위의 사람들이 마음을 바꿀 수도 있고 기분이 나쁠 수도 있다는 사실을 수용하는 편이다. 하지만 온라인 세상에서는 이렇게 자연스러운 비일관성을 수용하기가 훨씬 더 어려워진다. 우리는 상대방에게 엄격한 행동기준을 요구하고, 그 기준에서 어긋났을 경우 용서하고 이해해주는 경우가 훨씬 더 적다. 온라인 세상에서 이와 같은 기준은 매우 강하다. 당신이 좋지 못한 행동을 했을 때, 사람들은 당신과 당신의 부모, 조부모, 천년전 조상들까지 괴물과 같은 나쁜 존재들이라고 생각한다. 이와 같은 감정은 물론 합리적이지 않지만, 온라인 관계에 분명히 존재하고 있는 것이다. 깊은 공감의 부족을 대체하기 위해 우리는 불안정한 인지적 기준을 사용하게 된다. "용서"라는 단어는 온라인 세상의 단어 사전에 잘 등장하지 않는다.

3장에서는 두가지 요소에 대해 논의해볼 계획이다. 첫째, 온라인 세상에 적용되는 비합리적이지만 엄격한 기준에 대해 생각해보도록 하겠다. 둘째, 우리 모두는 깊게 심호흡을 하고 비합리적인 기준 적용에 대해 성찰을 해볼 필요가 있다. 우리의 정신적 건강을 위한 일이다. 온라인 세상에서 우리가 쉽게 만들어내는 괴물을 없애는 일이기도 하다. 그리고 온라인 공간에서의 따돌림으로 인해 엄청난 고통을 경험하면서 누군가 도와주기를 간절히 바라는 우리의 아이들을 위한 일이기도 하다.

이 모든 이슈들의 공통점은, 온라인에서 우리와 다른 사람들에 대해 이야기되는 내용에 대해 통제가 어렵다는 것이다. 온라인 관계를 맺을 때마다 이와 같은 통제력의 부재를 지각하게 되지만, 온라인 세상에서 상대방에 대한 유연성을 강화시키기란 쉬운 일이 아니다.

온라인 관계에 대한 우리의 기준은 매우 높다

디자인팀의 납품이 늦어질 때 이해관계 부서에서 그러한 상황을 이해해주기란 쉬운 일이 아니다. 왜냐하면, 이번주에 디자인팀이 경험해야 했던 어려운 일들에 대해 주위 사람들은 모르기 때문이다. 팀원들 중 누군가가 나쁜 날씨에 대해 농담을 던질 때, 나머지 팀원들이 날씨 좋은 지역에서 일하고 있다면 제대로 반응을 보여주기 어려운 것과 마찬가지이다. 지금 같이 하고 있는 중요한 프로젝트에 대해 상대방이 진지한 태도를 보여주지 않고 있다는 느낌을 주게 되기 마련이다.

하나의 팀이나 하나의 회사 내에서도 소통을 할 때 무의식적인 이중 기준이 적용되어 생기는 상황은 어떤 것이 있을까? 다른 사람들도 내가 지켜나가고 있는 엄격한 규칙에 따라 움직여주기를 바라는 욕구가, 온라인 환경에서 자연스럽게 나타나는 상대방의 실수에 대해 더 이해를 하지 못하게 만드는 이유는 무엇일까? 온라인 상황에서 우리는 왜 점점 더 비인간적인 행동을 하게 되는 것일까?

이와 같은 오해, 불소통, 마음의 상처를 방지하기 위해서는 온라인 소통에 대한 지침을 개발할 필요가 있다. 팀 동료, 회사 동료, 고객, 이해관계자, 커뮤니티(우리가 상호작용을 해야 하는 모든 사람들), 그리고 우리 자신을 위해, 우리가 상대방에게 들이대는 비합리적인 잣대가 우리 자신에게도 날카롭게 돌아올 수 있다는 점을 인식해야 한다.

그리고 우리 모두 이중 잣대를 가지고 있다는 사실을 인정할 필요가 있다. 황금률(Golden Rule, 역주: 사람이 너에게 베풀기를 원하는 것을 너도 베풀라(마태 7:12))을 기억하자.

다른 사람들에게 지나치게 가혹한 가치판단을 내리지 말자. 인간이 가지고 있는 자연스러운 감정들(이해심, 수용성, 자비심)을 온라인 세상으로 가지고 들어오자.

하지만 황금률이 완전히 안착되기 전까지는, 온라인 소통을 할 때 일관성을 보이기 위한 도구를 개발하는 것을 권하고 싶다. 그 첫번째가, 페르소나(persona)이다.

당신의 온라인 페르소나는 어떤 것인가?

일관성에 대한 니즈는 우리가 의도적으로 다른 사람들과 소통을 하기 이전부터 존재하고 있었다. 지금까지 생각해본 적이 없었다면, 자기자신에 대해 새삼스럽게 돌아보는 시간을 가져볼 필요가 있다. 당신이 희망하는 페르소나를 만들어내기 위해 필요한 것이 어떤 것인지에 대해 세세하게 살펴보자.

2018년쯤, '잊혀질 권리(right to be forgotten)'에 대한 필요성이 여기저기에서 제기되기는 했지만, 대부분의 지역과 대부분의 사람들에게 있어서 인터넷에서의 기억은 쉽게 지워지는 것이 아니었다.[1] 나쁜 뉴스가 오랫동안 없어지지 않는 문제(본인에게 그것이 문제로 인식되는 경우)를 해결할 수 있는 방법은, 그 기록 자체를 없애는 것이 아니라, 오래된 나쁜 뉴스를 좋은 뉴스로 덮는 것이 되는 경우가 더 많았다. 당신의 새로운 페르소나는 최신의 정보가 많이 쌓이게 될수록 온라인 불멸성(digital immortality)을 얻게 되는 것이다. 그렇기 때문에, 본인이 좋아하지 않는 온라인 페르소나를 지우기 위해 예전 자료부터 다 찾을 필요는 없다. 자신이 원하는 모습을 새롭게 만들어내면 된다.

여기에서 한단계 더 나아가보자. 자기자신을 온라인 세상에서 일관성을 유지해야 하는 브랜드로 생각해보는 거다. 온라인에서 당신을 만난 사람들이 명확하고 동일한 이미지를 얻을 수 있도록, 당신에 대한 정보와 이미지는 일관성이 있을 필요가 있다. 링크드인, 트위터, 페이스북, 인스타그램과 같이 당신이 항상 사용하는 플랫폼과 웹사이트를 생각해보자. 사람들은 당신에 대해 어떤 이야기를 하고 있는가? 사람들은 어떤 페르소나를 보고 있는가? 당신의 페르소나는 일관성이 있고 이해하기 쉬운 사람으로 보여지는가?

그러고 나서 생각해볼 것은, "당신의 가치는 어떤 것인가"의 문제이다. 스스로의 가치를 명확하게 밝히기 위해 온라인 세상에서 자신의 가치에 대한 이야기를 직접 할 수도 있을 것이다. 사람들은 당신이 스스로에 대해 어떻게 이야기를 하는지를 보고 당신을 판단하는 경향이 있기 때문에, 당신이 말하는 내용은 당신의 정체성과 당신이 사람들에게 보여주고 싶어하는 모습과 일관될 필요가 있다.

당신이 개인적 평판을 필요로 하지 않고 원하지 않는다면, 이런 것은 유명인과 같이 사회적 지위가 높은 사람들이 주로 걱정해야 하는 수준의 일이라면, 상관없다. 3장은 읽지 않고 넘어가도 된다. 하지만 당신은 일과 삶을 유지하고 맡은 역할을 수행하기 위해 일관적으로 행동하고, 규준에 맞춰 움직이려는 노력을 이미 많이 해왔다. 그렇다면, 당신의 온라인 인생에 대한 통제권을 가지고 비슷한 노력을 하지 않을 이유가 있겠는가?

당신 자신이 그 작업을 하지 않는다면, 인터넷 자체가 당신을 위해 그 일을 하게 될 것이다. 사람들이 제대로 기억 못하는 부분이, 당신도 없애버리고 싶은 것이라면 괜찮다. 하지만 당신의 모든 삶의 영역에서 투명성, 통제력, 일관성을 유지하는 것이 당신에게 중요한 가치라면, 다음의 이야기를 계속 읽기를 권하고 싶다.

온라인 세상에서의 개인적 가치 선언문 만들기

이와 같은 투명성, 통제력, 일관성을 설명해주는 정말 좋은 실례는, 아메리칸 대학교(American University) 소속의 유명한 영화 제작자인 크리스 팔머(Chris Palmer)를 들 수 있겠다.[2] 환경 운동가인 크리스는 아메리칸 대학교의 언론정보학과에 환경영화 제작 센터를 세웠다. 그는 맥길리브레이 프리맨 필름 교육 재단(MacGillivray Freeman Films Educational Foundation)의 회장이며, 텔레비전과 아이맥스 영화 산업분야에서 300시간이 넘는 창작 프로그램을 제작하였다. 크리스의 영화는 다양한 채널(Animal Planet, Disney Channel, PBS, TBS)을 통해 상영되어 왔다.

크리스는 개인적 미션 선언문을 세세하게 작성하여 개인 웹사이트에 올렸고, 그 선언문의 내용과 방향이 일치하는 일곱가지의 역할을 수행하고 있다. 그의 선언문은 야망으로 가득차 있고, 사려깊고 인상적이었으며, 솔직히 말해서 약간 두렵기까지 하다. 2,500자로 구성된 크리스의 선언문 첫 문단을 소개한다.

> 나의 가족, 친구, 동료들은 나를 이런 사람으로 기억해주었으면 좋겠다. 품위있고 선하며, 활기가 넘쳐 사람들에게 에너지를 전해주고, 열정으로 가득찬 사람. 멋진 결혼생활을 지속해나가고 있는 사람. 근사한 유머감각과 명확한 노동윤리(work ethic)를 가지고 있는 사람. 아버지와 할아버지로서의 역할과 책임을 가장 중요한 우선순위들 중의 하나로 생각하는 사람. 자기주도적으로 학습과 자기훈련을 하는 사람. 열정적으로 목표를 추구해나가는 사람. 그리고 이 세상을 더 좋은 곳으로 만들기 위해 노력한 사람.[3]

개인적 미션 선언문의 목표와 프로세스를 더 잘 이해하기 위해, 나는 팔머에게 질문을 해보았었다. 이와 같은 개인적 선언문을 만들게 된 동기와, 온라인에 게시한 이유에 대해 말이다. 나는 그의 대답을 듣고 놀랄 수 밖에 없었다. "10대~20대일 때 나는 좌절감에 압도되었었고, 울분과 권태감에 사로잡혔으며, 혼란스러움 속에서 헤매고 있었다. 마음의 평화와 삶의 목적성을 찾기 위한 노력을 하면서 한가지를 깨달았다. 내가 만들어가고 싶은 삶에 대해 아주 명료하고 세세하게 묘사해보게 되면, 그 길에서 만나게 되는 과제들을 해결하고 내면의 평정심을 찾는 데에 도움이 될 수 있겠다는 사실이었다. 스스로 읽어보았을 때 영감을 받을 수 있고, 기꺼이 몰입하고 싶은 마음이 드는 개인적 미션 선언문을 완성하기까지는 몇 년 동안 애를 써야만 했다."

나는 팔머에게 주위 사람들이 그 선언문에 대해 어떤 반응을 보이는지에 대해 물어보았다. 그의 대답은 다음과 같았다. "몇몇 사람들은 내가 지나치게 진지하고 이상해보이기까지 한다고 말했다. 하지만 대부분의 사람들은 선언문을 읽어보고 나서, 한 사람의 인생에 대해 정말 명확한 비전을 이해할 수 있었고, 그 선언문을 통해 내가 더 많은 목적성과 의미를 얻을 수 있겠다는 이야기를 해주었다."

온라인 미션 선언문은 당신의 인생을 변화시킬 수 있다

이 주장의 근거는 실제 삶에서의 결과에 나타날 것이다. 그래서 나는 팔머에게 개인적 미션 선언문을 작성하고 온라인 공간에 게시한 뒤 어떤 일이 일어났는지에 대해 질문해보았다. "그 후로 내 인생은 바뀌었다. 나는 그 선언문을 기반으로 일상생활에서 해야 할 일들을 계획하였다. 혼란스러움은 줄어들었고, 시야가 밝아지는 느낌이 들었다. 부정적인 감정에 압도되는 경우도 줄었고 내 삶에 대한 통제력을 찾을 수 있었다. 이유 없는 울분을 느끼는 경우도 많이 없어졌고, 인생에서의 목적성이 생겨나기 시작했다."

그렇다면, 팔머의 온라인 인생은 어떻게 변화했을까? 팔머는 이런 이야기를 해주었다. "사람들은 내 온라인 선언문에 대해 흥미를 보였고 영감을 받았다고 했다. 사람들은 내게 메일을 보내 조언과 지지를 부탁했다. 그때부터 나는 정기적으로 의미있는 삶을 성공적으로 만들어가는 방법에 대해 사람들과 대화를 하고 강의를 하기 시작했다. 2년 전, 나는 강의를 하고 있었던 아메리칸 대학교에 "성공적인 삶을 설계하기"라는 과목을 개설하였다. 강좌를 만들어달라는 요청이 물밀듯이 들어왔다. 어떻게 의미있는 인생을 꾸려가야 하는지, 어떻게 하면 가치있는 삶을 만들어갈지에 대해 고민하는 학생들이 매우 많았기 때문이다. 최근에 나는 출판사 로만 앤 리틀필드(Rowman & Littlefield)에서 『대학졸업 후 성공적인 삶을 만들어가기 위한 방법(*Now What, Grad? Your Path to Success After College*)』이라는 책을 발간했다. 나의 온라인 세상은 선언문 작성 이후 어마어마하게 풍요로워졌다."

세심하게 계획된 미션 선언문이 효과를 거둘 가능성은 높다. 하지만, 정반대로 세상이 당신에 대해 마음대로 그림을 그리고, 온라인 트롤링을 할 근거로 당신의 선언문을 사용할 수도 있다. 모든 사람들에게 언제나 좋은 효과를 거둘 수 있는 선언문이 존재할 리도 없고 말이다. 당신의 온라인 미션 선언문은 온라인 페르소나와 인터넷 인생을 컨트롤하기 위해 당신이 하는 거의 모든 행동들을 기록한 내용이기 때문에, 사람들은 그 자료를 당신이 원하지 않는 방향으로 악용할 수도 있는 것이다.

이 작업에 대해 보다 전략적으로 접근해보도록 하자. 그러기 위해서는 우선 당신이 흥미를 가지고 있는 분야와 브랜드를 기반으로 한 플랫폼(사람들이 응답하고 코멘트를 달 수 있는 플랫폼)을 개발해서 당신의 메시지를 사람들에게 전달할 수 있도록 해야 한다.

아마 플랫폼은 관리를 하기가 편한 웹사이트가 가장 많을 것이고, 페이스북, 트위터, 인스타그램, 링크드인과 같은 다른 플랫폼도 존재하니 손쉽게 활용 가능할 것이다.

당신 자신이 아니라, 당신의 메시지에 초점을 맞추자

지금은 당신 자신에게 초점을 맞출 때가 아니다. 중요한 것은 당신의 메시지 내용이다. 당신의 메시지에 따라, 사람들은 긍정적인 반응을 보여주고 당신이 기대하는 페르소나를 개발할 수 있도록 도와줄 것이다. 사람들은 당신의 아이디어에 대해 관심을 가지고 있기 때문에, 당신의 시각에 대해 코멘트를 해줄 것이다. 당신의 생각을 잘 정리해서 표현하고, 세상이 당신과 함께 당신이 중요시하는 가치를 구현하는 일에 참여할 수 있는 길을 만들어보도록 하자.

다음 직장을 어디로 할지에 대한 단순한 고민으로 시작한 작업이라 하더라도, 자신의 생각을 표현해야 할 필요성은 여전히 존재한다. 잠재적인 고용주가 당신에 대한 채용을 고려할 때 가장 먼저 해볼 일이 구글(Google) 검색일 수 있기 때문이다.

좀더 간단하게 생각해보자. 웹사이트 관리를 하기가 좀 버겁게 느껴진다면, 이미 만들어놓은 페이스북을 활용하면 된다. 업데이트가 자주 이루어지는 페이스북과, 사이트 주인도 잘 들어가지 않으며 방문자가 아예 없는 웹사이트를 생각해보자. 각각의 경우에 대해 어떤 인상을 받게 되는가?

당신의 선언문에 대해 반응을 보여주는 첫번째 사람을 관찰해보는 것이 중요하다. 그 사람은 당신의 친구와, 그 친구의 친구, 그리고 전체적인 인터넷, 그야말로 세상에 대해 당신에 대한 정보를 전달해줄 중간매개자가 되기 때문이다. 누군가 특정한 아이디어, 밈(meme: 인터넷에서 유행하는 일종의 패러디 - 역주), 이슈에 대해 관심을 가지고 있다면, 당신은 그 사람의 사이트를 정기적으로 방문해서 그 분야에 대한 최신 트렌드를 배우려고 할 것이다.

물론, 온라인공간에서 만나는 유사 친구들은 아차 하는 순간에 당신을 포함한 모든 사람들에 대해 지나치게 많은 정보를 얻게 될 위험성이 항상 존재한다. 그렇게 되면 당신은 그러한 상황으로 인해 곧 지쳐버려서 온라인 살해를 저지를 수 있다. 친구 끊기 말이다.

당신의 모습이 지나치게 많이 노출될 위험은 실제로 존재한다. 필요한 만큼 보여주지 못하게 될 위험 또한 마찬가지로 존재한다. 당신의 페르소나, 그리고 당신이 보여주기를 바라는 모습 사이에서 적절한 균형을 잡는 것은 매우 중요한 일이다.

바람직한 균형점 찾기

온라인 공간에서 당신이 제시하고자 하는 아이디어를 생각하고, 그 이슈에 대해 전달하고자 할 때에는, 조금 더 심층적인 작업까지 해보기를 권한다. 사람들은 온라인 공간에서 당신에 대한 정보를 쉽게 찾을 수 있을까? 당신에 대한 정보를 찾았을 때 사람들은 어떤 플랫폼을 보게 될까? 전문적인 웹사이트로서, 당신의 개인적 브랜드에 대한 정보를 체계적으로 잘 담고 있으며, 사람들이 당신에게 손쉽게 연락을 취할 수 있는 방법도 안내하며, 지속적으로 새로운 정보를 업데이트하는 공간일까? 그렇지 않은 상황이라면, 조금 더 신경을 쓸 필요가 있다.

일벌 수준의 이미지를 벗어나기를 바란다면, 당신이 관심있는 분야에 대해 명료한 시각을 전달할 수 있는 설득력을 기르기 시작해야 한다. 자기자신의 관점을 발달시키기 시작했다면, 전달을 할 때 어떤 표현을 사용할지에 대해서도 고민해야 하며, 어떻게 검색했을 때 당신의 의견이 검색결과로 나오게 할지에 대해서도 생각할 필요가 있다. 사람들은 당신의 전문분야와 관련된 블로그나 다른 플랫폼에서 당신의 의견을 찾아볼 수 있는가? 그렇지 않다면, 네트워크를 확장하는 데에 조금 더 신경을 써야 한다.

설득력 있는 콘텐츠를 만들어 전문 분야 사람들에게 이해가 잘 될 수 있는 방법으로 제시한다면, 원하는 목표를 달성할 수 있을 것이다. 당신이 사용법을 잘 알고 있는 소셜미디어에 집중할 때, 중요한 것은 지속적이고 적극적인 활동을 하는 것이다. 그렇게 하지 않으면, 당신의 온라인 삶에 대해 충분한 통제력을 가지지 못하게 될 수 있다. 당신에 대해 사람들이 이야기하는 것을 (비록 싫다 하더라도) 수동적으로 받아들일 수밖에 없다.

이 세상이 당신에 대해 더 잘 알도록 하고 싶다는 열정이 있을 경우라면, 그와 같은 통제력을 더 강화시켜야 한다. 페이스북 페이지를 만들고, 블로그를 시작해서 정기적으로 업데이트를 하며, 유튜브 채널을 운영하고, 당신의 의견을 자료화하여 온라인에 올리고, 보도자료용 pdf 파일을 업데이트하는 일이 필요하다. 당신이 느끼기에 가장 자연스럽게 시작할 수 있겠다고 보여지는 일이라면 그 무엇이든지 하면 된다.

온라인 콘텐츠를 정기적으로 업데이트할 수 있도록 일정을 계획하는 것도 필요하다.

아이디어를 구하기가 어렵다면 어떻게 하면 좋을까? 범위가 비교적 넓은 당신의 아이디어를 하나 골라서 그 아이디어를 렌즈로 삼아 세상을 바라보는 거다. 언제나 모든 순간은 새로운 인사이트, 새로운 시각, 이야깃거리와 지혜를 얻을 수 있는 기회가 될 것이다. 모든 사람들이 최근 일어난 유명인의 스캔들에 대해 이야기하고 있다면, 당신의 아이디어와 관련된 언급을 할 수 있는 기회가 있는지 살펴보자. 강압적으로 할 필요는 없겠지만, 당신의 아이디어를 설명할 수 있는 헤드라인 문구를 마음속에 새겨 놓고 있는 것이 좋다.

온라인 세상에 의해 압도되는 느낌을 받지 않기 위해, 집중할 필요가 있다

당신이 열정을 가지고 있는 분야가 어디이든 간에, 어떤 상황에서도 민감하게 안테나를 세우는 것이 바람직하다. "망치에게는 모든 것이 쳐야 할 못처럼 보인다"라는 속담을 기억하자. 당신은 이제 한개, 또는 몇개의 못을 가지고 있는 망치가 된 것이다. 리더십 분야에 대해 관심을 가지고 있다면, 모든 뉴스 아이템은 리더십에 대해 블로그 포스팅을 할 수 있는 자료가 된다. 당신이 최신 기술에 대해 관심이 있다면, 모든 새로운 제품 소식뿐 아니라, 인간 행동에 대한 새로운 심리학 연구에 대해서도 관심을 가질 필요가 있다(예를 든다면 말이다). 성과창출이 당신의 관심분야라면, 고성과나 저성과 현상이 일어나는 모든 곳에 눈을 돌릴 필요가 있다. 이런 과정을 통해 당신의 전문성은 생생한 활력을 얻게 될 것이다. 그야말로 세상을 지속적으로 스캔하고 있는 것이기 때문이다.

이와 같은 노력과정에서의 핵심은 대화를 시작하는 것이다. 사람들의 흥미를 끌만한 좋은 컨텐츠를 가지고 있다면, 일단 당신의 전문분야에서 활발하게 활동하고 있는 사람들과의 접촉을 시작하는 것이 좋다. 유사한 주제에 대해 글을 쓰는 사람들에게 당신의 블로그를 위한 게스트 포스팅을 해줄 것을 요청하자. 트위터와 다른 소셜미디어를 통해 사람들과 이야기를 하자. 적극적으로 질문을 하고, 받은 질문에 대해 답변을 하자. 곧 사람들은 당신의 아이디어에 대해 듣기 시작할 것이고, 당신과 이야기를 하기 위해 찾아올 것이다.

내면적으로 일관성을 가진 페르소나를 만드는 것이 바로 시작점이다

자, 여기서 잠깐 숨을 돌리면서, 개인적 브랜드 라인이 온라인 세상에서 효과를 보려면 어떤 것이 필요한지에 대해 조금 더 깊게 생각해보자. 성공을 거두기 위해 필요한 것은 무엇일까? 온라인 세상에서 살아남기 위해 반드시 애써봐야 하는 것은 무엇일까? 우리의 온라인 삶에 대해 어떤 시각을 가져야 할까? 궁극적인 통제력을 가지려면 어떤 행동을 해야 할까? 한계라는 것이 존재하는 것일까, 아니면 어디까지라도 마음만 먹으면 갈 수 있는 것일까?

다행히도 인간의 성향은 매우 단순하다. 우리는 브랜드와 관계맺는 동일한 방식으로 친구나 주위 사람들과 관계를 맺는다. 다른 사람들도 마찬가지이다. 우리가 호감을 느끼는 사람들은 우리에게 따뜻한 마음을 전달해주고 역량수준이 높아보이는 사람이다. 그중의 어느 하나라도 부족하다면, 의심을 하게 되고 유감스러움을 느끼거나 혐오감을 가지게 된다.

브랜드에서도 사람들은 비슷한 느낌을 가진다. 우리는 따뜻함과 높은 역량을 기대한다. 따뜻함을 느끼지 못하면 유감스러움을 느끼게 되고, 역량이 부족해보이면 의심을 하게 된다. 두가지 다 부족한 브랜드에 대해서는 아예 무시를 할 수밖에 없다.

이제 신뢰성(역량)과 믿음(따뜻함)은 커뮤니케이션의 핵심적인 성공요인으로 기능한다. 많은 연구결과들을 보면, 강연자로부터 청중이 원하는 것은 신뢰성과 믿음이라고 한다.[4]

따라서 온라인 페르소나가 갖추어야 할 기본적인 요소는 인간성과 솔직함이며, 이는 사람과 제품, 조직 모두에게 필요한 것이다. 『브랜드로서의 인간 : 사람, 제품, 조직과 관계맺는 방법(*The Human Brand : How We Relate to People, Products, and Companies*)』의 저자인 수잔 피스케(Susan Fiske)와 크리스 말론(Chris Malone)에 의하면, 그들의 연구에서 가장 놀라웠던 발견은 실수에 대한 내용이었다고 한다.[5] 상식적으로는 잘 이해가 가지 않겠지만, 당신의 고객과 관계를 잘 맺을 수 있는 최적의 시기는 당신이 실수한 때라는 것이다. 실수에 대해 진심으로 반성하고 책임을 질 때, 더 강한 연대를 맺을 수 있다는 것이다. (물론, 온라인에서의 신뢰와 연대감이라는 것이 매우 취약하기 때문에, 한번 깨진 관계는 회복되지 않고 아예 없어져 버릴 위험도 존재한다.)

당신이 기대하는 온라인 정체성을 만들기 위해서는 세가지의 단계를 밟아나가는 것이 좋다. 우선 생각해볼 것은, 당신이 현재의 그리고 잠재적인 청중과 어떻게 관계를 맺고 있는가에 대한 문제이다. 따뜻함을 보여주고 있는가? 당신이 표현하는 내적 자원은 매력적이고 인간적인가?

둘째, 당신은 자기자신의 역량을 어떻게 보여주고 있는가? 비디오, 유튜브 채널, 블로그, 전자책(ebook)이 있는가? 책을 출판하거나 TV, 라디오 쇼 및 다른 플랫폼에 출연하는가? 당신이 하고 있는 일을 세상이 알 수 있도록 하는 방법들을 찾아야 한다.

셋째, 진정성을 표현하기 위해 어떤 행동을 하고 있는가? 실수를 하고 싶어하는 사람은 없지만, 누구든지 실수를 할 가능성은 가지고 있다. 그렇기 때문에, 장기적으로 봤을 때 그와 같은 가능성을 인식하고 있는 것이 좋다. 실수를 했을 경우, 청중에게 더 가까이 다가가기 위해 그 실수를 어떻게 활용할 것인가?

우정, 브랜드 로열티, 조직에 대한 소속감, 그리고 누군가를 좋아할지 결정할 때, 인간의 심리는 매우 단순하게 일상적인 휴리스틱에 의존하게 된다. 이런 부분에 있어서는 위험을 감수하며 무리수를 두는 일은 피하도록 하자.

요약해보면, 당신의 디지털 페르소나를 지속적으로 관리하고, 업데이트하고, 당신이 도달하고자 하는 목표를 정확하게 제시하고 있는지를 확인하는 일은, 당신의 삶과 커리어를 통제하고 관리하는 과정에서 핵심적인 부분을 차지한다. 우리 대부분은 이와 같은 중요한 요소를 자주 잊어버리고 뒤로 미루는 것이 문제이다.

당신의 온라인 페르소나는 지속적인 관리가 필요하다

지금까지 내가 이야기했던 모든 내용은, 인터넷에 휘둘리지 않기 위해 (온라인 공간에서 적을 만들거나, 트롤링을 당하거나, 불필요한 경쟁자를 만들지 않기 위해) 당신이 온라인 세상에서 해야 하는 기본적인 일들이다. 대부분의 사람들은 온라인 세상에서 사람들의 이슈가 얼마나 왜곡되는지 잘 모르고 있으며, 자신의 온라인 페르소나, 브랜딩에 관련된 이슈들에 대해서도 시간을 들여서 진지하게 생각하지 않는다.

이건 정말 커다란 실수이다. 온라인 세상에서의 수동적 태도는 많은 부정적 결과를 가져온다. 통제권을 가지는 것은 중요하다. 통제력이 없는 상태에서 뭔가 사고가 터지게 되면, 세상은 당신에 대해 아주 잠깐 얼핏 본 인상이 그 사고에 관련되어 있다고 생각하게 될 것이다.

'닉 모건(Nick Morgan)'은 구글에서 가장 많이 검색되는 이름들 중의 하나이다. 나의 페르소나는 온라인 세상에서 내 이름을 언급하는 그 누구보다 내가 훨씬 더 적극적으로 활동을 하기 때문에 힘을 얻을 수 있다. 하지만, 안타깝게도 이름 자체에 대해서는 내가 통제할 수 없는 부분이 있어서, 당신이 자기자신에게 속해있다고 생각하는 특성들을 인터넷이 가로채갈 가능성이 있다.[6] 모건 닉(Morgan Nick)은 리틀리그야구게임 중 유괴되어 사라진 예쁜 소녀였다. 그 이후 다시 발견되지 못했다. 이 소녀의 어머니는 이 비극적인 사건을 무언가 긍정적인 것으로 바꾸기 위해, 유괴된 아이들의 가족을 돕는 모건 닉 재단을 설립하였다.

인터넷 초창기에, "모건 닉"은 구글에서 내 이름(닉 모건)을 검색할 때마다 나오는 결과였다. 하지만 이제 구글의 검색 엔진은 더 많이 발전했기 때문에, 그 소녀의 이야기를 찾으려면 의도적으로 "모건 닉"을 검색해야 한다. 그녀의 이름은 내 이름을 뒤집은 것이기 때문에, 몇 년 동안 나는 이 세상의 모든 "닉 모건"과 "모건 닉"이 함께 모여서 야구를 하고 가족모임을 하는 '뒤집힌 세계(upside-down world)'를 상상했었다.

나의 페르소나는 대부분 온라인 세상에서 만들어진 것이기 때문에, 이제는 일희일비하지 않을 수 있다. 만약에 당신이 지금까지 온라인 페르소나를 구축하는 일에 그다지 익숙하지 않았다면, 어느 날 갑작스럽게 나온 뉴스에 의해 당신의 페르소나가 영향을 받을 수도 있다는 사실을 미리 알고 준비하도록 하자.

수동적 태도는 온라인 세상에서 위험할 수 있다

당신은 스스로 자신의 페르소나를 소유하고 통제할 수도 있지만, 반대로 인터넷이 당신의 페르소나를 창출하고 통제하는 상황도 가능하다. 그와 같은 상황을 좋아하는 사람도 있을 것이고, 싫어하는 사람도 있을 것 같다. 물론, 당신이 원한다고 해서 뭔가를 쉽게 바꿀 수 있는 상황은 아니다.

우리 대부분은 생각보다 스스로의 온라인 페르소나에 대한 통제권을 많이 가지지 못하고 있다. 처음에 온라인 페르소나를 만드는 데 있어서 그다지 많이 기여하지 않았기 때문이다. 대부분의 경우, 누군가 구글에서 당신의 이름을 검색하는 매 순간마다, 기존의 온라인 역사는 업데이트되는 상황이다.

사람들이 당신의 이름을 그렇게 자주 검색하지는 않을 거라 생각하는가? 그렇지 않다. 요즘 사람들은 다음과 같은 때에 당신의 이름을 검색해본다. 당신이 입사지원서를 냈을 때, 당신이 강의요청을 받았을 때, 사람들이 당신을 처음 만날 때, 당신이 뭔가를 판매하려고 할 때, 사람들이 당신에게 뭔가를 팔려고 할 때, 당신이 누군가와 데이트하고 싶을 때, 누군가 당신과 데이트하고 싶을 때, 누군가의 십대 자녀가 당신의 십대 자녀와 데이트하고 싶을 때 등등. 여기에서의 핵심은, 우리가 만나는 사람들의 이름을 검색해보는 행동은 매일 일어나는 일이라는 것이다. 이것을 피할 수 있는 사람은 없다.

예방적 유지가 핵심이다

끊임없이 계속되는 이와 같은 검색과정에 대한 통제력을 가지려면 어떻게 해야 할까? 지금까지는 초반에 해야 할 일에 대해 이야기했었고, 지금부터는 매월, 아니면 최소한 분기별 한번 정도는 정기적으로 해야 할 세 가지 핵심적인 단계적 행동에 대해 점검해보도록 하겠다.

당신이 즉각적으로 통제할 수 있는 자료들을 먼저 점검해보자

당신의 온라인 흔적들(웹사이트, 블로그, 소셜미디어)을 청소하자. 스스로에게 질문을 해보는 거다. 이 모든 자료들은 일관적인 주제를 가지고 있는가? 내가 원하는 방향으로 내 자신을 표현하고 있는가? 어떤 것을 바꿀 필요가 있는가? 나는 이미 변화했지만 아직 온라인 세상에서 표현하지 못한 것이 있는가?

자료를 업데이트한 후에는 나에 대해 다시 한번 검색해보자

구글 검색을 했을 때 나에 대한 정확한 자료가 검색되는가? 그렇지 않다면, 우선적으로 검색이 되는 자료를 대체하기 위해 내가 추가해야 할 정보는 무엇인가?

만약에 현재 당신의 회사, 가족, 동네, 지지하는 정당에 대해 이야기하는 자료가 충분치 않다면, 지금부터 고민해서 자료를 추가해보도록 하자.

당신의 브랜드를 정기적으로 업데이트하는 계획을 세울 때, 전문가의 도움을 받아도 좋다

구두수선공의 아이들은 오히려 맨발로 다닌다는 속담이 있다. 대부분의 사람들은 자신의 주된 일을 하느라 매우 바쁘다. 그렇기 때문에, 온라인 브랜드를 청소하는 중요한 일을 의도적으로 스케줄에 넣어놓지 않는다면, 제대로 될리가 없다. 당신의 온라인 삶에 대한 통제권을 가지려면, 적어도 1년에 한번은 브랜드 업데이트 작업을 하는 것이 좋다. 어떤 전문분야에서는 그 이상의 업데이트가 필요하기도 하다. 혼자 힘으로 하기가 어렵다면 전문가의 도움을 받는 것도 추천한다.

당신이라는 존재의 정체성은 실제 삶에서 보여주는 것과 마찬가지로, 웹에서 보여지는 모습으로 대변된다. 사실, 당신이 상호작용하는 대부분의 사람들에게 있어서 당신의 온라인 페르소나는 당신의 실제 삶보다 더 중요한 것이다.

당신의 페르소나는 당신에 대해 현재 어떤 말을 해주고 있는가? 인간이라는 존재는 자기자신을 평가할 때보다 다른 사람을 더 신랄하게 비판하는 경향이 있다는 이중기준을 기억하자. 이때에는 당신과 동일한 이름을 가지고 있는 사람들에 대한 비판 또한 더 엄격해진다. 누군가 당신의 정체성에 간섭을 하도록 하지 말고, 온라인 세상에서 당신 자신의 이야기를 만들도록 하자.

검색 엔진 최적화 작업의 득과 실을 이해하자

당신이 3장의 내용을 계속 읽고 있는 것은, 아마 사람들이 온라인 세상에서 당신에 대해 단순히 일관적인 정보를 얻는 수준을 넘어서고 싶기 때문이기도 할 것 같다. 당신의 존재를 사람들이 알아채고 인정하기를 바라기 때문일 수도 있겠다. 물론, 일단 사람들이 당신의 존재를 알아채기 시작하면, 그 후에 해야 할 모든 일의 중요성은 어마어마하게 커지게 된다. 당신에 대한 정보에 있어서 비일관성이나 모순이 있는지를 찾아내려 애쓰는 과정에서 만들어지는 악의적인 트롤링도 시작될 것이기 때문이다.

우선 본인에 대한 정보를 온라인 세상에서 업데이트하는 일을 하는 것이 중요하다. 그 다음으로 사람들이 자신의 정보를 찾아봐주기를 원한다고 할 때, 뭘 해야 할까? 안타깝게도 이것만 하면 된다는 지름길은 존재하지 않는다. 검색엔진 최적화(SEO: search engine optimization), 바이럴 마케팅과 같은 가냘픈 행운에 매달려본다고 한들 보장되는 결과는 없다. 온라인 세상에서의 모든 것들은 너무나 빨리 변화해나가기 때문에, 뭔가를 빨리 좇아간다고 해봤자 잘 보이지도 않는 무엇인가를 잡으려 끊임없이 애쓰며 뛰게 될 뿐이다.

그렇다면, 사람들에게 자신의 정보를 알려주려면 어떻게 해야 할까?

중요한 것은, 자신과 유사한 흥미를 가지고 있고, 그 주제에 대해 이야기하고 싶어하는 사람들의 커뮤니티를 만드는 일이다. 이 커뮤니티는 당신을 악플러와 트롤링을 하는 사람들, 당신을 비난할 거리를 찾으려 하는 사람들로부터 보호해줄 것이다. 튼튼한 기반의 커뮤니티를 가지고 있다면, 당신이 필요로 할 때, 그리고 이상한 분노에 차 있는 트롤러로부터 공격을 받을 때 당신에게 도움이 되어줄 것이다.

커뮤니티를 구축하려면 콘텐츠와 이슈를 마케팅해야 한다. 이와 같은 마케팅 과정의 모든 단계들을 이 책에서 모두 다루기에는 무리가 있다. 이 주제에 대해서는 매우 많은 책들이 출판되어 있고, 그중에서도 가장 추천하고 싶은 책은 데이비드 미어먼 스코트(David Meerman Scott)가 쓴 『온라인에서 팔아라(*The New Rules of Marketing and PR*)』로서, 제6판은 현재 스테디셀러로 판매되고 있다.[7] 스코트는 이 분야의 전문가로서, 인터넷에서 그의 이름을 잠깐 검색해보면 수많은 관련 저서와 멋진 인사이트를 담은 그의 글들을 많이 찾아볼 수 있을 것이다.

간단히 말해서, 오늘날의 온라인 세상에서 사람들의 관심을 끌려면, 우선 열정과 전문성을 가지고 있는 분야의 콘텐츠를 만드는 데에 의도적으로 시간과 에너지를 투자할 필요가 있다. 그러고 나서, 온 세상 사람들이 볼 수 있도록 그 콘텐츠를 소셜 미디어에 올리게 되면, 구글이 당신의 콘텐츠에 대한 순위를 매겨줄 것이고, 사람들은 당신 주위에 모여서 이야기를 시작하게 될 것이다.

이와 같은 마케팅의 신뢰도 테스트에 합격하려면 시간과 깊이라는 두 가지 요소가 필요하다. 우리는 자신의 분야에서 오랜 기간 동안 해당 이슈에 대해 연구해왔고, 설득력있는 결과를 찾아내기 위해 심층적인 연구를 한 전문가를 신뢰하는 경향이 있다.

따라서 사람들이 초기에 보인 관심도와 지속적인 집중도를 유지하려면 시간을 들여 자료를 업데이트할 필요가 있다.

검색엔진 최적화 작업을 위해서는 해당 주제에 대해 시간과 열정을 투자해야 한다

어떤 콘텐츠를 만들면 사람들의 관심을 끌고, 그들의 기억에 남도록 할 수 있을까? 사람들은 기억을 만들어내는 데 있어서 두가지 심리적 프로세스를 활용한다. 언어적 표현 그 자체를 기억하거나, 핵심 내용을 기억하는 것이다.[8] 언어적 표현의 라임이 맞거나 따라하기가 쉬운 경우 그 언어 표현 자체를 기억하는 경우가 많다. 그리고 정서적인 요소가 강하게 다가오는 경우는 핵심 내용을 기억하게 된다. "장갑이 맞지 않으니 그는 무죄이다(If the glove does not fit, you must acquit)". O.J.심슨을 변호하기 위해 영리한 변호사 조니 코크란(Johnnie Cochran)이 말했던 이 표현은 내가 정확하게 기억하고 있다.

반복(repetition)은 단순함과 함께 중요한 핵심 키워드이다. 그리고 천 마디의 말보다 하나의 그림이 더 나을 때가 있다. 이때의 그림은 사람들의 기억에 효과적으로 잘 남도록 하기 위해 단순해야 하고, 사람들이 상식적으로 생각하고 있는 카테고리에 잘 맞아야 한다. 어린 강아지, 아기 고양이는 귀엽고 작은 털복숭이여야 하듯이 말이다. 당신의 마음속에 그림 같은 풍경을 떠올리도록 하는 단어는 그림의 효과만큼 추천할 만하다. 하지만, 인터넷은 점점 더 글자보다는 그림을 선호하는 상황이 되어가기 때문에, 당신의 아이디어를 비주얼 자료를 활용하여 제시하는 것을 초반에, 그리고 자주 생각해보는 것이 바람직할 것이다. 이와 같이 사람들의 기억에 남도록 자료를 제시하는 작업에 대해서는, 신경과학자 카르멘 사이먼(Carmen Simon)의 훌륭한 책 『절대 잊을 수 없는 것을 만들어라 : 상대를 완벽히 사로잡는 메시지의 비밀(*Impossible to Ignore : Creating Memorable Content to Influence Decisions*)』을 추천한다.[9]

당신의 온라인 스토리를 만드는 작업부터 시작해보자

내가 수년간 사람들이 자신의 온라인 브랜드와 페르소나를 만드는 작업을 시작하는 것을 도우면서 효과적으로 활용했던 다섯가지 질문을 소개한다.

내가 지지하는 가치는 어떤 것인가? 그리고 어떤 사람들이 내 커뮤니티를 구성하고 있는가?

첫번째 질문은 두번째 질문보다 더 대답하기 어렵고 광범위해보이니까, 일단 두번째 질문부터 시작해보자.

당신의 커뮤니티를 완벽하게 대표할 수 있는 한 사람이 당신 앞에 서 있다고 상상해본다면, 어떤 사람이 떠오르는가? 당신의 커뮤니티를 구성하는 대부분의 사람들의 특성과 정보는 어떠한가?

당신이 속한 커뮤니티에 어떤 사람들이 있는지를 명료화하고 나면, 당신이 지지하는 가치가 무엇인가라는 질문에 대해 어떤 이야기를 해야 할지에 대한 문제는 좀더 쉽게 다가올 것이다. 좋다. 여기서 모든 일이 끝난 것은 아니지만, 정말 좋은 시작을 했다고 말할 수 있겠다.

나를 정말 불편하게 만드는 것은 어떤 것인가?

사람들의 불평을 들어보게 되면 그 사람이 가지고 있는 가치와 사회적인 지위를 쉽게 파악할 수 있다. 스스로에게 "내가 싫어하는 것이 무엇인가"라는 질문을 한다는 것은 뭔가 부정적인 것을 캐내겠다는 것이 아니라, 당신이 추구하고 있는 긍정적인 것의 경계선이 어디인가를 알아내기 위한 목적을 가진다. 우리는 분명히 불평할 자유를 가지고 있다. 정치적 분야를 제외한 모든 현대사회의 삶에서 우리는 진짜 감정을 숨기고 불편한 사람들과도 어울리며 좋은 인상을 보이려 하는 데에 매우 많은 시간을 보낸다. 그러니까 이 시스템 안에서 살아가기 위해 때때로 불평을 하는 것은 정신건강에 도움이 되는 것이다.

내가 세상을 변화시킬 수 있다면, 세상은 어떤 모습이 될까?

성공적인 목표 달성을 위해서는, 일단 어느 정도는 자신이 통제력을 가지고 있는 온라인 세상에서 활동을 해볼 필요가 있다. 당신이 불편하게 생각하는 문제들을 모두 해결한 상태의 세상, 그리고 당신에게 중요한 의미를 가지는 방법으로 더 좋은 상황을 만들어낸 세상을 자유롭게 상상해보는 것은 매우 즐거운 일이다. 그 세상을 그려보는 작업부터 시작해보자.

내가 양보할 수 없는 세가지 가치를 생각해본다면?

내가 협상을 통해 양보할 수 있는 것은 무엇인가? 반드시 가지고 있어야 하는 것과, 가지고 있으면 좋은 것 간의 차이를 이해하는 것은, 당신의 가치와 아이디어를 명료화하는 작업에서 핵심적인 일이다. 양보할 수 없는 가치라는 것은 사람마다, 그리고 시스템마다 매우 큰 차이가 있기 때문에, 세부적인 부분을 명확하게 해놓게 되면 앞으로 가야 할 먼 길을 더 쉽게 갈 수 있을 것이다.

나의 커뮤니티가 가지고 있는 문제에 대해 내 전문성과 열정을 통해 제시할 수 있는 해결책은?

이와 같은 부분에 대한 이야기를 할 수 있어야만 사람들이 당신을 찾아오게 될 것이다.

당신이 지속적으로 점검해보고, 스스로에게 부족한 점을 찾아서 수정 보완해야 할 것이기도 하다. 당신이 조직에 소속되어 있다면, 팀의 구성원들이 당신에게 항상 도움을 요청할 문제이다. 사람들은 당신에게 관계에 대한 이슈, 시스템 이슈, 프로세스상의 문제들 중 어떤 것에 대한 조언을 바랄까? 당신의 전문성은 그런 요청을 받을 때, 특정한 니즈에 있어서 빛을 발할 것이다. 사람들의 니즈가 어떤 것인지를 명확하게 파악할 때, 거기에서 또 앞으로 나아갈 방향을 찾을 수 있겠다.

자기자신의 온라인 정체성과 온라인에서의 삶에 대해 통제력을 갖는 것은, 온라인 세상에서 살아가고 있는 누구에게나 반드시 필요한 것이다. 현재 별다른 통제력을 가지고 있지 않다고 판단된다면 다시 한번 생각을 해보았으면 좋겠다. 페이스북과 다른 소셜미디어 외에도 당신의 이름이 올라가 있는 웹사이트는 아마 최소한 몇 개가 될 것이다. 이제는 당신의 온라인 정체성을 통제할 때가 되었다고 생각한다.

이제 3장의 초반에 제기했던 이슈를 다시 한번 짚어보면서 이야기를 마무리하려 한다. 온라인 행동과 용서에 관련해서 우리 모두가 가지고 있는 이중 기준 적용을 끝내기 위한 방법은 무엇인가. "비판받지 않으려거든 비판하지 말아라(Judge not, lest ye be judged)"라는 황금률과 정반대인 성경 말씀이다. 이 두가지 경고는 인터넷 세상을 살아가는 데 있어서 반드시 고려해야 할 것들이다. 우리는 현재 부재하고 있는 인간성을 웹환경에 다시 복구시킬 필요가 있다. 현대 사회에서 발달된 온라인 편리성 때문에 모르는 사이에 사라져 버린 감정들을 다시 찾아와야 한다. 누군가 우리에게 차갑고 적대적이고 날카로운 어조로 공격을 할 때에야 우리는 이러한 상황을 깨닫고, "인터넷 세상에서는 인간성이라는 것이 존재하지 않는 건가? 예전에는 사람들이 이렇지 않았다구!"라는 생각을 하게 된다. 중요한 것은, 온라인 세상에서 우리가 감정적으로 상처받는 일들이 많기 때문에, 이제는 우리의 온라인 커뮤니티, 사회에 대해 감정을 다시 복구시키는 작업을 매일, 그리고 전세계적으로 시작할 때가 되었다는 사실이다.

우리는 관용과 친절함을 가지고 행동을 해야 하며, 인간적인 행동을 하는 방법을 알고 있어야 한다. 그래야만 사람들이 우리에게도 그와 똑같은 행동을 해주기를 기대할 수 있다. 이와 같은 목적을 달성하기 위해서는 우리 모두가 협력해서 같이 노력해야만 한다.

자, 이제 시작해보자. 진정한 우리 자신이 되기, 상대방을 존중하기, 그리고 황금률을 기억하는 일을 지속적으로 실행해보는 거다.

실용적인 팁

가치 선언문 만들기

온라인 공간에서 같이 일하는 팀이라면 관계 초반에 같이 공유하는 가치가 무엇인지를 명료화하는 작업을 하는 데에 어느 정도의 시간을 투자하는 것이 좋다. 그러면서 그 가치가 지켜지지 않았을 때에 생길 수 있는 문제점이 무엇인지를 예측하고 해결책에 대해 의논을 할 수 있기 때문이다. 이와 같은 가치 선언문은 실제 세상에서의 팀 작업에서는 찾아볼 수 있는 경우가 있지만, 사실 온라인 세상에서는 그 중요성이 더 크기 때문에, 실제 세상이나 온라인 세상 모두에서 팀작업을 할 때에는 반드시 가치선언문을 함께 만들고, 가치가 지켜지지 않는 경우 생기는 문제점에 대해 함께 해결작업을 해야만 한다.

(개인적이거나 팀을 위한) 가치 선언문을 만들 때 활용할 수 있는 질문들을 소개한다. 작업이 완료되면 당신 개인이나 팀의 목표를 달성하는 데에 도움이 되는 온라인 공간에 업로드할 수 있을 것이다.

내가(우리가) 지지하는 가치는 무엇인가, 그리고 내가(우리가) 소속된 커뮤니티에는 어떤 사람들이 있는가?
내가(우리가) 좋아하는 것은? 내가(우리가) 싫어하는 것은?
내가(우리가) 양보할 수 없는 가치는?
내가(우리가) 해결하기 위해 노력하고 있는 문제점은?

그리고 남은 세부적인 부분에 대해서는 다음과 같은 질문들을 활용할 수 있겠다.

나(우리)와 소통할 때 가장 좋은 방법은?
사람들이 이슈 제기를 할 때 어떤 방법을 쓰면 되는가?
문제점을 해결할 때 내가(우리가) 활용하는 프로세스는?
우리가 함께 문제점을 해결하는 데까지 어느 정도의 기간이 예상되는가?

요약

- ★ 우리는 대면소통을 통해 만나는 사람들이 비일관적인 모습을 보일 때에는 잘 이해해주는 편이지만, 온라인 행동의 비일관성에 대해서는 거의 이해해주지 않는다.
- ★ 온라인 폭풍이 가져올 수 있는 부정적 결과를 예방하려면, 온라인 페르소나를 명확하게 구축해놓을 필요가 있다.
- ★ 개인적인 온라인 미션 선언문을 작성하는 것은 아주 좋은 시작점이 될 수 있다.
- ★ 특정 이슈, 열정, 아이디어에 대해 당신이 가지고 있는 의견이 어떤 것인지를 밝히는 것부터 시작해보자.
- ★ 그러한 작업을 지금까지 해본 적이 없다면, 현재 자신이 가지고 있는 온라인 페르소나를 점검해보자.
- ★ 그러고 나서는, 최소한 분기에 한번 정도는 당신의 페르소나를 점검하는 것이 좋다.
- ★ 당신의 온라인 페르소나를 구축하는 작업을 시작했다면, 온라인 세상에서의 일관성을 보여주기 위한 자료를 업로드하고 함께 이야기할 수 있는 커뮤니티를 찾아보자.
- ★ 가장 바람직한 검색엔진 최적화 작업은, 당신이 가지고 있는 열정에 대해 온라인에서 유창하게 이야기하는 것이다. 그러한 모습을 보았을 때 상대방은 당신의 진정성을 느낄 수 있기 때문이다.
- ★ 그리고 당신이 한 실수에 대해 용서받길 원한다면, 다른 사람들의 허물을 감싸주는 모습을 보이자.

4장

정서의 부족

내가 당신의 어려움을 알 수 있도록 해주세요

컨퍼런스콜의 사운드를 무음으로 해놓은 상태에서, 사무실을 찾아온 동료와 이야기를 하거나, 설거지를 하거나, 페이스북에 새로 올라온 글을 읽은 적이 있는가? 그렇다면, 당신은 왜 한시간 동안이나 컨퍼런스콜을 예약하고, 모든 사람들이 그 시간 내내 회의에 집중하기를 기대하는 걸까? 우리가 상대방을 직접 보지 못할 때, 회의에 참여한 사람들이 제대로 집중하지 못하고 있어서 잠깐 휴식이 필요하다는 사실을 알 수 있는 무의식적인 신호를 찾아내기란 어려운 일이다. 온라인 커뮤니케이션을 할 때에는 동료들과 인간적으로 관계를 맺기 위해, 그리고 사람들에게 언제 어떻게 다가갈지를 결정하기 위해(동료들이 저녁식사를 하기 전에 이메일을 볼 수 있을까?) 부가적인 노력을 해야 한다. 왜냐하면, 온라인 세상에서는 상대방이 무의식적 신호를 자연스럽게 파악하기 쉽지 않기 때문이다.

이메일과 문자메시지와 같은 온라인 소통수단이 가지고 있는 좋은 점들 중의 하나는 공간의 한계를 넘어설 수 있다는 것이다. 즉, 나는 잠이 들 수 없었던 한밤중에 당신에게 메일을 보내서, 당신이 아침 커피를 마시면서 편안하게 읽도록 할 수 있다. 하지만 휴대폰과 같이 모든 사람들과 언제나 연결이 가능한 수단이 존재하기 때문에, 우리는 항상 문자와 이메일이 도착했다는 것을 알리는 알람 소리를 들어야 하고, 빠른 답변을 원하는 기대에 부응하느라 일상생활을 방해받는다. 과거에는 사실 이메일에 대한 답장은 며칠 내에만 하면 그런대로 예의바르다는 이야기를 들었었는데, 이제는 이메일을 받은 후 곧바로 답장을 하지 못한다 해도 적어도 몇 시간 내에는 답메일을 보내야 하는 상황이 되었다.

사람들과 직접 대면을 통해 소통을 하지 못하는 상황에서 나오는 문제는 감정의 부족이다. 연구결과를 보면, 우리 대부분은 문서 커뮤니케이션에서 상대방이 표현하는 정서적 톤의 판단을 어려워한다고 한다.[1] 효과적으로 관계를 맺는 소통참여자가 된다는 것은, 상대방에 대해 잘 이해하기 위해 부가적인 노력을 한다는 것을 의미한다. 예를 들어보자. 컨퍼런스콜을 할 때, 모든 참가자들에게 1분을 주어 현재 자신의 기분과 컨디션을 이야기하는 것으로 시작해볼 수 있다. 4장에서 우리는 온라인 관계에서 실종된 요소(정서의 부족)에 대해 살펴보고, 일상생활에서의 팀 커뮤니케이션에서 일어나는 온라인 소통에서의 몰입도를 강화하는 방법에 대해 알아보려고 한다.

실종된 신호 문제는 온라인 커뮤니케이션을 어렵게 만든다

진정한 관계를 추구하는 사람들(사실 우리 대부분이 그렇다)에게 있어서, 온라인 커뮤니케이션은 그다지 즐거운 것이 아닌 경우가 많다. 왜 그럴까? 우리가 대면소통에서 받게 되는 대부분의 신호들이 온라인에서는 많이 부재하기 때문이다. 그 결과 감정이 실종되게 된다. 대면소통과 온라인소통은 왜 이렇게 다른지에 대해 조금 더 심층적으로 살펴보도록 하자.

모든 대면소통은 두가지의 대화가 동시에 진행된다. 즉 내용(당신이 말하는 것)과 신체적 언어(이야기를 하는 방법).[2] 이 두가지의 대화는 인간의 커뮤니케이션에서 핵심적인 요소이지만, 각각의 특성이 매우 다르다. 내용은 일상생활에서의 수다, 고도로 복잡한 계획, 고용 요청, 결혼 신청, 종전을 위한 협상, 시장을 공유하기 위한 비밀 계약 등 매우 다양하다.

신체적 언어라는 두번째 대화는 더 단순하지만 조금 더 중요하다. 두 가지 대화가 일치되지 않게 되면, 언제나 신체적 언어가 내용을 앞서게 된다. 언어적으로 표현하는 것은 A이지만, 실제 의미하는 것은 B인 경우를 우리 모두는 경험해봤을 것이다. 어떤 때에는 전혀 다른 메시지를 전달하고 싶어하기도 하고, 어떤 때에는 무언가를 숨기고 싶어하기도 한다.

신체적 언어가 표현된 내용보다 앞서게 되는 이유는, 신체적 언어가 우리의 개인적 생존과 인류라는 종의 생존에 대한 매우 기본적 문제를 다루고 있기 때문이다. 우리는 스스로에게 질문해본다. 이 사람은 나에게 위협적인 존재인가? 상대방이 위협적인 존재가 아니라면, 나보다 더 강한 파워를 가지고 있는가? 더 약한 파워를 가지고 있는가? 이 사람은 나와 함께 생산적인 일을 할 수 있을까? 상대방과 같은 사람, 이번 관계와 같은 패턴을 이전에 본 적이 있는가, 아니면 새로운 것인가?

대부분의 이러한 질문들은 우리가 입밖으로 내어 표현하는 것이 아니다. 우리는 거의 의식하지도 못하는 것들이다. 우리의 무의식으로부터 상대방의 무의식으로 제시되고 대답을 받는 것들이다. 하지만 이 질문들을 하지 않게 되면, 대화에 대한 우리의 흥미도는 갑자기 확 줄어들게 된다.

흥미도가 거의 없어질 정도로 최소화된다는 것은 대화가 제대로 되지 않는다는 것이다. 신체적 언어라는 두번째 대화를 없앤다는 것은, 인간으로서의 커뮤니케이션이 가져야 하는 최소한의 요소를 경험할 수 있는 능력을 제거하는 것과 마찬가지이다.

온라인 세상의 상황이 지금 이렇다. 감정이 실종되어 있다는 것이 매우 큰 문제이다. 온라인 세상에 감정이 추가되지 않는다면 사람들의 흥미도는 점점 줄어들게 될 것이다. 소통을 할 때 상대방의 패턴을 인식하기 위한 기본적인 요소가 감정이기 때문이다. 감정이 없이는 상대방과의 심층적인 관계맺기가 불가능해진다. 온라인 대화에서 부족한 것은 우리의 무의식적 마음(생존을 위한 것), 몰입도(인간적 흥미), 가슴의 울림(감정)이다.

감정이 없어서 텅 비어 있는 구멍을 메워보자

자연스러운 인간의 관계에서 감정이 빠져 있다는 것은, 상황이 빠른 속도로 악화된다는 것을 의미한다. 지루함을 느끼거나, 못된 행동을 하게 되거나. 둘 다 하게 될 수도 있다.

흔히 찾아볼 수 있는 사례로 한번 설명해보겠다. 월요일 오전에는 정기적인 팀 컨퍼런스콜이 열린다. 당신이 속해 있는 동부 팀에게는 월요일 오전 10시이지만, 영국 팀에게는 오후 3시이고, 뉴욕 팀에게는 조금 더 늦은 오전이며, 캘리포니아 팀에게는 그다지 이른 때가 아니다. 서부지역 팀에 속한 유일한 멤버인 제이크에게는 오전 7시에 회의를 시작하는 것이 나쁘지 않다. 왜냐하면, 악명높은 로스앤젤레스의 교통정체를 피하기 위해 매일 아침 6시에 차를 운전해서 출근을 하기 때문이다. 그 후에 로스앤젤레스 팀에 몇 명의 팀원이 배정되었지만, 곧 제이크와 팀의 스케줄에 적응하였다. 제이크가 팀을 떠난 후에도 팀원들은 그 습관을 바꾸지 않았고, 회의 시간은 동일하게 유지되었다.

컨퍼런스콜의 조율을 담당하는 사람은 당신이기 때문에, 당신은 뉴욕 사무실에서 정확하게 10시에 회의를 시작하였다. 영국 팀은 새로 온 구성원들과 점심식사를 하며 회의를 하느라 좀 늦게 로그인을 하였다. 이 상황에 대해 당신은 이미 알고 있었기 때문에 우선 회의를 시작하기로 했다. 새로운 상품을 판매하는 데 있어서 매우 중요하고, 모든 사람들이 꼭 이해해야 하는 새로운 마케팅 컨셉을 소개하고 싶었기 때문이다. 영국 팀은 슬라이드 자료를 매우 잘 활용하는 사람들이 모인 곳이기 때문에, 회의를 먼저 시작하더라도 금방 따라잡을 거라고 당신은 생각했다.

당신은 우선 회사의 컨퍼런스콜 프로그램에 접속했지만 뭔가 오류가 생겨서, 다른 컨퍼런스콜 프로그램에 모든 사람들을 초대해야만 했다.

이메일로 이와 같은 상황을 전달하느라 회의 시간이 좀 지체되었다. 당연히 모든 참가자들이 제 시간에 이메일을 확인하지 않았다. 일부는 나중까지 메일을 보지 않았기 때문에, 메일을 통해 참가자들의 출석확인을 하기가 어려웠다.

하지만 당신은 참을성 있게 연락을 계속했고, 모든 사람들이 슬라이드 자료를 받았는지를 확인했다. LA팀의 몇 명, 그리고 심지어 뉴욕 사무실의 몇몇까지도 아예 메모를 못 받은 것 같았다. 이 문제를 해결하느라 또 7분이 더 흘러갔다.

결국 모든 참가자들이 자료를 받았고, 늦게라도 회의가 시작된 것을 모두 다행이라고 여겼다. 왜냐하면, 영국 팀도 점심 회의에서 모두 돌아와 기분좋게 참여할 수 있었기 때문이다. 그런데, 참가자들 중의 한 명이 처음으로 한 이야기는, 슬라이드 1페이지의 첫번째 단어에 오타가 났다는 것이었다.

온라인 세상에서 받는 비판은 대면소통에서의 비판보다 더 아프게 느껴진다

당신의 기분은 완전 망쳐진 상태였다. 사실 당신은 완벽주의자 기질이 다소 있는 사람이기 때문에, 신제품 출시에 대한 회의를 잘 진행해서 사람들에게 좋은 인상을 주고 싶었다. 자료의 오타와 같은 소소한 일에 사람들이 매이기 시작하면, 상황이 더 안 좋아질 것 같았다.

참가자들은 웃으며 이야기를 하는 것일지도 모르겠지만, 당신은 그 미소를 볼수 없으니 말이다.

"어떤 것이 잘못됐나요?" 당신은 물어본다. "이 자료의 맞춤법 검사를 수십번 했었거든요. 어디인가요?"

이안(Ian)이 킬킬대며 이야기했다. "Color요. C-o-l-o-u-r가 되어야죠"

'아아, 이 사람이 영국 스펠링과 미국 스펠링을 가지고 농담을 하는 거군. 좋아. 재미있어. 지금 우리 회사의 미래를 가지고 이야기를 하고 있는 중요한 상황에서, 19세기의 미국인을 위해 영국식 스펠링을 현대화했던 노아 웹스터(Noah Webster)의 시도에 대해 논쟁을 하자는 거지.'

"이안, 고마워요." 당신은 이야기했다. "이제 다시 주무셔도 됩니다." 사실 당신의 얼굴은 좀 움찔했다. 자신도 모르게 뱉은 표현이지만, 이안이 2년 전에 미국에서 했던 대면 미팅에서 시차로 인한 피곤 때문에 잠들어버렸던 일을 기억해낸 것이다.

사람들은 그 이후로 이안을 떠올리면 그 일을 계속 떠올렸었고, 사실 그 일 자체는 농담으로 가볍게 넘겨지지가 않았다. 우리 회사의 대표가 때마침 그 미팅에 나타났고, 이안의 커리어는 곧바로 하락의 길을 걷게 되었다.

당신은 회의 참가자들을 직접 볼 수가 없기 때문에, 사실 그런 것을 의미한 것이 아니다 라는 미소를 보여줌으로써 분위기를 쇄신할 수가 없었다.

어쨌든 그때부터 영국 팀의 분위기는 매우 싸늘하고 조용해졌다.

당신은 잠깐 말을 멈추고, 심호흡을 했다. 모든 참가자들에게 지금 어떤 생각을 하는지에 대해 묻는 것은 괜찮을까? 아니야. 너무 일러. 당신은 일단 준비한 과정으로 돌아가서 자료 설명을 끝마쳤다. 사실 참가자들이 자료를 제대로 봤는지에 대해 알 수도 없었기 때문에, 모든 사람들이 동일한 수준까지는 갈 수 있도록 모든 자료들을 설명하는 것이 중요한 상황이었다.

하지만 모든 사람들의 집중도와 몰입도는 어땠을까? 최근 연구에 따르면, 전형적인 컨퍼런스콜에서 참가자들 중 60%는 이메일을 쓰고, 다른 일을 하고, 화장실에 가고, 인터넷 쇼핑을 하며, 운동을 하거나 음식을 먹고, 다른 전화를 받는 경우도 있다고 한다.[3]

보기에 아름다운 그림은 절대 아니다. 통계자료에 따르면, 조직의 팀들 중 80%, 그리고 프로젝트의 90%에서는 최소 한 명 이상의 구성원이 물리적으로 같은 장소에서 일하지 않는다고 한다. 일주일 중 최소한 1일은 다른 지역에서 일하고 있는 근로자의 수는 2005년과 2012년을 비교했을 때 79%가 증가한 것으로 나타났다.[4]

고립감을 느끼게 되는 온라인 세상

요즘 우리는 정서적인 고립감을 매우 많이 경험하고 있다. 하지만 우리가 모두 물리적으로 같은 지역에 있지 않아서 서로를 직접 볼 수 없기 때문에 발생하는 문제는 아니다. 모두의 업무현장이 다 떨어져 있더라도 스카이프(Skype)와 구글 행아웃(Google Hangouts)이 온라인 세상에서의 소통을 가능하게 해주기 때문이다.

주위의 세상, 그리고 주위의 사람들에 대해 우리의 무의식이 어떻게 정보를 수집하는지에 대해서는 이제 갓 파악되기 시작한 상황이다. 효율성을 높이기 위해 오랜 기간 동안 다양한 발명품들이 등장한 과정에서, 우리는 온라인 커뮤니케이션의 시스템을 사용하기로 했다. 하지만 인간으로서의 욕구는 제대로 충족시키지 못하게 되었는데, 왜냐하면 온라인 세상에서 우리는 기존에 익숙해져 있는 방법대로 정보를 수집하고 교환할 수 없게 되었기 때문이다.

더 중요한 것은, 온라인 커뮤니케이션이 우리가 동료들과 정서적으로 연결되는 것을 방해하는 면이 있다는 사실이다. 무의식적인 차원에서 이루어지는 정서적 연결은 인간이 정보를 수집하고 공유하는 시스템에서 핵심적인 위치를 차지하는 요소이다. 정서적 연결이라는 것은 우리에게 내재되어 있는 중요한 자원이다. 그렇기 때문에, 정서적 연결이 부재된 상태에서의 정보 수집은 불충분해질 수밖에 없고, 더 많은 관계상에서의 오해를 불러일으킬 수밖에 없다. 사실 정서적 연대감을 쌓는 과정은 대부분 일관적이지 않다.

그렇다면, 정서적 연결이라는 것은 소통에 있어서 왜 이렇게까지 중요한 위치를 차지하고 있는 것일까? 온라인 커뮤니케이션은 왜 정서적 연결 요소를 많이 없애서, 우리가 온라인 세상에서 보게 되는 모든 나쁜 행동들을 만들어내게 된 것일까? 인간이 정보교환을 하는 데 있어서 정서가 사라짐으로써 발생되는 또 다른 문제점들은 어떤 것이 있을까?

인간의 정서적 연결이라는 것은 왜 그렇게까지 중요한 것일까?

연기를 배우는 학생이었을 때, 나는 그때 당시 유명했던 한 브로드웨이 배우가 정서에 대해 설명하는 강의에 참여할 수 있는 기회가 있었다. 배우들은 자기자신을 정서에서의 전문가라고 생각한다. 자연스럽게 감정을 만들어내는 것이 그들의 직업이니까 말이다. 배우들은 전문적으로 정서표현을 하는 사람이다. 배우에게 눈물을 요구하는 시나리오의 주제는 정서표현을 하는 행동으로 변화되어 나타난다. 연기를 배우는 학생들은 특정한 상황을 연기하면서, 연출가의 요청을 받고 눈물을 흘리는 것이 어렵다는 것을 뼈저리게 느낄 수 있었다.

우리는 지속적으로 연습을 하다보면 그런 능력을 얻을 수 있을지에 대해 알고 싶었다. 그 배우는 아무런 대답도 해주지 않았다. 그 대신, 그는 몇 분 동안 우리로부터 등을 돌리고 있다가 다시 돌아왔는데, 그때 그 배우의 얼굴은 눈물로 흠뻑 젖어 있었다.

그의 핵심적인 주장을 명확히 보여주는 한 순간이었다. 그는 우리에게 보여주고 싶었던 것이다. 배우라는 사람은 아주 짧은 순간 동안 매우 넓은 범위의 감정을 표현할 수 있다는 것을. 그리고 우리가 이해하기를 바랐던 것이다. 연출자의 요청을 받으면 그 다양한 정서를 표현할 수 있도록 미리 준비하는 것이 우리의 일이라는 사실을 말이다.

그는 인간이 가지고 있는 두가지 종류의 연대방법들 중 하나를 통해 정서를 표현했다. 그가 쓴 방법은 인간의 상상력(둘 중에서 파워가 상대적으로 약한)이었다. 마음속으로 슬펐던 기억을 떠올렸고, 눈물이 자연스럽게 흐르도록 한 것이다.

수년간, 연구자들은 상상력이야말로 인간이 가지고 있는 정서적 연대감의 기본적인 원천이라고 생각해왔다. 즐거움, 슬픔, 기쁨, 좌절을 경험했던 순간이 있기 때문에, 그 감정들 중 하나를 상대방에게서 보았을 때, 자신의 정서 경험과 상대방에게서 보여지는 것을 비교하고, 맞춰보고, 그에 맞춰 반응을 보인다는 것이다. 이 이론에 따르면, 인간의 연대라는 것은 본질적으로 기억을 되살리는 활동이다.

하지만, 두번째 연대방법, 그리고 더 파워풀한 정서적 연대의 원천은 보다 직접적인 것이다. 정서적 연대에 대한 관심과 능력을 인간으로서 우리가 가지고 태어났기 때문이다. 그렇기 때문에, 자연스럽고 편안하고 무의식적인 정서적 정보수집을 하지 못하게 되면(온라인 커뮤니케이션에서 너무나 놀랄 정도로 자주 일어나는 상황), 특히 어려운 문제가 생기게 된다.

정서적 연대를 하는 이 두번째 방법은 어떻게 기능하는 것일까?

우리는 주위 사람들과 관계를 맺는 것이 너무나 자연스러운 존재이다

1990년대에 한 이탈리아 연구팀은, 원숭이 뇌의 기본적 기능에 대한 연구를 진행했다.[5] 연구자들은 뇌의 몇몇 차원에 대해 관심을 가지고 연구를 하면서 원숭이들이 좋아하는 간식인 땅콩을 바람직한 행동에 대한 보상으로 제공하였다. 땅콩을 받으면 원숭이의 쾌락중추가 활성화되는 것을, 연결된 측정기계 화면을 통해 볼 수 있었다.

어느날은 한 연구자가 원숭이에게 줄 땅콩을 먹고 있었는데, 원숭이도 그 장면을 보았다. 어떤 분들은 그때 원숭이가 분노했을 거라고 생각하시겠지만, 의외로 원숭이가 보상으로 땅콩을 받았을 때 활성화되는 동일한 쾌락중추에 연결된 전구가 빛을 발했다.

이와 같은 놀라운 결과가 나온 후, 더 많은 연구들이 이루어졌다. 결국 그 연구팀은 우리 인간이나 원숭이는 누군가가 특정한 감정을 경험하고 있는 것을 볼 때, 뇌는 그 상대방과 동일한 감정을 느낀다는 것을 발견하고 "거울신경(mirror neurons)"이라는 이름을 붙였다. 거울신경이라는 것은 공감을 가능하게 하는 매우 강력하고 중요한 원천인 것이다. 우리의 뇌는 주위 사람들을 관찰했을 때, 그 사람들이 표현하는 감정과 동일한 감정을 만들어낼 수 있다. 주위의 상황에서 받게 되는 많은 감각적 정보들, 사람들의 목소리 톤을 통해 우리는 그들의 기쁨, 분노, 즐거움, 공포와 같은 감정을 흉내내고, 그 감정을 직접 경험하는 사람에게 되돌려보내게 된다.

정서적 연결관계는 우리가 원래부터 가지고 태어난 것이다

인간의 연결관계가 가지고 있는 속성을 설명해보자면 이렇게 말할 수 있겠다. 우리의 뇌는 주위 사람들이 느끼고 있는 것과 같은 감정을 자연스럽게 느끼게 된다고 말이다. 우리는 주위 사람들의 감정을 자연스럽게 경험하도록 설계되어 있기 때문에, 사람들과의 정서적 연결관계를 추구하고, 그러한 상황이 조성되지 않으면 힘들어한다. 하지만 온라인 공간에서는 우리가 필요로 하는 그와 같은 정보를 얻기가 어렵기 때문에 거울신경이 제대로 활성화되지 못한다.

온라인 공간에서는 어떤 일이 벌어지고 있는 것일까? 시각적 정보를 받지 못하고, 주위 사람들의 어조를 파악하지 못하기 때문에, 충분한 연결관계를 구축하기가 어렵다. 그러다보니, 상상을 통해 만들어내는 불확실한 결과에 의존할 수밖에 없다. 이런 점에서 우리 대부분은 브로드웨이 스타보다는 연기 전공학생처럼 움직인다. 다른 사람의 감정에 대해 미루어 짐작하고 상상해야 하다보니 좀 머뭇거리게 되고, 어떤 때에는 잘못된 판단을 내리게 될 때도 있다. 상대방의 감정과 그 강도에 대해서도 잘못된 방향으로 상상을 하기도 하고, 아예 상대방의 감정에 대해서는 관심을 보이지 않기까지 한다.

정서적 연결관계가 제대로 구축되지 않았을 때 생기는 또 다른 문제점은 없을까? 다른 사람들에게 제대로 된 행동을 하지 못하는 것에 더하여, 우리는 예전만큼 의사결정을 잘 하지 못하게 된다(특히 집단 결정). 온라인 미팅에서 참가자들이 자기주도적으로 참가하는 분위기를 만드는 것은 점점 더 어려워지고 있다. 사실 의사결정이란 서로의 감정을 공유하는 것을 기반으로 해야 하는데, 온라인 미팅에서는 그 작업을 하기가 힘들기 때문이다. 우리는 정서를 통해서 여러가지 자극들 중에서 어떤 것이 더 중요한지를 가려내게 된다. 당신과 당신의 파트너가 집 부엌의 바닥재를 교체하는 작업에 대해 결정을 하려고 한다고 했을 때, 판단을 가능하게 해주는 것이 바로 정서이다. 당신과 파트너가 서로의 모습을 거울처럼 따라하고, 정서를 공유하다보면, 정서가 의사결정의 과정에서 얼마나 중요한지를 깨닫게 될 것이다. 당신은 타일을 선호하지만, 파트너에게 있어서 타일이란 본인이 어릴 때 살던 집의 부엌에서 경험한 나쁜 기억을 떠오르게 하는 것일 뿐이다. 거울신경은 당신이 파트너와 다른 생각을 가지고 있음을 알 수 있게 해준다. 결국 당신은 나무 바닥재로 결정하기로 한다. 왜냐하면, 나무 바닥을 보면 두명 모두 6개월 전에 머물렀던 멋진 에어비앤비 숙소를 떠올리게 하기 때문이다. 당신이 원했던 것은 꼭 타일이라기보다는, 소박하고 개방적인 부엌의 느낌이었던 것이다.

인간은 정서에 기반하여 의사결정을 한다

우리가 하는 대부분의 결정은 이 바닥재 이야기와 유사하게 만들어진다. 물론 더 신속하게 될 수도 있고, 그다지 과거의 기억을 떠올리지 않을 수도 있고, 정서(그리고 거울신경)에 더 많은 의존을 하게 될 수도 있다. 당신은 교통정체를 피하기 위해 다양한 출근길을 선택하는 편인가? 영화는 주로 영화관에 가서 보는 편인가? 상사가 당신에게 새로운 프로젝트(또는 더 많은 책임이 요구되는 일, 업무량이 많은 프로젝트. 하지만 그 일을 잘해내게 되면 승진이 보장된 기회)를 제안했을 때 주로 수락하는 편인가?

그렇게 생각하다보면, 정서가 거울신경을 거쳐 의사결정까지 어떻게 연계되는지를 알 수 있을 것이다. 이 세가지 요소는 일관적인 삶을 사는 데 있어서 꼭 필요하다.

신경과학자들은 그들의 전문분야에서 매우 중요한 의미를 가지는 한 가지 사례를 발견했다. 어떤 사람이 뇌졸중에 걸려 해마(hippocampus)에 손상을 입었다. 뇌의 이 부분은 정서를 다루는 데 있어서 중요한 역할을 한다. 그래서 그 사람은 더 이상 의사결정을 할 수 없게 되었다. 결정을 내릴 수 없고 행동을 할 수도 없는 고통 속에서 살게 된 것이다. 어떤 이유였을까? 선택을 할 수 있는 기반이 없어졌기 때문인 것이다.[6] 정서를 느끼지 못하다보니 뭔가를 말할 수도 없고, 뭔가를 고를 수도 없다. 자신의 배우자를 행복하게 해줄 수 있는, 그리고 상사가 자신을 존경하도록 만들 수 있는 행동을 못하는 것이다.

이는 온라인 세상에서도 마찬가지이다. 정서가 없는 한 커뮤니케이션은 훨씬 더 어려워질 수밖에 없다. 자폐증을 가지고 있는 사람들은 이와 매우 비슷한 경험을 하게 된다. 내가 전에 쓴 『강력한 신호(*Power Cues*)』[7]라는 책에서 이야기했듯이, 나도 열일곱살 때 몇 달 동안은 그런 경험을 했었다. 뇌손상을 입어서, 대부분의 인간들이 가진 상대방의 정서를 읽을 수 있는 무의식적 능력을 잠시 동안 잃었었기 때문이다.

무의식적 정서를 통한 인간의 연결관계가 없다면, 우리는 공허함 속에서 살 수밖에 없다

뇌손상을 입었을 때 내가 경험해본 바에 따르면, 정서적인 연결관계가 없이는 다른 사람들을 이해하기가 어려워질 뿐만 아니라, 삶의 모든 프로젝트들이 재미없어 보이고, 그 과제들에 몰입하기 어렵게 되며, 그다지 중요한 일이 아닌 것 같은 느낌을 갖게 된다. 열일곱살을 먹은 내 뇌가 회복되기 전까지 나는 방황했었고, 기존에 내가 흥미를 갖고 있었던 일들도 제대로 할 수가 없었다.

거울신경은 우리가 다른 사람이 어떤 시각을 가지고 있는지를 이해하고, 상대방의 고통에 공감할 수 있도록 해준다. 거울신경이 없다면, 다른 사람들과의 협상은 더욱 어려울 수밖에 없다. 왜냐하면, 상대방의 정서를 이해하고 그에 대해 공감하기가 힘들기 때문이다. 어떤 협상책이 더 중요한지를 결정할 수가 없다. 상대방이 과장해서 이야기를 하고 있는 것인지를 판단할 수가 없다. 얼마나 많은 사람들이 이 이슈에 관심을 가지고 있는지를 측정하기가 어렵다.

이것이 바로 온라인 세상이다. 인간의 정서적 연결관계가 실종되어 있기 때문에, 커뮤니케이션이 점점 더 어려워지는 상황 말이다.

조금 더 자세히 들여다보자. 불안, 공포, 행복, 기쁨과 같은 가장 기본적인 정서들은 다른 정서들보다 훨씬 더 전염성이 강하다. 그래서 공감을 하지 못하는 상황이 되면, 이 정서들은 가장 먼저 실종될 수밖에 없다. 상대방의 마음을 신속하게 읽어내고 공감할 수 있는 우리의 무의식적 마음은 인간이 태어날 때부터 가지고 나온 것이다.

이와 같은 기본적 정서를 경험하고 공유하는 것이 어려울 때, 온라인 세상에서는 어떤 일이 일어나게 될까? 가장 먼저 실종되는 감정이 불안감과 공포감이다. 어떤 사람들은 "그건 좋은 소식"이라고 생각할지도 모르겠다. 하지만 부정적인 감정을 제대로 경험할 수 있어야만 문제를 예방할 수 있고, 어려움에 부딪히더라도 최대한 빨리 해결할 수 있게 된다. 투쟁할 것인가, 도피할 것인가를 판단하고 생존할 수 있는 능력이 둔해지는 것이다. 이러다보면 우리의 삶을 짜임새있게 조직화하기가 어려워질 수밖에 없다.

그 다음으로 실종되는 감정은 행복과 기쁨이고, 당연히 웃음과 미소도 사라지게 된다. 이러한 감정들이 없어지게 되면 우리의 개인적 삶과 일에 대한 흥미와 재미는 감소되는 것이 당연할 것이다.

결국 주위 사람들에 대한 매력도 경험하기가 어려워진다. 사랑과 우정이 사라지게 되면, 무슨 일 하나도 제대로 해낼 수가 없게 될 것이다.

인간의 목소리에서 동기부여할 수 있는 힘이 없어지게 되면, 뭐가 남는 걸까?

온라인 세상에서 손상을 입은 것은 시각적 정보뿐만이 아니다. 놀랍게도 우리의 듣는 능력 또한 손상되게 된다.

인간이 가지고 있는 뛰어난 능력들 중의 하나는 대부분의 사람들이 잘 모르고 있는 것이다. 이 책을 읽고 있는 독자분들도 이런 사실을 지금까지 별로 생각해본 적이 없을 것이다. 인간은 의식적인 별도의 노력을 하지 않아도, 수백개의 인간의 목소리를 바로바로 구분할 수 있는 능력을 가지고 있다.[8]

우리가 사랑하는 사람들, 친구와 동료들, 유명인사들, 정치인, 동네 채소가게 상인들. 우리는 누가 이야기하고 있는지를 금방금방 알아챈다. 전화로 들었을 때 어머니의 목소리와 샐리 이모의 목소리가 너무 비슷해서, 전화를 건 사람이 누구인지에 대해 1분 정도 더 생각해야 하는 특별한 경우가 아니라면, 의식적인 작업을 별도로 하지 않는다. 조금 후에 이 이야기를 더 해보기로 하겠다.

이와 같이 신속하게 인식을 할 수 있게 해주는 것은, 목소리의 청각적 지문을 분석할 수 있는 무의식적 마음의 능력 덕분이다. 인간의 목소리는 이야기를 하는 어조, 오버톤과 언더톤이 복합된 것이다. 오실로스코프(oscilloscope)에 목소리를 녹음해보면, 지진계에 지진파가 나타나듯이 선이 올라갔다가 내려갔다가 하는 것을 볼 수 있다.

기존 연구자들은 인간의 어조, 언더톤과 오버톤은 랜덤하게 나타나는 것이라고 믿었었다. 당신의 목소리, 내 목소리, 윈스턴 처칠(Winston Churcill)의 목소리는 모두 독특하다는 것이다. 하지만 최근 연구결과에 따르면, 두가지 면에서 더 중요한 점을 가지고 있다고 한다.

첫째, 특정한 언더톤은 정서를 전달한다. 그래서 언더톤을 제거했을 때, 사람들은 대화에 대한 흥미를 잃어버리게 된다. 뇌졸중으로 인해 정서를 전달하는 능력을 잃어버렸을 때, 더 이상 의사결정을 할 수 없게 된 사람의 사례가 기억나는가?

인간의 목소리에서 언더톤을 제거하게 되면, 의사결정을 내리기가 훨씬 더 어려워진다.[9]

전화통화에서 상대방을 리드하기란 매우 어려운 일이다

인간의 대화에서 언더톤을 제거하게 되었을 때, 의사결정이 어려워지는 것 이외에도 다른 문제점들이 생긴다. 사실 언더톤을 통해 사람들은 누구를 리더로 할지를 선택하게 된다. 사람들이 방안에 같이 모였을 때, 처음 하는 일들 중 하나는 무의식적으로 리더를 정하는 것이다. 15분 정도의 작업을 거쳐, 우리는 리더를 선택하고, 그 리더의 언더톤에 우리의 언더톤을 맞춤으로써 우리의 팔로워십을 표현한다.

언더톤이 제거된 상황에서, 우리는 리더, 권위자, 팔로워를 정할 수 있는 선천적인 능력을 잃어버리게 된다. 물론 명목상의 리더는 진정한 무의식적 파워를 가질 수 없게 된다. 주위 사람들이 제공하는 신호가 없기 때문이다.

하지만 온라인 커뮤니케이션은 바로 이러한 상황이다. 리더를 선택하는 작업을 하기가 어렵다. 예전에 전화를 개발했을 때, 엔지니어들은 기본적인 어조 범위를 넘어서는 언더톤과 오버톤을 제거함으로써, (상대방에게 의미는 전달할 수 있도록 하면서) 인간의 목소리를 압축하는 방법을 발견하였다. 옛날 구리선을 통해 사람의 목소리를 (정보 손실 없이) 전달하려면 압축작업이 필수적이었다.

이제 우리는 광섬유를 가지고 있고, 온라인 공간에서 어마어마한 양의 정보를 전달할 수 있는 능력도 가지고 있다. 그런데 문제는 뭘까? 여전히 우리는 인간의 목소리를 압축하고 있다는 것이다. 왜 그럴까? 많은 정보

처리를 위해서는 대역폭(bandwidth : 주파수 밴드에서 가장 높은 주파수와 가장 낮은 주파수 사이의 차)이 매우 넓어야 하기 때문이다.

전세계의 유무선 네트워크를 통해 모든 사람들이 만족하는 적은 비용으로 충분한 정보전달을 한다는 것은 거의 불가능한 일이었다.

그 결과, 온라인 세상에서는 사람들간의 연결관계를 구축하는 정서적 요소뿐 아니라, 리더와 팔로워를 정하고 의사결정을 할 수 있게 해주는 무의식적 시그널까지 제거하게 되었다. 그런데도 온라인 세상에서 우리가 그 많은 일을 해내고 있다는 것은 정말 놀라운 일이다.

이 책을 읽고 계신 독자분들이 이해하길 바라는 것은, 우리가 만들어낸 온라인 공간에서는 수천년 동안 인간이 자연스럽게 해왔던 행동을 하기가 유난히 어려운 상황이 된다는 사실이다. 사실 온라인 공간은 우리가 생각하기에 편리하고, 적은 비용으로 많은 것을 할 수 있는 곳이며, 효율적이다. 하지만 그 대신에 우리는 정서가 실종되어 의사결정을 제대로 하지 못하게 되는 값비싼 비용을 지불해야 하게 되었고, 그 결과 오히려 더 비효율적인 상황을 맞이하게 되었다.

정서가 자연스럽게 전달되어야, 소통도 그만큼 원활하게 잘 될 수 있다

언젠가 나는 특전사 장교들을 대상으로 신체언어 훈련을 한 적이 있었다. 그들은 정말 전 세계에서 가장 강한 존재들 중의 하나라고 할 수 있는 사람들이었다. 체격이 크고, 무술유단자인 데다가 무기를 사용하지 않고도 전투를 치를 수 있는, 그리고 모두 부하들을 통솔할 준비가 되어 있었다. 이 사람들을 제대로 훈련시키려면 내가 자세나 목소리를 통해 내가 강한 자신감을 가지고 있다는 것을 보여줘야 한다는 것을, 강단에 서는 순간 바로 알아차릴 수 있었다. 그렇지 못할 경우 이 교육생들은 바로 나를 겁쟁이나 약골 취급을 해댈 테니 말이다.

그래서 등을 꼿꼿하게 펴고 서서 키가 더 커보이도록 했고, 자신감있게 가슴을 쫙 폈다. 실제 내 모습보다 훨씬 더 체격도 크고 성질 더러운 인간으로 보이도록 목소리도 낮게 깔았다(솔직히 큰 효과는 없었다고 지금은 생각하지만). 교육생들은 모두 남성이었고, 끈끈한 동지애를 가지고 있는 동시에, 최고가 되기 위한 높은 경쟁심을 가지고 있었다. 이와 같은 상황에서 만들어지는 역동적인 상호작용을 흥미있게 관찰하다보니(나도 모르는 사이에 그 상호작용에 끼어들고 있었다), 이 집단에서 나는 절대 리더가 되지 못하겠다는 것을 깨닫게 되었다.

어딘가 중간자리에 안착을 해야만 한다는 필요성도 느꼈다. 다행히도 거울신경에 대해 알고 있었기 때문에, 그 집단에서 최고가 되기 위한 시도를 하지 않고, 사람들의 행동을 잘 보고 따라했다. 그 집단의 일원으로 받아들여지는 데에는 며칠밖에 걸리지 않았다. 목소리를 낮게 깔았던 것도 어느 정도 도움이 되었다. 물론 내가 기대했던 만큼의 정도는 아니었지만. 왜냐하면 내가 가지고 있는 파워를 최대화하고 리더가 되기에 필요한 정도보다 목소리를 지나치게 더 낮게 깔았기 때문이었다.

집단의 일원으로 받아들여진다는 것은 좋은 것이고, 사실 매우 핵심적인 요소이다. 하지만 온라인 커뮤니케이션은 이와 같은 연대감과 연결관계의 중요한 측면을 삭제해버린다. 커뮤니티에서의 소속감이라는 것은 사실 집단적 규모의 정서적 연대감인데도 말이다.

온라인 커뮤니케이션이 기대하는 성과를 만들어내지 못하는 경우가 많지만, 부정적인 요소들을 감소시키는 것은 가능하다

온라인 소통을 하는 상황에서 보다 좋은 관계를 구축할 수 있도록 하는 방법은 존재할까? 오해, 지루함, 비효율성이라는 부정적인 요소를 극복하고 커뮤니케이션이 제대로 흘러가도록 할 수 있을까? MIT의 미디어랩(media lab)의 구성원들이 만든 코지토社(Cogito Corporation)는 바로 이 문제를 해결하기 위해 노력하는 중이다.[10] 온라인 세상에서 실종되어버린 연결관계를 복구시키기 위해 우리는 실제적으로 뭘 할 수 있을까?

오디오컨퍼런스, 웨비나, 텔레프레젠스 룸(telepresence room: 참가자들이 실제로 같은 방에 있는 것처럼 느낄 수 있는 가상 화상회의 시스템 - 역주)과 같은 비주얼 온라인 연결도구에서 겪게 되는 부정적 경험을 개선할 수 있는 몇가지 방법들이 존재한다. 인간에게는 일상적인 대화의 흐름을 조율할 수 있게 도와주는 무의식적 행동 세트가 있다. 눈맞춤, 고개 끄덕임, 몸을 앞으로 내밀기, 손 흔들기와 같은 행동들은 의식하지 않은 상태에서 이루어지고, 다른 사람들의 그와 같은 행동들에 대해서도 우리는 특별히 의식하지 않는다. 하지만 이런 행동들은 모두 부드럽게 대화가 이어지고, 불필요한 말끊기를 예방하며, 모두 자신의 이야기를 할 수 있는 기회를 받을 수 있게 해주는 것에 큰 도움이 된다.

이와 같은 무의식적 신호가 없는 상황이라면, 동일한 기능을 할 수 있는 의식적 수준의 신호를 개발해야만 한다. 대화를 번갈아가면서 할 수 있도록 하고, 상대방이 이야기할 수 있는 기회를 제공하는 것에 의도적으로 주의를 기울여야만 하는 것이다. 일상적인 대화에서 사람들은 대부분 자신의 이야기를 마무리하고 싶을 때 상대방에게 신호를 보낸다. 이렇게 말하고 있는 거다. "저는 거의 다 이야기했어요. 준비하세요. 이 다음이 당신이 말할 차례예요."

시각적 신호가 부족한 상황이라면, 대화를 할 때 보다 더 의식적인 노력이 필요하게 된다. "거의 다 이야기했어요. 그러니까, 한마디만 더 하고 당신에게 이야기할 기회를 줄게요"라고 말을 해야할지도 모른다. 너무 작위적인 것처럼 보일지도 모르겠다. 하지만 전화로 팀미팅을 하는 경우 차라리 그렇게 말을 하게 되면, 상대방의 말 끊기, 말을 끊은 것에 대한 사과, 어색한 침묵이라는 반복되는 문제들을 해결할 수 있을 수도 있을 것이다.

실종된 무의식적 신호에 대한 대안인 의식적 커뮤니케이션 신호

온라인 커뮤니케이션에서도 각 사람당 이야기하는 시간의 길이, 그리고 상대방의 이야기를 끊기 위한 의도적 신호를 주고받고, 페이스를 조절하는 작업을 할 수 있다. "지오프(Geoff)가 제기한 문제에 대해 각자 1분씩만 이야기를 해봅시다. 시계 방향으로 돌아볼까요. 제인(Jane), 먼저 시작해보겠어요?"

이와 같은 일은 꽤 어렵게 보여질 수도 있지만, 그런 작업을 하지 않을 경우 생기는 부정적인 결과는 모든 사람들을 훨씬 더 힘들게 만든다. 그리고 모든 사람들의 진을 쏙 빼놓는다. 그러다 보니 오디오컨퍼런스의 지루한 시간을 보내는 사람들마다의 창의적인 방법들이 정말 다양하다. 몸단장을 하고, 운동을 하기도 하고, 심지어는 두가지 이상의 오디오컨퍼런스에 동시에 참여하기도 한다.

대면소통을 할 때 우리가 별 노력 없이도 전달할 수 있는 정서는, 온라인 대화에서 우리의 목소리의 어조와 속도를 의식적으로 다양화함으로써 추가될 수 있다. 우리는 보다 더 빠르게 이야기하고, 어조를 높임으로써 흥분(또는 스트레스)된 감정에 대한 신호를 보낸다. 더 천천히 이야기하고 어조를 낮추면 권위와 차분함을 보여줄 수 있다. 이 작업은 어느 정도의 노력과 충분한 연습을 통해 의식적으로 해낼 수 있다고 생각한다. 온라인 대화에 정서를 더하는 방법을 배우게 되면, 21세기에 생존하기 위해 핵심적으로 필요한 스킬을 갖출 수 있게 될 것이다.

실용적인 팁

온라인 대화의 온도 체크

연구결과에 따르면, 대부분의 우리는 문서 커뮤니케이션이나 온라인 커뮤니케이션, 심지어 전화 통화에서도 상대방의 어조를 제대로 파악하지 못한다고 한다. 대화를 할 때 효과적으로 공감을 잘하는 사람이 된다는 것은, 동료가 가지고 있는 생각, 감정, 의도를 이해하는 데에 추가적인 노력을 한다는 것을 의미한다. 팀구성원들이 온라인 커뮤니케이션을 시작할 때에는, 간단하지만 중요한 3단계의 "온도" 체크를 꼭 하도록 해주는 것이 좋다. 온도가 초록색이라면 "좋습니다. 이제 이야기를 시작합시다", 노랑색은 "정말 엉망진창인 하루를 보내고 있는 중이기 때문에, 쓸데없는 헛소리는 좀 하지 맙시다". 그리고 빨강색은 "쓰러지기 직전이에요. 저한테 이야기하실 때에는 최대한 조심해주세요"를 의미한다.

팀구성원들과의 주간 온라인 회의에서는 이와 같은 체크업 작업을 어떻게 기능하도록 할 수 있을까? 첫번째로 해야 할 일은, 제 시간에 회의를 시작하는 일의 중요성에 대해 구성원들과 합의를 하는 것이다. 지각은 대면미팅에서도 큰 문제이기는 하지만, 옆에 앉은 사람과 수다를 떨면서 기다릴 수 있으므로 조금 더 쉽게 대처할 수 있다. 그런데 컨퍼런스콜에서는, 비언어적 신호를 주고받을 수가 없기 때문에, 갑작스러운 상황에서 자연스러운 대화를 편안하게 나누기가 매우 어렵다. 그렇기 때문에, 일단은 정확한 시간에 회의를 시작하는 최소한의 노력을 하도록 하자.

모든 사람들이 온라인 회의 프로그램에 참여한 것을 확인했으면, 회의 진행자는 모든 사람들에게 온도 체크작업을 해달라고 요구해야 한다. 각각의 이름을 부르고, 명확한 대답을 듣는거다. 초록색이라고 대답한 참가자는, 기분이 좋은 상태이고, 충분한 휴식을 취했으며, 회의에 참가할 준비가 되어 있고, 특별한 스트레스원이 없기 때문에 회의진행과정에 집중할 수 있는 것이다. 노랑색이라고 대답한 참가자는, 뭔가 잘되고 있지 않은 상황이다. 업무를 하는 데 있어서 마감일이 코앞에 닥쳤다거나, 자녀가 아파서 현재 순간이 힘들게 느껴진다. 마지막으로 빨강색이라고 대답한 참가자는 완전히 지옥 같은 하루를 보내고 있는 사람이다. 회사나 집에서 뭔가 심각한 문제점이 발생했기 때문에, 최대한 상냥하게 대해주거나, 아예 회의에서 빼주는 것이 더 나을 수도 있다.

이와 같은 체크작업을 통해 각 참가자들의 색깔이 파악되었다면, 회의 진행자로서 당신은 참가자들에게 자신의 마음상태에 대해 조금 더 이야기할 수 있는 기회를 줄 수도 있고, 아니면 개인적인 이슈는 잠시 밀어놓고 회의에 집중할 것을 요청할 수도 있다. 이렇게 말해볼 수 있을 것이다. "로라(Laura), 자신의 기분이 노랑색이라고 대답했네요. 오늘 컨디션이 안 좋은 이유에 대해 조금 더 이야기해보면 어떨까요?" 빨강색이라고 답을 했다는 것은 (가능하다면) 회의에서 빠지고 싶다는 요청이거나, 도움을 받고 싶다는 것을 의미한다. 그리고 초록색이라는 대답을 한 사람에게는, 함께 공유하고 싶은 좋은 소식이 있는지 물어보는 것이 바람직하다.

이와 같은 상호작용을 하고, 온라인 회의에 참여한 사람들에게 자신의 정서적 온도에 대해 이야기를 할 수 있는 기회를 제공하는 데에는 사실 몇분 정도면 충분하다(사실 이와 같은 체크 작업은 대면 미팅에서는 무의식적인 수준에서 자연스럽고 손쉽게 수행 가능한 것이다). 미팅을 할 때마다 이런 체크 작업을 지속적으로 하면서 기록을 남겨두게 되면, 시간이 지남에 따라 각 구성원의 정서적 태도, 기분이 어떻게 변화되는지에 대한 소중한 자료들이 축적될 것이다.

요약

★ 인간은 정서적 연결관계를 추구하는 존재이지만, 온라인 세상은 그와 같은 니즈를 쉽게 충족시켜주지 못한다.

★ 온라인 세상에서의 정서적 연결관계(존재할 경우)는 좀더 깨지기 쉽고 오해가 생기기 쉽다.

★ 거울신경을 통해 우리는 주위 사람들과 정서적으로 연결될 수 있지만, 이와 같은 프로세스는 온라인에서 잘 기능하지 않는다.

★ 이와 같은 정서적 도구가 없는 상태에서 우리는 정서적 연대감을 구축할 수 없고, 정확한 의사결정을 하기가 어렵다.

★ 온라인 커뮤니케이션 도구만 사용해야 하는 상황에서 리더십을 발휘하기는 점점 더 어려워지고 있다.

★ 대면소통에서 사용했던 무의식적 연결관계 도구는, 온라인 상황에서는 보다 의식적인 도구로 대체해야 한다.

5장

연결관계와 관계몰입의 부족

ㅇㅇ지역에서 오신 분 계신가요?

온라인 세상에서 사람들과의 연결관계를 구축하고 유지하려면 어떻게 해야 할까? 인간이라는 존재는 행복한 몰입 상태를 추구하지만, 온라인 공간에서는 그러한 상태가 되기가 점점 더 어려워지고 있다. 5장에서는 온라인 세상에서의 연결관계(connection)와 관계몰입(commitment)에 관련된 어려움들에 대해, 그리고 그 문제를 해결하려면 어떻게 해야 할지에 대해 이야기해보려고 한다. 온라인 공간에서 보다 좋은 연결관계를 맺고 몰입할 수 있는 몇가지 방법도 제공할 것이다.

대면소통을 하거나 온라인 소통을 하거나 간에, 우리는 상대방과의 관계가 맺어졌는지, 상대방과의 협상이 타결되었는지, 상대방이 관계에 몰입을 하게 되었는지를 알고 싶어한다. 그런데 온라인 세상에서는, 실제 세상보다 상대방의 관계몰입 정도를 판단해볼 수 있는 방법이 많지 않다. 신뢰라는 것은 깨어지기가 더 쉽기 때문에, 사람들은 불안해하며 돌다리를 두드리기가 일쑤이다. 당신이 관계에서 원하는 것이 이루어지고 있는지를 어떻게 알 수 있을까?

온라인 공간에서는, 실제 세상에서 상대방에 대한 믿음을 기반으로 구두계약을 하는 것과 유사한 상황을 만들어내기가 정말 어렵다. 그러다보니 '완벽하게 믿음이 가는 것은 아니지만 지금 이 순간에는 상대방을 신뢰해볼까', '아닌가. 그러면 안 되나'하는 머뭇거림과 주저함이 생기기 마련이다.

특히 온라인 공간에서 아마존(Amazon)에서 책 한권 사는 것보다 더 위험도가 높은 일을 처리할 때 결심을 하기란 더욱 쉽지가 않다.

이제 우리는 고객, 팀구성원, 멀리 떨어진 지역에서 일하고 있는 동료들과 일을 같이 할 때, 새로운 형태의 온라인 관계몰입을 가능하도록 하기 위해, 또 다른 모드의 명확한 행동을 배울 필요가 있다. 온라인 세상과 실제 세상에서 우리가 보다 건강하게 관계몰입을 하기 위한 새로운 문을 열 필요가 있는 것이다. 연구결과를 보아도(아직 초기 단계이긴 하지만), 사람들의 관계몰입도를 강화하는 데에 있어서 온라인 세상과 실제 세상에서의 방법을 통합하는 것이 효과적이라는 이야기가 나오고 있다.

4장에서 내가 주장했듯이, 사람들은 궁극적으로 모든 상황에서 정서적 연결관계를 맺을 수 있기를 기대한다. 우리는 사회적인 존재이기 때문이다. 인간의 고통, 비일관성, 버림받음과 같은 어려움으로부터 도망치기 위해 모든 노력을 기울인다 해도, 결국 그와 같은 문제들은 우리를 다시 찾아오게 된다. 무의식적으로 우리는 온라인에서의 연결관계에서도 대면소통과 동일한 경험을 할 수 있기를 기대한다(실제적이고, 만족스러우며, 강한 감정을 느낄 수 있는). 하지만 그와 같은 니즈가 충족되기는 쉽지 않다. 연구결과에 따르면, 온라인에서 업무관계를 진행해야 하는 경우가 늘어나게 되면서, 구성원의 몰입도는 낮아지고 있고, 업무에 대한 불만은 높아지고 있으며, 이직률도 치솟게 되었다고 한다.[1]

이 자료들을 보면 온라인 공간에서의 업무진행은 제대로 되고 있지 않다는 것을 의미한다.

최소한의 인간적 관계를 맺는 정도로는 만족할 수 없다

만약 당신이 한 주에 5일을 같은 사무실에서 일을 한다면, 자연스럽게 최소한의 인간적 관계를 만들게 된다. 이 관계를 통해 당신은 일터, 팀, 조직과의 연대감을 강화할 수 있을 것이다. 오랜 기간 동안 함께 일을 하다 보면, 회사 동료들과의 관계에 몰입하게 되고, 웬만한 갈등도 해결할 수 있게 될 것이다.

그런데 온라인으로만 소통하는 팀에서 일을 하다보면, "물 한잔 마시고 하죠" "커피 한잔 마시면서 이야기할까요"라는 수다 타임을 가지기가 쉽지 않다.

이와 같은 연결관계 및 관계몰입이 온라인 공간에서 부족하다는 것을 우리가 이렇게 크게 느끼는 이유는 무엇일까? 개인적인 연대감을 온라인 커뮤니케이션에 추가하는 것이 그렇게까지 중요한 이유는 무엇일까? 이 주제에 대해 진행된 최근 연구결과에서 우리가 얻을 수 있는 것은 무엇일까? 어떻게 하면 우리는 효과적으로 온라인 업무소통을 할 수 있게 될까? 자, 지금부터 같이 한번 살펴보도록 하자.

곧바로 중요한 이야기부터 다뤄보자. 맥킨지(McKinsey & Company)[2] 보고서에 따르면, 오늘날 대부분의 회사들은 구성원들간의 소통을 위해 소셜 네트워킹 도구를 사용하고 있다고 한다. 와튼(Wharton) 스쿨의 린 우(Lynn Wu)는 이와 같은 온라인 소통 도구들의 사용이 늘어나는 현상이 회사의 사업성과 및 개인 구성원의 성과에 어떤 영향을 미치는지에 대해 연구해볼수 있는 좋은 기회를 얻었다. 최근 소셜 네트워킹은 우리의 일상생활 모든 곳에서 사용되고 있고, 우리는 그러한 도구들을 사용할 때 어떤 일이 생기는지에 대해 잘 알고 있다. 멀리 떨어진 곳에 살고 있는 친구나 가족들과 연결관계를 유지할 때, 친구 한 명과 같은 방에 앉아 있지만 각자의 핸드폰만 쳐다보고 있을 때 같은 경우 말이다. 린 우 교수는 소셜 네트워킹 도구는 결과 중심의 일터에 어떤 영향을 주는지 궁금해졌다.

연구결과는 놀라웠다.[3] 린 우 교수는 소셜 네트워킹이 각 구성원의 업무성과(비용청구가 가능한 프로젝트 투입 시간 : billable hours)에 대해 어떤 영향을 미치는지에 대해 파악하고자, 연구대상을 컨설턴트로 잡았다. 첫번째 연구 결과를 보면, 소셜 네트워킹 도구를 사용함으로써 컨설턴트들은 보다 다양한 창구로부터 정보를 얻을 수 있었고, 그 덕분에 업무성과는 더 좋아지는 결과를 낳았다. 결국 조직내의 더 많은 사람들과 연결관계를 맺음으로써 각 구성원 개인의 업무성과가 상승되게 된 것이다.

린 우 교수의 두번째 발견은 더 놀라운 사실을 보여주었다. 연구가 진행되던 중인 2009년에는 경기침체 현상이 심각했기 때문에, 많은 산업분야에서 수백만명의 사람들이 일자리를 잃었었다.

그런데 동료들과의 채팅에서 “커피”, “점심식사”, “축구”와 같은 사회적 단어를 더 많이 사용한 사람들의 실직률은 더 낮았다는 것이 나타났다. 사회적 단어의 사용은, 한 개인이 직장에서 계속 근무할 것인지를 예측하는 데 있어서, 비용청구가 가능한 프로젝트 투입 시간보다 더 객관적인 측정도구였다.

린 우 교수는 인터뷰를 통해 이 연구에서 얻을 수 있는 시사점에 대해 다음과 같이 이야기했다. “사람들이 모든 일을 멈추고 항상 소셜 미디어를 써야 한다고 이야기하는 것이 아닙니다. 하지만 소셜 커뮤니케이션이 우리가 보지 못하는 어떤 가치를 제공해주는 것은 분명한 것 같습니다. 정말 좋은 팀플레이어이고, 사람들이 같이 일하는 것을 매우 좋아하는 어떤 구성원이 있다고 해보죠. 직접적으로 비용 청구를 할 수 있는 시간이라는 업무성과는 그다지 높지 않을 수도 있지만, 그 구성원으로 인해 동료들은 더 일을 잘 하게 되기도 합니다.”[4]

즉, 동료들과 커뮤니케이션을 하는 데 있어서 사회적 단어를 사용한다는 것은, 팀이 더 일을 잘 해낼 수 있도록 도와주는 강한 연결관계를 만들어내기 위한 노력일 수 있는 것이다. 이는 관리자에게 매우 좋은 소식이다. 대면소통이나 온라인소통을 할 때, 잠깐의 짬이 생겼을 때 수다를 떠는 행동은 팀의 강한 협력 관계를 만들고자 하는 의도를 나타낼 수도 있는 것이다.

린 우 교수의 연구에서 각 개인 구성원에 대한 시사점은 더 명확하다. 연결관계가 강하지 않은 온라인 공간에서도 수다를 떠는 것은 분명히 가치가 있다. "수다를 떠는 행동은 분명히 일을 잘하고 싶은 사람에게서 나타납니다. 동시에 현재 직장에서 계속해서 일을 할 수 있고, 승진을 하거나, 커리어 패스를 더 좋게 만들고 싶은데, 커뮤니케이션을 어떻게 하면 제대로 할 수 있을지에 대해 걱정하는 사람이기도 할 것입니다."

연결관계와 직업 안정성은 매우 밀접한 관계가 있다

린 우 교수는 소셜 네트워킹 도구가 가지고 있는 어두운 면에 대해서도 경고를 하였다. 이 도구를 통해 사람들은 신속하게 매우 큰 규모의 사회적 자산을 만들 수 있게 된다. 그러다보니 충분한 온라인 네트워크를 가지고 있는 사람과 그렇지 못한 사람으로 분류가 가능하다.

예를 들어 당신 혼자 멀리 떨어진 지역에서 일하고 있는 반면, 나머지 팀원들은 모두 같은 공간에서 얼굴을 보며 일을 하고 있다면, 그래서 당신이 팀 내에서 연결관계를 구축하기가 힘든 상황이라면, 시간이 지날수록 혼자서만 고립되는 느낌을 가지게 될 것이다. 린 우 교수의 연구결과에 따르면, 현재의 조직에서 계속 일을 하고 싶은 마음이 있는 경우, 자신의 사회적 자산에 대해 점검을 해보고, 동료들과 사회적 연대감을 맺기 위한 노력을 할 필요가 있다고 한다.

온라인 소통 도구의 중요성을 인정하는 것을 전제로 할 때, 소통도구 프로그램에 참여하는 사람들이 제대로 집중하지 못하는 일이 너무 자주 일어나는 문제를 어떻게 해결할 수 있을까? 온라인 소통의 상대방이 받아야 마땅한 관심과 주의집중을 제공하고, 우리 모두가 추구하는 연결관계와 관계몰입을 할 수 있는 역량을 키우려면 어떻게 해야 할까?

우선, 온라인 소통 도구를 제대로 활용하는 것이 필요하다. 당신의 상사에 대한 비난을 쏟아놓는 장 정도로 소셜 네트워킹을 쓰는 것은 그만두자. 온라인 소통과 대면소통을 통합적으로 활용하게 되면 보다 더 큰 정서적 만족감과 진정한 연대감을 느낄 수 있게 될 것이다. 예전에는 "인터넷에서 당신이 개망나니라는 것을 아는 사람은 아무도 없다"라는 말이 가능했던 때가 있었다. 하지만 이제 우리는 온라인 공간에서 진정성과 일관성을 보여주는 것이 얼마나 중요한지를 배우고 있다.

둘째, 당신의 역량범위를 넓히는 데에 소셜 네트워킹을 활용해보도록 하자. 앞장의 내용들을 읽으면서, 온라인공간에서 당신은 어떤 정체성을 가지고 있고, 어떤 가치를 표현하는지에 대해 생각해보았다면, 이제는 당신에게 중요한 분야에서 긍정적인 평판을 구축하기 위해 노력하는 일에 시간과 에너지를 투자할 준비가 되었을 것이다. 당신이 잘 알고 있는 분야에서 문제가 생겼을 때 조직의 동료들이 당신을 찾게 만들고, 당신과 이야기하고 싶게 만드는 거다.

셋째, 온라인 네트워킹을 통해 당신이 가지고 있는 취약점을 오픈할 수도 있어야 한다. 온라인 활동을 거의 하지 않고 당신의 모습을 숨기는 것보다, 오히려 자신의 약점을 당당히 드러내서 예상치도 못했던 사람들과 상황으로부터 지지와 도움을 받는 것이 훨씬 더 바람직하다. 취약성(vulnerability)이라는 단어는 보다 정확하게 사용하는 것이 필요하다. 오늘날의 사회에 정치적인 갈등과 분노가 많이 있는 것은 사실이지만, 여전히 대부분의 사람들은 상대방의 진실된 마음을 지각했을 때 기꺼이 도움을 주려는 좋은 의도를 가지고 있다.

넷째, 온라인 네트워킹을 활용해서 당신이 현재 하고 있는 일을 보여주자. 대부분의 사람들은 어떤 분야에서도(요리, 제조업, 로켓과학 분야 모두) 무대 뒤에서 어떤 일이 일어나는지를 알고 싶어한다. 신중하게 잘 생각해보고, 어느 정도의 정보를 공개할 것인지에 대해 결정을 할 필요가 있다. 적절한 공개가 잘 이루어진다면, 당신이 미처 자각하기도 전에 당신은 온라인에서 인기인이 될 것이다.

다섯째, 온라인 네트워킹을 할 때에는 유머를 잊지 말자. 유머에 대한 사람들의 선호도는 매우 높아서, 대부분의 경우 반응이 정말 좋다. 10년

전쯤이었던가, 변호사에 대한 농담을 그 누구보다 많이 알고 있었던 변호사가 있었다. 그의 강의는 500명 이상의 사람들이 신청을 할 정도로 인기가 높았다. 그는 자신의 이야기에 대해 청중이 어떻게 반응할지에 대해 파악하고 있었기 때문에, 웃음의 코드를 정확히 짚어주었고, 모든 사람의 기대를 만족시켰다.

물론, 유머를 쓸 때의 유의점은 반드시 존재한다. 온라인 네트워킹을 잘하려면, 기본적인 예의 규범을 반드시 따라야만 한다. 이와 같은 태도는 소셜 미디어가 정말 놀랄만한 속도로 빠르게 변화하고 있는 현재 사회에서 매우 중요하다.

일관성을 유지하자

온라인 공간에서 신뢰라는 것은 매우 깨지기 쉬운 것이라는 사실을 기억하자. 비일관성에 대한 아주 작은 신호를 감지하는 것만으로 청중들의 관심은 깨져버리게 된다. 대면소통을 하면서 인간적인 모습을 보이는 것과, 온라인 공간에서 인간적인 모습을 보이는 것을 동일하게 생각하고 안일하게 행동하는 실수는 하지 않도록 하자.

사회적인 적절성을 판단하자

이것은 조금 더 전반적인 범위의 이야기이다. 온라인 공간에서 욕을 하거나, 야한 농담을 하는 것은 바람직하지 않다. 그러한 행동이 당신의 세상에 있는 모든 사람들에게 아무 문제 없이 받아들여지는 문화가 아니라면 말이다. 소그룹 내에서 별 생각없이 가끔씩 욕설을 쓰던 사람이, 특히 전문적인 모습을 보여야 하는 장면에서 실수를 해서 한순간 엄청난 비난을 받는 경우는 흔히 일어나는 일이다. 부정적인 결과를 만들어낼 여지가 있는 행동의 싹은 아예 잘라내버리도록 하자.

사람들이 좋아해준다고 해서 소셜 네트워킹을 지나치게 많이 하는 것은 그다지 바람직하지 않다

소셜 네트워크를 성공적으로 활용하는 사람들이 마주칠 수 있는 위험 요소들 중 하나는, 지치지도 않고 끝이 없이 떠든다는 것이다. 적절한 정도의 온라인 소통은 매력적이지만, 그것이 지나치게 많아지는 경우 곧바로 지루해진다. 당신의 세상에서 소셜 미디어 네트워킹을 하는 것은 어느 정도가 적절할지를 판단해보고, 그대로 행동에 옮기길 바란다.

성공적인 온라인 관계는 대면소통으로부터 시작한다

온라인 세계에서 이 아이디어는 받아들여지기가 어려울 수도 있겠지만, 온라인 관계를 구축하는 최고의 방법은 실제 세상에서 시작을 하는 것이다. 예를 들어 당신이 1년 반 동안 중요한 프로젝트를 함께 하게 될 팀을 맡게 되었고, 팀원들은 싱가포르, 프랑스, 캘리포니아 등 전세계에 흩어져 있다고 해보자. 가장 먼저 해야 할 일은 어떻게든지 예산을 받은 다음, 모든 팀원들이 직접 만나볼 수 있는 기회를 마련하는 거다. (물론 비용이 꽤 들기는 하겠지만) 이 간단한 모임으로 인해 프로젝트의 효율성과 협력도를 높이고, 불필요하게 들게 되는 시간과 비용을 줄일 수 있게 될 것이다.

그냥 얼굴만 보면 되는 것이 아니다. 신뢰와 연대감을 높이기 위해 해야 할 몇가지가 있는데, 이 작업은 대면소통현장에서 더 잘 될 수 있다. 그러니까 가능하다면 첫번째 미팅때 그 작업을 해보도록 하자. 불가능하다면 그 다음의 온라인 미팅때라도 시도해보기를 권한다.

큰 그림을 가지고 시작하자

사이몬 사이넥(Simon Sinek)의 멋진 책 『나는 왜 이 일을 하는가(*Start with Why*)』를 보면, 사람들은 자신의 업무 목표를 이해할 필요가 있다고 한다.[5] 생각보다 복잡하지 않다. 구성원들이 현재 여기에서 일하고 있는 이유에 대해 이야기해주자. 더 좋은 방법은 구성원들로 하여금 직접 생각해보도록 하는 거다. 이 작업을 하게 되면 좋은 팀을 꾸리는 길로 잘 접어들었다고 할 수 있을 것이다.

구성원들이 좋은 연결관계를 맺을 수 있도록 도와주자

온라인 팀이 성공적인 결과를 만들어내도록 도와주기 위해 해야 할 중요한 작업은, 모든 구성원들을 대상으로 설문조사를 해서, 각자의 취미, 관심사, 개인적 환경정보에 대해 이야기할 수 있는 기회를 주는 것이다.

대부분의 경우 우리는 상대방과 다양한 공통점이 있다는 것을 알게 되면 연결관계를 맺기가 좀더 쉬워진다. 우리는 비슷한 음악 취향을 가지고 있는가? 우리는 비슷한 영화를 좋아하는가? 우리가 주로 하는 운동은 어떤 것인가? 아주 복잡한 질문을 할 필요는 없다. 대부분의 사람들은 이와 같은 정보를 기꺼이 제공해줄 것이고, 그 정보를 통해 그들의 문화적 선호도와 커뮤니케이션 패턴을 파악해볼 수 있게 될 것이다.

업무과정에 대한 기본규칙을 정하자

온라인 팀 구성원들이 협력을 잘하기 위해서는 일정 시간을 투자해서 규칙, 기대, 보상, 처벌방법에 대해 이야기하는 기회가 반드시 마련되어야 한다. 같은 물리적 공간에서 일을 하게 될 경우 동료 압력이라는 것이 자연스럽게 발생하게 되지만, 동료에게 질문을 하는 것이 좀 불편할 수 있는 온라인 상황에서는 이야기가 다르다. 위계가 어떻게 되는지, 누가 책임을 져야 하는지, 누가 기꺼이 일벌의 역할을 맡아 줄 것인지에 대해 곧바로 알 수가 없기 때문이다. 이 이야기들은 의도적인 노력을 해서 진행을 해봐야 하는 것이고, 그 과정을 통해 온라인 팀은 조금 더 잘 기능할 수 있게 될 것이다.

서로 이야기를 편안하게 할 수 있는 안전한 환경을 만들어주자

팀내의 상호작용을 보았을 때, 각 구성원과 상사간의 1대1 소통만 존재한다면, 동료들간의 신뢰정도는 최대로 약해질 수밖에 없다. 구성원들이 서로 자주 소통을 할 수 있도록 조력해주게 되면 많은 일이 더욱 잘 이루어지게 될 것이다. 그와 같은 협력 경험을 통해 신뢰의 강도가 강해지게 될 것이기 때문이다. 특히 다루기 힘들고 피할 수도 없는 문제들의 압력을 받고 있을 때, 그 상황을 효과적으로 헤쳐나갈 수 있는 팀을 구성하고 싶다면, 온라인 공간은 모든 사람들이 안전감을 느끼며 이야기를 할 수 있는 곳이 되도록 해주어야 한다. 일상적인 다른 대화를 하는 곳과는 분리시키자. 익명으로 대화할 수 있는 공간이 필요할지에 대해서도 고려해보자. 장점과 단점 모두 존재하니 말이다.

정기적인 점검을 하여 작은 성공들을 발견해주고, 반드시 축하해주는 습관을 들이자

큰 규모의 문화에서 축일을 기념하듯이, 관리자는 새해를 축하하고, 매달의 성과에 대해 감사하고, 성공을 축하하는 조직문화를 만들 필요가 있다.

성과를 만들어냈는데도 아무도 알아차리지 못하고 인정해주지 않는 것보다는, 칭찬과 보상을 지나치다 싶을 정도로 제공해주는 것이 훨씬, 훨씬 더 좋다고 생각한다.

업무 외에도 함께 시간을 보낼 수 있는 기회를 만들어주자

음식을 같이 먹는 행동은 인간이 누군가와 뭔가를 공유하면서 신뢰를 쌓을 수 있는 중요한 메커니즘이다. 전세계에서 이루어졌던 가장 중요한 협상들이 대부분 함께 식사를 하면서 진행되었다는 사실은 우연이 아니다. 매우 많은 문화들에서 마음 깊은 곳의 감정을 나눌 때 음식을 함께 먹으며, 종교적인 모임을 할 때에도 음식은 정말 중요한 역할을 한다. 동료들과 한번도 식사를 같이 한 적이 없다면, 아마 그들과의 관계에서 신뢰와 관계몰입을 느껴본 경험이 없었을 가능성이 매우 높다. 하지만 꼭 음식만이 중요한 것은 아니다. 상대방의 문화에 대해 배울 수 있는 흥미로운 방법들이 많이 존재한다. 같이 시간을 보내면서 더 깊은 연대감을 쌓아보자. 예를 들어, 각자의 나라에서 가장 인기있는 명절, 휴가때 가장 자주 찾는 곳, 고유문화를 구경할 수 있는 추천여행지 등에 대해 서로 질문을 주고받는 것도 바람직하다.

모든 팀원들이 동료들에 대해 매우 잘 알고 있는 전문가가 되도록 훈련시키자

신뢰구축을 하는 데 꼭 필요한 요소가 정서적 연대감을 쌓는 것에 대한 책임감이다. 내가 당신의 업무생활에 대해 훈련을 시킨 담당자였다면, 당신이 업무에서 성공을 거두는 것에 대해 조금 더 많은 책임감을 느낄 것이다. 팀에 대해 개인적 투자를 하는 정도를 높이는 것도 필요하다. 그렇다고 해서, 모든 시간을 다 쏟아넣으라는 것이 아니다. 주인공의 자리를 돌아가면서 맡도록 하고, 모든 사람들이 골고루 참여할 수 있도록 하면, 팀원들과의 관계가 점점 더 튼튼해지는 것을 볼 수 있게 될 것이다.

리더로서 당신은 기준을 확립할 필요가 있다

물론, 팀 리더의 대면소통 행동과 온라인 소통 행동에 대해서는 팀원들이 항상 지켜보고 있다는 것을 잊어서는 안 된다. 온라인 상호작용에서의 신호를 잡아내기란 쉬운 일이 아니지만, 팀구성원들은 자신에게 기대되는 것이 어떤 것인지를 알기 위해 리더의 행동으로부터 많은 것을 배우려 할 것이다. 따라서 관리자는 정직함, 솔직함, 자신감, 신뢰, 그리고 프로젝트를 통해 표현되기를 바라는 다른 긍정적인 특성들에 대한 기준을 확립해놓을 필요가 있다. 관리자 자신의 생각을 잘 이해할 수 있는 이야기를 해주는 것이 좋다. 실수를 했다는 것을 깨달았을 때에는 신속하게, 그리고 솔직한 태도를 취하자. 자신의 행동에 대해 세심하게 신경을 쓰는 것이 바람직하다.

언어와 문화 차이에 대해 수용하고 인정하자

당신의 회사 구성원들의 국적이 거의 동일한 경우, 다른 국적을 가진 구성원에 대해 과하다 싶을 만큼의 관심을 쏟아주는 습관을 들일 필요가 있다. "미국 사람들은 항상 긍정적인 면을 보려고 하지요. 하지만 우리 팀에는 다양한 국적의 사람들이 모여 있기 때문에, 새로운 기준을 수립하는 것이 필요할 거라 생각합니다. 일을 더 진행시켜나가기 전에, 조금 더 신중한 사람들에게 이야기를 들어보지요. 뭔가 좀더 솔직한 말을 해줄지도 모르니까요. 이 분야에서는 프랑스 사람들이 강점을 가지고 있다고 생각하는데요. 이야기를 한번 부탁해도 될까요?" 적절한 시기에 잘 사용하게 되면 매우 효과적인 접근법이다. 이와 같이 문화간 차이에서 생기는 이슈를 신속하게, 그리고 필요할 때마다 항상 사용하게 된다면, 침묵 속에서 일어날 수 있는 사보타주(sabotage) 문제를 해결할 수 있을 것이다.

업무 스케줄, 업무진행방법, 커뮤니케이션 스타일을 다양하게 할 수 있는 환경을 조성하자

시간, 공간, 문화의 독특한 특성 때문에 생기는 모든 종류의 차이점들에 대해 인식해주었으면 하는 니즈는 대면소통상황보다 온라인 공간에서 훨씬 더 커진다. 이와 같은 차이점을 다루는 데 있어서 과잉보상을 하고자 하면서 시행착오를 겪는 것이, 그 반대의 경우보다 훨씬 낫다.

이와 같은 작업들은 팀 프로젝트의 초반에, 그리고 모든 온라인 관계들의 초반에 해야 하는 것이 훨씬 더 많다. 물론 이 어려운 일들은 대면소통 장면에서 다루는 것이 훨씬 더 효과적이고 생산적일 수 있다. 하지만 앞에서 이야기한 이슈들을 온라인 공간에서 신경쓰는 것이 필요하다. 일의 진행을 방해할 가능성이 있는 문화적 차이점들에 대해 체크리스트를 만들고, 팀구성원들과 함께 이야기할 것을 제안한다.

기술 수준, 업무 스케줄, 시차, 솔직성 정도, 신뢰성 정도, 커뮤니케이션 스타일, 업무 요구, 의사결정의 속도, 리더십 스타일, 젠더 이슈 등에 대해 말이다. 이 주제들에 대해 마음을 열고 같이 이야기를 해보자. 그렇지 않으면, 나중에 생기게 되는 문제 때문에 팀에게 부정적인 영향을 주게 될 것이다.

이와 같은 신뢰구축과 팀빌딩 작업(또는 고객과 라포(rapport: 친밀한 관계)를 형성하기 위한 작업)의 궁극적인 목표는 사람들이 서로에 대한 관계에 전념하도록 하는 것이다. 신뢰 엔진의 시동을 걸고 엔진이 움직이도록 하는 몰입을 한 다음에, 온라인 관계를 더 강화하기 위해서는 어떤 일을 해야 할까? 고객과의 관계에서 신뢰가 쌓여가고 있는 것 같긴 하지만, 이 관계에 고객이 조금 더 몰입할 수 있도록 촉진하고 싶을 때에는 어떤 일을 해야 할까? 로버트 치알디니(Robert Cialdini)가 집필했고, 이제 고전이 된 멋진 책, 『설득의 심리학*(Influence : The Psychology of Persuasion)*』에 따르면, 실제 세상에서 계약을 성사시키는 방법들 중에서 온라인 공간에서도 효과를 거둘 수 있는 것이 몇가지 있다고 한다.[6]

사회적인 타당화작업을 해보자

사람들은 실제 세상에서, 그리고 온라인 공간에서 상대방이 해야 할 일을 잘 하는지에 대해 관찰을 하게 된다. 온라인 평가와 리뷰는 상대방의 행동에 영향을 미칠 수 있는 영향력있는 도구가 될 수 있다. 우리 팀이 추구하는 가치가 어떤 것인지, 그리고 다른 고객들이 영업 환경에서 기대하는 것이 무엇인지에 대해 명료화해주는 것은, 사람들이 관계몰입을 할 수 있도록 돕는 작업일 수 있겠다.

호혜성의 황금률을 언제나 잊지 말자

누군가 당신에게 무엇인가를 준다면, 당신이 그 사람에게 답례로 뭔가를 줄 가능성은 매우 높아진다. 이와 같은 강한 협동감을 통해 사람들은 연결관계를 맺고, 관계에 몰입하며, 서로를 지원하게 된다. 누군가에게 선물을 주는 행동은, 그 사람이 당신에게 뭔가를 줄 가능성을 높이는 것이다. 이는 인류가 살고 있는 어느 지역에서도 발견되는 절대적 진리라고 할 수 있다.

희소성에 대한 흥미를 불러일으키자

뭔가 구하기 힘든 것이 있다면, 우리는 그것의 가치를 더 높게 평가하고, 갖고 싶은 마음을 더 강하게 가지게 된다.

우리는 이와 같은 희소성의 법칙을 활용한 사례를 인터넷 쇼핑 사이트에서 항상 볼 수 있다. “이제 한 개 남았습니다”, “딱 오늘만 판매합니다”라는 표현을 많이 들어보았을 것이다. 회원에게만 정보를 제공한다거나, 정보를 얻기 위해 비용을 지불하도록 하는 것은 당신의 콘텐츠에 대해 가치를 추가적으로 부여하는 다른 방법일 수 있다. 무엇인가에 대한 접근이 가능하지 않거나 금지되어 있을 때, 우리는 그것을 진심으로 원하게 된다! 이와 같은 희소성이 가지는 매력은 온라인 공간과 실제 세상에서 모두 활용 가능하다. 팀 구성원들뿐 아니라 고객들에게도 말이다.

하지만, 가장 중요하게 생각해야 하는 것은 역시 일관성이다

사람들의 신뢰와 관계에 대해 몰입하는 태도를 얻어내려면 일관성이 반드시 필요하다. 사람들은 자신이 일관적으로 행동을 한다고 생각하기를 좋아하기 때문에, 누군가에게 아주 작은 관계몰입을 부탁한 다음부터는, 그 사람으로부터 더 큰 규모의 관계몰입을 얻어내기가 더 쉬워진다. 일관성의 법칙을 적용할 수 있는 곳은 매우 많이 있다.

당신의 타깃 청중에 대해 맞춤화 작업을 하자

우리가 의사결정을 하는 방법들 중의 하나는, 유사성을 찾는 것이다. 우리는 우리 자신과 비슷하거나 매력적이라고 생각되는 사람의 이야기를 듣거나, 그 사람으로부터 뭔가를 구입하려는 경향이 있다. 유사성은 라포를 구축할 수 있다. 상대방이 나의 배경이나 가치관과 유사하다고 느낄 때, 우리는 그 사람을 더 좋아하게 된다. 사람들을 설득하는 데 있어서, 웹사이트에 올리는 이야기와 사진은 타깃 청중에게 어필할 수 있어야 하며, 그 청중들이 원하는 바를 보여줄 수 있어야 한다. 이와 같은 인간의 연결관계는 사실 대면소통장면에서는 자동적으로 일어나기 때문에 구축하기가 훨씬 더 쉽다. 상대방을 관찰하면서, "아, 이 사람은 나랑 비슷하구나", 아니면 "아니네. 이 사람은 나랑 다른 존재네"라고 바로 느낄 수 있으니까 말이다. 하지만 온라인 공간에서는 이와 같은 유사성의 포인트를 찾아낼 수 있도록 조금 더 의도적인 노력을 할 필요가 있다.

의사결정을 촉진하기 위해, 상실의 두려움을 이용하자

정서적으로 각성을 했을 때(부정적이거나 긍정적이거나) 우리는 그 경험을 장기기억으로 남겨둘 가능성이 더 높아진다.

상실의 두려움은 승리를 거둘 수 있는 기회를 얻고자 하는 동기수준을 더 높여준다. 상실의 두려움이 가지는 영향력은 어느 곳에도 적용 가능하다. 가장 중요한 것은 사람들이 성과에 대한 관심을 갖도록 조력하는 일이 될 것이다.

언제나 이야기를 만들어 들려주자

누군가의 관심을 끌 수 있는 가장 최선의 방법은 이야기를 들려주는 것이다. 좋은 이야기는 정확한 정보를 전달해주고, 그 정보를 기억에 남길 수 있게 도와준다. 이는 대면소통이나 온라인 소통장면 모두에서 마찬가지이다.

우리가 항상 "왜?"라고 질문하는 이유는 무엇일까?

사람들의 신뢰를 얻어서 관계몰입 수준을 높이는 일은 매우 섬세한 활동이다. 인간은 언제나 "왜?"라는 질문을 하는 존재이기 때문이다. 우리는 상대방의 의도에 대해 관심을 가진다. 우리에게 있어서 신뢰라는 것은 상대방(개인이거나 집단이거나)의 의도에 대해 완벽하게 파악하는 것을 의미한다. 프린스턴 대학의 심리학과 교수인 수잔 피스케(Susan Fiske)는 이와 같은 심리학적 진실을 이해하게 되면, 신뢰라는 수수께끼를 푸는 과정의 핵심을 파악한 것이라고 주장했다. "뭔가 신뢰할 수 없는 행동을 한가지 했을 때, 사람들이 당신을 다시 믿게 만들기까지는 매우 오랜 시간이 걸릴 수 있다."[7]

피스케의 연구에서는 신뢰에 영향을 미치는 지각(perception)의 두가지 기본적 차원(사회성과 도덕성, 서로 매우 다르게 기능함)에 대해 살펴보았다. 친밀성을 예로 들어 한번 생각해보자. 당신이 왜 나에게 친절하게 대하는지를 설명하는 방법은 두가지가 있다. 하나는 당신 자체가 원래 친절하기 때문이고, 또 하나의 설명은 당신이 사회적으로 바람직한 행동을 하는 것이 필요하기 때문이다. 즉, 당신이 나에게 무엇인가를 원한다는 뜻일 수 있다.

대부분의 사람들은 신뢰할 수 있을 만한 존재이다. 인간의 심리상 기본적으로 서로를 신뢰하는 행동은 자동 입력되어 있다. 물론 신뢰에는 문화적 차이가 존재하고(미국인은 다른 문화의 사람들보다 좀 더 빨리, 그리고 쉽게 상대방을 믿는 경향이 있는 듯하다), 신뢰의 수준도 매우 다양할 수 있지만, 신뢰성이라는 것은 여전히 인간의 기본적인 기질이라고 할 수 있겠다.

문제는 누군가 그 기본에서 벗어날 때 생긴다. 당신이 누군가를 기만하고 신뢰할 수 없는 행동을 할 경우, 사람들의 믿음을 곧바로 회복할 수 있는 지름길은 존재하지 않는다. 그러한 행동은 당신의 정체성으로 규정되어, 당신이라는 존재는 사회적으로 바람직하지 않다는 평가를 받게 되기 때문이다.

피스케 교수는 이렇게 설명한다. "가끔씩 똑똑한 사람이 할만한 행동을 해주기만 한다면, 그냥 좀 정신이 없어보이는 천재 취급을 받을 수 있을 것이다. 하지만 신뢰할 수 없는 사람은 무슨 행동을 한다 해도 사람들의 믿음을 얻을 수 없고, 믿을 수 없는 사람으로 낙인찍힐 뿐이다."

어떤 실패를 하거나 배신을 한 후에 사람들의 신뢰를 회복하기까지는 기본적으로 시간이 오래 걸린다. 어느 정도의 자기희생도 감수하면서 완벽하게 믿을 수 있는 사람으로서 행동해야만 한다. 개인도 마찬가지이고 기업도 마찬가지이다.

단기적으로 해야 할 일과 장기적으로 해야 할 일을 혼동하지 말자

회사는 고객과 장기적인 관계를 맺기 위해 기꺼이 단기적인 손해를 감수할 생각이 있다는 것을 보여주는 과정에서 어려움을 겪게 된다. 단기적으로는 회사에 문제가 있어도 숨길 수 있지만, 장기적으로 보았을 때에는 신뢰할 수 있는 회사인지 아닌지가 명확하게 보이게 된다. 결국 근시안적인 시각을 가진 회사가 어디인지가 나타나게 되는 것이다. 사람들은 상대방이 좋은 의도를 가지고 있는지, 그렇지 않은지를 가장 궁금해한다는 것을 꼭 기억할 필요가 있다. 우리는 당신의 회사가 자신만의 이익에만 초점을 맞추고 있는지, 아니면 어느 정도는 사회적인 선(good)에도 관심을 가지고 있는지에 대해 알고 싶어 한다.

회사들이 뭔가 부정적인 일을 하게 되었을 때에는, 반드시 회사 자체에 대해 그 효과가 돌아오게 되는 피드백 루프가 생긴다. 어떤 스키 제조업체가 기후변화에 부정적 영향을 미칠 수 있는 일을 해서, 눈이 계속 내리게 되고 결국 스키 슬로프가 무너지게 되는 식으로 말이다.

회사가 전체적인 사회에 영향을 미치게 되는 일을 했을 때, 이와 같은 피드백 루프는 훨씬 더 강해진다. 앞의 사례와 반대로, 스키 회사가 다양성과 젠더 평등성을 옹호하는 발언을 한다면 말이다.

그렇다면, 이와 같은 신뢰의 차원은 온라인 세상을 어떻게 변화시킬 수 있을까? 인간이 가지고 있는 자동적인 기본 특성이라는 것이 서로를 신뢰하는 행동이라면, 두 사람이 온라인 공간에서 커뮤니케이션을 할 때에는 신뢰의 상호작용이 어떻게 되는 것일까? 피스케 교수는 이런 설명을 해주었다.

"온라인 공간과 대면소통 환경이 그렇게 다르다고 생각하지는 않습니다. 하지만 대면소통에서보다 온라인 공간에서 신뢰를 구축하기란 대부분의 경우 더 어려운 것 같습니다. 신뢰성이라는 것은 두가지 요소를 갖추어야 하기 때문입니다. 눈맞춤을 할 수 있고 예의바른 미소를 보일 수 있는 대면소통에서는 사회성을 강화하기가 조금 더 쉽습니다. 하지만 온라인에서는 상호작용을 하는 데 있어서 장애물을 훨씬 더 많이 만나게 됩니다. 물론 친절하고 상냥하게 설명을 해주는 것 같은 웹페이지를 볼 수는 있습니다. 하지만 그 웹페이지 제작자의 좋은 의도를 짐작하기가 쉬울까요? 그 페이지를 신뢰할 수 있으려면, 피드백이 필요합니다. 그러려면 365일, 24시간 내내 응답을 해주는 사람이 필요하구요. 가치가 있는 의도를 보여줄 수 있는 다양한 방법을 활용해야 합니다. 브랜드, 회사, 조직구성원들은 고객에게 물건을 팔기 위해서만 존재하는 것이 아니라, 고객의 요구에 응답을 해주기 위해서도 존재합니다. 결국 그러한 과정을 통해 자신이 신뢰를 할 만한 존재라는 것을 증명하는 것이지요."[8]

신뢰의 정반대 개념인 배신도 동일한 과정을 거쳐 기능하게 된다. 안타깝게도 온라인 공간에서 사람들은 유사한 방법을 통해 서로에 대한 배신행동을 한다. "대면소통에서 누군가를 만났을 때, 상대방과의 좋은 관계를 구축하기 위해 같이 저녁을 먹는다든가, 함께 시간을 보낼 수 있는 어딘가에 가게 됩니다. 그런데 '아, 저는 저녁은 먹지 않고 일을 하도록 하겠습니다'라고 이야기를 한다면, 그건 친화적인 태도가 아니죠. 미팅 내내 이메일 답신을 보내느라고 제대로 집중을 하지 않는 것도 마찬가지입니다. 전화통화나 스카이프 회의를 할 때, 사람들이 대화에 집중하지 못하고 다른 일을 하는 상황은 너무나 쉽게 벌어집니다. 컨퍼런스콜에 참여했을 때 이메일을 보내곤 하죠. 당신이 말을 걸었을 때 바로바로 대답이 나오지 않는 것을 보면 금방 알 수 있습니다.”

당신의 가치있는 의도는 브랜드로서, 회사로서, 한 개인으로서 표현되게 되는데, 소통을 하는 과정에서 제대로 된 모습을 보여주지 않는다면, 신뢰로운 사람으로서의 이미지를 구축하기란 어렵게 된다. 별것 아닌 것 같은 이런 배신의 행위들이 온라인 공간에서 쌓이게 되면, 대면소통에서보다 훨씬 더 빠른 속도로 신뢰감은 무너져가게 될 것이다.

상대방의 문화에서도, 그리고 온라인 공간에서도 효과적일 때에만 유머를 사용하자

유머는 사람들간의 연결관계, 신뢰, 관계몰입을 구축하는 데 있어서 효과적인 방법일까? 다양한 문화, 연령대, 민족, 여러가지 종류의 집단에 유머를 잘 전달하려면 어떻게 해야 할까? 물론 웃는다는 것은 언제나 좋은 행동이다. 문화적인 기준으로 보았을 때 듣는 사람이 천박하고 조잡하게 느끼거나, 모욕적인 것으로 받아들이지만 않는다면 말이다. 어릴 때에 친구들에게 낄낄대며 말했던 싸구려 농담 한마디를 기억해내어 이야기하는 행동은 절대 하지 말자. 그보다는 청중에게 효과적으로 전달될 수 있는 위트있는 유머를 개발해낼 필요가 있다.

예전에는 누구나 웃음을 터뜨렸던 오래된 농담을 쓰고 싶은 마음을 누르기란 참 힘든 일이다. 하지만 그런 농담이 효과를 낼 수 있는 시대는 이미 지났고, 다른 문화권에서 온 사람에게 그 농담을 이해시키기도 어렵기 때문에, 상대방에게 부정적인 반응이 나오거나 그냥 분위기만 썰렁해질 위험이 높다. 내가 지금 무슨 이야기를 하고 있는지, 그리고 내가 이 말을 하고 싶은 사람이 누구인지를 정확하게 알고 있지 않은 이상은 그런 농담을 하는 것은 피하자. 그 대신에 반어법(irony) 사용을 고려해보자. 잘못 사용되었을 경우, 반어법은 사람들이 쿡쿡 웃게 만들수 있고, 관계에 몰입하는 것을 방해하는 정도일 것이다. 정말 잘 사용된다면, 회의에서 지금까지 이야기를 하지 못하고 있던 사람이 입을 뗄 수 있는 기회가 될 수도 있고, 자신에게 관심을 집중시킬 수도 있으며, 지루한 분위기를 한순간에 바꿔버릴 수도 있다.

천박하지 않고, 세련되고 기억될만한 반어법을 사용하기 위해 유의할 점이 세가지 정도 있다.

당신이 지금 이야기하고 있는 주제와 매우 다른 이야기를 만들어내보자

전혀 다른 방향의 이야기를 하게 되면, 진짜 주제에서 떨어져서 볼 수 있는 역설적인 상황을 만들어낼 수 있다.

뭔가 중요한 내용을 다루고 있어야 한다

하지만 당신이 관심을 가지고 있는 중요한 내용을 담고 있는 이야기이긴 해야 한다. 천박한 반어법을 써봤자 남는 것은 없다. 영향력이 큰 반어법만이 더 나은 상황을 만들어낼 수 있다.

지금 많이 이야기되고 있는 시각과는 정반대의 이야기를 해야 한다

사람들이 많이 동조하고 있는 시각과 일치하지 않는 시각을 제시했을 때, 그 반어법은 힘을 얻게 된다. 반어법은 현재 미팅에서 별 힘을 가지지 못하고 있고, 몰입을 하지 못하고 있으며, 사람들의 관심을 갖지 못하는 사람의 시각에 놀랄만큼 큰 힘을 실어줄 수 있다.

대면소통상황과 온라인공간에서 가장 좋은 효과를 낼 수 있는 유머를 쓰려면 타이밍을 놓치지 않는 것이 중요하다. 그렇다면, 그 순간에 이야기를 할 준비가 되어 있어야 하기 때문에, 사실 지금 조언을 한다는 것은 큰 도움은 안 될 수 있다. 그럼에도 불구하고, 적재적소에 위트있는 유머를 사용할 수 있도록 세가지 정도 제안을 해보려고 한다.

너무 힘을 주지 말자

위트는 현재 주제에 대한 열정으로부터 자연스럽게 나오는 것이다. 그 주제에 대해 많은 관심을 가지다보면 그 안에서 위트를 발견하고 동료와 함께 나눌 수 있게 될 것이다.

위트란 일반적인 예측을 뒤집는 것이다

위트는 예상하지 못한 놀라움 그 자체라는 것을 기억하자.

위트있는 말을 하려면, 제발 당신 자신이 아니라 주제 자체에 초점을 맞추자

누군가 자신의 이야기를 심각하게 하게 되면, 모든 유머의 효과가 사그라들게 된다. 살짝 자신을 낮추면서, 스스로에 대한 자랑을 하기보다는 현재 이슈에 대해 더 관심을 가지고 있다는 것을 명확하게 보여주어야만 사람들이 당신을 신뢰할 수 있게 될 것이다.

이 제안들은 온라인 관계를 맺을 때에도 동일하게 활용가능하다고 생각된다.

실용적인 팁

정기적으로 업데이트되는 동영상

신뢰를 쌓을 수 있는 이상적인 방법은 실제 세계와 온라인 세상을 함께 활용하는 것이다. 물론 이 두가지를 동시에 같이 시작하는 것이 항상 가능한 것은 아니다. 대부분의 회사에서는 예산과 시간에서의 제한점이 존재하기 때문에, 이상적인 통합작업을 어렵게 만든다.

그렇다면, 이러한 상황에서는 현재 당신의 근무지역에서 하는 일들에 대해 간단한 동영상(30초에서 60초 정도)을 만들어볼 수 있다. 사람들이 당신의 환경에 대해 이해할 수 있도록 그 지역의 음식, 문화, 시각, 상황에 대해 소개하는 것이다. 모든 팀원들은 동일한 작업을 해서 정기적으로 그 동영상을 공유하도록 한다. 이와 같이 현재의 순간에 대해 온라인 라이브러리를 만들어 놓게 되면 팀원들은 서로에 대해 신뢰하고 연결관계를 만드는 것을 배우게 된다. 결국 업무관계에 대한 몰입을 촉진하는 과정인 것이다.

핸드폰을 이용해서 동영상을 만들어보자. 아주 짧고 간단하게 말이다. 상업광고처럼 연출된 내용이 아니라, 진정한 현재의 순간을 담아서 공유해보도록 하자.

문화에 대한 설문조사

이 설문조사는 각 문화당 어떤 차이가 있는지를 전반적으로 파악하기 위함이 아니다. 다양한 문화에는 어떤 특이점들이 있는지를 조금 더 쉽게 이해하려는 작은 시도이다. 여러 문화권의 사람들이 함께 하는 첫번째 미팅을 시작할 때 이 설문조사를 실시할 수도 있고, 아니면 첫번째 미팅의 주제를 아예 이것으로 잡을 수도 있다. 이 아이디어는 보다 원활한 대화를 시작하자는 것이지, 시험을 보는 것이 아님을 기억할 필요가 있다.

1. 당신의 문화 및 나라에서 가장 중요한 역사적 이야기 세가지는 무엇입니까?
2. 어떤 언어를 사용합니까?
3. 당신의 문화에서 꼭 해야 하는 행동과 하면 안되는 행동을 몇가지 이야기해주시겠어요?
4. 당신의 문화 및 나라에서는 협상을 선호하는 편입니까 아니면 피하는 편입니까? 협상과정은 대부분 어떻게 이루어집니까?
5. 당신은 공식적인 분위기를 좋아합니까, 아니면 비공식적인 상황을 더 좋아합니까? 회의를 하는 데 있어서 적절한 형태는 어떤 것일까요?

6. 당신의 문화 및 나라에서 평등권을 인정받지 못하고 있는 집단은 누구입니까?
7. 시간준수에 대해 이야기해주십시오. 당신의 문화에서는 시간을 항상 지킵니까? 가끔씩만 지키는 편입니까? 아니면 시간준수에 대해서는 아예 관심이 없습니까?
8. 당신의 나라를 관리하는 정부의 일하는 방식은 어떻습니까?
9. 당신의 나라나 문화에서 선물을 주는 행동은 일반적입니까, 아니면 특이한 것입니까?
10. 당신의 나라나 문화에서 행동여부를 결정하는 데까지는 대부분 어느 정도의 시간이 걸립니까?
11. 가족 구성원, 가까운 친구, 업무에서의 이해관계자를 만날 때에는 어떤 식으로 인사를 합니까?
12. 일을 할 때, 휴식을 취할 때, 사교적인 만남을 할 때 적절한 드레스코드는 어떤 것입니까?
13. 당신의 나라 국민들이 좋아하는 스포츠는 어떤 것입니까?
14. 그 스포츠를 볼 때 내기를 하는 것은 수용가능한 행동입니까?
15. 당신의 나라 및 문화에서 사람들은 휴일을 어떻게 보내는 편입니까?
16. 당신은 어떤 음악을 좋아합니까?
17. 당신이 가장 좋아하는 작가는 누구입니까?
18. 당신이 좋아하는 영화에 대해 이야기해주십시오.
19. 당신이 대단하다고 생각하는 영웅은 누구입니까?
20. 당신의 나라 및 문화에서는 감정을 어떻게 표현합니까?

요약

- ★ 사람들의 몰입수준을 강화하는 것은 실제 소통상황보다 온라인 관계에서 훨씬 더 어렵다.
- ★ 소셜 미디어는 사업 관계를 튼튼하게 만들어주고, 소셜 미디어상에서 명료한 정체성을 가지고 있는 사람들이 성공하는 경우가 많다는 뉴스는 상당히 희망적이다.
- ★ 비즈니스 환경에서 소셜 미디어를 성공적으로 활용하려면, 규칙을 지켜야 하고, 진정성 있는 모습을 보여야 한다. 자기만의 세계에 너무 빠지지 말아야 하며, 언제 말을 끝맺을지를 잘 파악할 필요가 있다.
- ★ 대면소통에서 하듯이 사회적인 영향력에 대한 규칙을 잘 활용하게 되면, 온라인 공간에서도 사람들의 몰입 수준을 올릴 수 있다.
- ★ 우리는 기본적으로 회사를 대할 때, 그 회사가 한 개인인 것처럼 생각한다. 우리는 그 회사와 정서적인 관계를 맺고, 그들이 우리의 신뢰를 깨뜨렸을 때 배신감을 느낀다.
- ★ 연결관계가 튼튼하게 맺어지고 상대방을 믿어도 될지에 대한 확신이 생긴 후에 신뢰는 생기며, 신뢰가 구축된 다음에야 관계몰입은 생길 수 있다.
- ★ 사람들과의 연대감을 강화하고 싶다면 유머를 전략적으로 활용할 필요가 있다.

2부

특정 디지털 채널을 위한 테크닉

6장

이메일, 이메일의 대안, 그리고 문자메시지

대부분의 일터에 이메일이라는 소통수단이 처음 소개되었을 때에는 서로 연결된 몇 대의 컴퓨터에서만 가능한 것이었고, 밤시간 동안 일괄 실행된 데이터가 불편하기로 악명높은 도트프린터 종이에 기록되는, 한마디로 하자면 기존의 텔렉스(telex) 기계보다 약간 더 유연한 수준이었다. 그러다가 데스크탑 컴퓨터가 보급되었고, 이제는 노트북과 스마트폰의 시대까지 오게 되었다.

이 과정을 거치면서 이메일과 우리간의 관계는 조금씩 변화되어왔다. 과학자들 사이에서 문서로 좀더 편리하게 소통을 해보려는 시도(과학분야의 논문, 어려운 아이디어, 정확한 표현이 필요한 이슈 전달)로 시작되었던 것이, 일반인들도 이제는 모든 것에 대해, 그리고 일, 가족, 사회적 관계 어디에서나 소통을 하는 도구가 된 것이다.

그러면서 문제점들이 발생하기 시작했다. 너무 많은 커뮤니케이션이 동시다발적으로 이루어지면서, 소통의 오류들이 생기는 빈도가 높아진 것이다. 모든 사람들은 차고 넘치게 들어오는 정보의 홍수 속에서 허우적거리게 되었다. 또 역설적으로도 우리는 정반대의 현상, 정보의 부족이라는 문제도 동시에 경험하고 있다. 이메일의 답장을 기다리면서, 우리는 아담과 이브 시대만큼 오래된 질병의 독특한 현대판 버전을 경험하고 있다. 바로 '풍요로움 속에서의 굶주림' 말이다.

누구든지 이메일 커뮤니케이션을 하는 과정에서 상처를 받아본 경험이 있을 것이고, 사실 우리도 상대방의 감정을 상하게 해본 적이 있을 것이다. 절대 공유해서는 안 될 비밀을 실수로 메일에 넣어 보냈던 때도 있을 것이고, 절대 들어서는 안 될 비밀 이야기를 메일을 통해 보았을 때도 있었을 것이다.

간단하게 말해서 이메일 커뮤니케이션에서는 불완전한 이야기들이 정신없이 왔다갔다 하며, 너무 많은 정보가 소통되어 오히려 내용은 빈곤해지는 상황이 펼쳐지고 있다. 뭔가가 지나치게 많고, 또 뭔가가 지나치게 적은 상황이 동시에 벌어지는 것이다. 이메일은 원래 다른 목적으로 만들어졌지만, 갑자기 더 많은 양의 정보를 더 신속하게 전달하고자 하는 니즈를 충족시키기 위한 것으로 사용되기 시작하였고, 시간이 지나가면서 어느 누구도 이메일 없이는 살 수 없는, 하지만 끝이 무뎌진 도구가 되어버렸다.

이제는 이메일과 유사한 다른 도구들이 존재하고 있다. 문자메시지, 슬랙(Slack: 기업용 메신저), 이메일보다 더 좋은 기능을 활용하고자 하는 다양한 시도들 말이다. 기본적인 목적은 모두 즉각적인 대면소통을 문자기반, 온라인, 비동기식(asynchronous: 송수신 간에 신호를 주고받으며 작업을 수행하는 방식) 형태의 소통으로 대체하기 위함이다.

6장의 뒷부분에서 슬랙에 대해서는 다시 이야기를 하겠지만, 전반적으로 보았을 때, 이와 같은 문자 기반의 소통은 어느 정도 기능을 잘하고 있는 것일까? 사실 이제는 놀랍지도 않지만, 기능의 효과성은 전혀 좋지 않다. 문제는 이 소통도구의 속성 자체로부터 출발한다. 그렇다면, 뭔가 처음에 의도했던 대로 명확한 메시지가 전달되지 못했을 경우, 그리고 시간이 너무 많이 지나버렸을 경우, 문제를 해결하고 이메일이 제대로 기능을 할 수 있도록 하려면 어떻게 해야 할까? 적어도 서로를 존중하고 스스로의 발등을 찍지 않는 매너를 가질 수 있게 말이다.

첫째, 우선 파악해야 할 것은 당신이 달성하고자 하는 목표이다. 이메일이나 다른 문자기반의 커뮤니케이션 도구를 가장 저렴하고, 손쉽고, 편리하다는 이유만으로 사용하는 일을 삼가자. (팀의 경우) 앞으로 하고자 하는 것이 무엇인지, 그리고 어떤 형태의 커뮤니케이션을 하는 것이 최고의 성과를 거둘 수 있을 것인지에 대해 파악하는 미팅을 몇 번 정도 진행해보도록 하자.

예를 들어, 트위터를 사용하게 되면 즉시성이라는 혜택을 얻을 수 있는 반면에, 소셜 미디어에서 일상생활의 모든 수다를 떨어야 하는데다가, 정말 짜증나는 비즈니스 슬로건들을 마주쳐야 한다는 부적절성의 불이익을 얻게 된다.

"최소 작업, 최대 효과", "리더는 마지막에 먹는다", "당신이 한 이야기를 다 기억하지 않아도 되도록, 항상 진실만을 이야기하라" 등등. 예민한 내용이 담겨 있는 그 어떤 것에 대해서도 트위터에 글을 남기지 말자. 이것이 진리이다. 이제 예전과 달리 트위터에도 140자 이상의 글을 쓸 수 있게 되었지만, 트윗글은 실질적인 내용을 신뢰하기에는 생명이 너무 짧다.

물리적으로 떨어져 있는 사업 팀과 커뮤니케이션을 효과적으로 하는데 있어서 이메일은 긍정적인 기능을 할 수 있지만, 활용가능한 유일한 도구가 되어서는 안 된다. 업무관계를 시작할 때, 그리고 망가진 관계를 복구하거나 아예 끝내려고 할 때와 같이 정서적으로 중요한 과제를 수행해야 하는 상황에서는 절대 이메일을 사용하지 말기를 권하고 싶다.

둘째, 막판에 이메일로 짱돌 던지는 짓은 절대 하지 말자. 현대의 디지털 생활에서 가장 짜증나는 것이 막판에 보내는 이메일이다. 예를 들어서 한번 생각해보자. 오전 9시에 미팅이 예정되어 있다. 당신은 전철을 타고 가는 도중에 설렁설렁 이메일을 훑어보는 중이다. (그러지 마! 핸드폰을 내려놔! 당신 자신뿐 아니라 다른 사람에게도 이제 위험한 순간이 올거야!) 8시 15분이 되자, 다음과 같은 내용의 이메일이 도착했다.

> "회의 전에 ㅇㅇ님이 이 메일을 보게 될지 잘 모르겠네요. 혹시라도 볼 수 있을 경우를 위해, 오늘 아침 9시 미팅에서 만나게 될 고객에게 우리의 접근법을 설명하는 데에 도움이 될 보고서를 첨부합니다. 27페이

지짜리 보고서이지만, 첫부분에 세 페이지로 요약한 내용이 있으니까, ㅇㅇ님은 충분히 핵심을 이해할 수 있을 거예요. 9시 정각에 봅시다!"

이 커뮤니케이션에 숨겨진 무례함은("당신이라는 존재에 대해 별 관심 없어. 그리고 이 자료를 당신이 충분히 소화할만큼의 시간을 줘야 한다는 생각도 안 해. 당신의 의견은 나한테 그다지 중요하지 않으니까") 어떤 누구도 고개를 절레절레 흔들만큼 심한 것이다. 하지만 사실 우리도 일을 하면서 많은 실수를 하고 있지 않은가. 앞으로는 이와 같이 읽어야 하는 두꺼운 자료를 막판에 메일로 보내는 일은 하지 말자. 그리고 누군가가 당신에게 그런 짓을 하더라도 그 자료는 읽고 가면 안 된다. 그것이 우리가 같이 일하면서 살 수 있는 최소한의 규칙이다.

셋째, 예민한 주제에 대해 이메일을 보내지 말자. 지나치게 성급하게 이메일을 보내는 것의 위험을 우리는 이미 모두 다 알고 있다. 누군가 특정한 사람에게 날카로운 지적을 하고 싶었던 것인데, 실수로 '전체 답장(reply all)' 버튼을 눌러버려서 팀원 전체가 그 메일을 받게 된 경우도 있고, 분노로 머리 뚜껑이 열린 상태에서 너무 성급하게 답변을 보내고 나중에 후회했던 기억도 있을 테니 말이다.

이 문제에 대한 해결책은 이론으로는 매우 간단하고 실제 행동에 옮기기는 좀 어려운 "자기-절제"이다. 일단 치솟은 부정적인 감정이 가라앉을 때까지 기다렸다가 이메일을 보내는 것을 습관화할 필요가 있다. 아니면 이메일을 우선 써놓고, 잠을 자고 난 다음에 다시 읽어보고 그 다음에 보내는 방법을 택할 수도 있겠다. 물론 실시간 소통을 항상 원하는 상황이라면, 어느 정도의 시간을 벌어놓기 위한 노력은 해야할 것이다.

시간에 대한 압박은 앞으로도 없어지지 않을 것이다. 하지만 모든 온라인 커뮤니케이션 도구(이메일, 문자, 음성메일, 영상메시지 등)에서는, 기다리는 시간을 가질수록 나중에 수치심을 느끼게 될 내용을 보낼 가능성은 줄어든다는 것은 사실이다. 적어도 업무관계를 아예 종결시켜버리거나, 당신의 커리어에 심각한 위협을 가할 행동은 하지 않을 수 있을 것이다.

넷째, 온라인 메시지 간의 우선순위를 정하자. 한발짝 더 나가자면, 어떤 메시지를 전달해야 할 때, 어떤 방법을 택하는 것이 이 내용에 적절할지에 대해 고민해보도록 하자. 우선순위에 따라 움직여보자. “지금 달려가고 있어요. 10분 정도 늦을 것 같습니다”라는 메시지는 문자로 보내는 것이 좋을 것이다. 그리고 “우리가 고려해봐야 할 보고서의 첫번째 초안을 첨부합니다”라는 메시지는 이메일로 보내는 것이 바람직하다. 주간 회의를 통해 현재 진행되고 있는 일에 대해 업데이트를 하려면 오디오 컨퍼런스콜이 좋겠다. 이때에는 정서적인 교감을 할 수 있는 채널을 의도적으로 같이 활용하는 것이 효과적일 것이다. 조금 더 심층적인 논의, 리허설, 더 본질적인 것을 다루는 상호작용을 할 때에는 비디오 컨퍼런스콜이 바람직하다. 그리고 예민한 정서적인 문제에 대해 온라인에서 소통해야 할 때에는 정서를 표현하고 서로 존중해줄 수 있는 별도의 온라인 소통 상황을 만들도록 하자.

다섯째, 이모티콘의 사용을 고려해보자. 이 비주얼 도구는 문자와 소셜 미디어에서 종종 잘못 해석되거나 제외되어 버리는 감정을 포함시키기 위해 시도된 첫번째 노력의 성과이다.

커뮤니케이션을 할 때에는 이모티콘을 사용해서 감정을 교환할 수 있는 환경을 만드는 데에 신경을 쓰자. 가능한 모든 방법을 동원해서 사람들이 정서적 안전감을 느낄 수 있도록 하는 거다. 그리고 모든 구성원들에게도 온라인 소통을 할 때 반드시 그러한 환경조성작업을 하도록 요청하자. 메시지를 전달하는 사람은 커뮤니케이션에서 자신이 의도하는 바가 정서적으로 어떤 의미인지를 명확하게 표현하고, 상대방에게 어떻게 받아들여지는지에 대해 정확하게 파악해야 한다. 그리고 메시지를 받는 사람은 어떻게 느끼는지를 보여줄수 있는 여유공간이 필요하다.

이렇게 정서적인 작업을 꼭 해야 한다고 구성원에게 요구하는 것이 다소 껄끄럽게 느껴질 수도 있을 것이다. 하지만 의도하지 않은 메시지를 보내고 받는 과정에서 상대방의 마음을 상처입히게 되어 생기는 시간과 금전적 손실, 관련된 사람들의 좌절을 생각해보면, 이러한 정서적 환경조성 작업은 충분히 할만한 가치가 있다고 보여진다. 온라인 세상에서 실종된 신체적 언어 채널을 불완전하게라도 온라인 공간에 추가하려면 의도적인 노력을 할 필요가 있다.

물론, 이메일에서 중요한 것은 문장을 잘 쓰는 것이다. 이메일을 작성할 때 유의해야 할 '좋은 글쓰기의 법칙'은 어떤 것이 있을까? 몇가지만 살펴보도록 하자.

명확한 시각, 명료한 아이디어, 우선순위를 정하기 위한 사고방식을 가지고 효율적인 표현을 하기 위한 노력을 계속하자

문서 커뮤니케이션은 최대한 간단하고 짧아야 한다. 좋은 소통이라는 것은 인사이트를 얻기 위해 자신이 관심을 가지고 있는 바를 교환하는 것이다. 물론 이메일을 보낼 때 우리는 다른 일을 하고 있을 수도 있고, 뭔가 매우 서두르고 있을 수도 있고, 한번에 많은 문제들을 처리해야 할 수도 있으며, 컴퓨터, 아이패드, 휴대폰을 통해 이야기를 하는 데에 지쳐있을 수도 있다. 매우 급한 상황에서 이메일을 써야 할 때도 있다(공항에서 비행기를 타기 직전에, 절대 그러면 안 되지만 자동차를 운전하면서도). 세심하고 우아하면서도 간결한 문장을 쓰기 힘든 환경들이 우리의 주위에는 항상 산재해 있다. 이런 상황에서 이메일을 작성하는 데에 충분한 주의를 기울이기란 매우 어려운 일이고, 이메일을 받는 사람도 충분한 시간을 들여서 메일을 읽지 못하는 상황에 있는 것은 마찬가지이다.

명료성은 좋은 글쓰기의 핵심요소이다

좋은 이메일 커뮤니케이션은 다른 소통들과 마찬가지로 명료성(clarity)

으로 시작한다. 이메일 커뮤니케이션을 명료하게 하려면, 우선 명료한 생각을 가져야 한다. 물론 현재 자신의 생각을 정리하기 위해 써보는 작업을 먼저 할 수도 있다. 그런 방법을 쓰려면 이메일을 보내는 사람, 그리고 받는 사람 모두 언제나 그 글이 수정되어 다시 쓰여질 수도 있다는 것을 알고 있어야 한다.

DON'T "성공적인 결과가 만들어지려면, 잘 통제된 모든 참가자들의 경험, 모든 측정 가능한 자료들에 대한 분석, 실험의 목적에 적절한 자료 수집 등과 같은 모든 노력과 시도들이 세심하게 통합되어 진행될 수 있도록 애써야 합니다."

DO "이 실험의 성공을 위해, 함께 좋은 성과를 만들어냅시다."

명료성과 간결성은 반드시 함께 가야 한다. 글을 더 길게 쓸수록, 상대방이 당신의 의도를 잘못 읽을 가능성은 더 커지게 된다. 인생의 속도와 업무의 속도는 날이 갈수록 빨라져만 간다. 이러한 상황에서 우리는 큰 그림을 놓치게 되는 경우가 많고, 우리가 모르는 것이 있는데도 알아차리지 못하는 때도 많다. 간단하게 이야기하면, TED처럼 20분 정도면 읽을 수 있는 이메일을 작성하는 것이 바람직할 것이다.

문서 커뮤니케이션을 잘하기 위해서는, 작성한 이후에 일단 최소한 60초 정도만 옆으로 밀어놓자. 그런 다음에 다시 읽어보고, 수정보완하고, 의도된 내용이 모두 명확하게 표현되었는지를 확인하는 거다. 특히 정서적 명료성에 대해 살펴보자. 기억할 것은, 우리의 온라인 생활에서 너무 자주 실종되는 것이 감정이라는 사실이고, 이메일에서 감정을 정확하게 파악하기란 쉽지 않다는 사실이다.

만에 하나 상대방이 당신의 감정에 대해 오해를 할까봐 걱정이 된다면, "제가 진정으로 의도하는 바는 다음과 같습니다" "혹시라도 빈정대는 이야기로 듣지 않으시기를 바라겠습니다"라는 문장을 마지막에 덧붙이는 것도 방법이다.

명료성에 대해 꼭 기억해야 할 사실은 다음과 같다. 많은 연구들을 보면, 사람들은 이메일에서 서로에 대한 오해를 키워가는 경우가 매우 잦음에도 불구하고 이메일 커뮤니케이션의 성공에 대해 지나치게 긍정적으로 평가한다는 것이다. 예를 들어 보자. 최근 연구결과에서는 사람들이 이메일 소통을 대면소통만큼 효과적이라고 믿고 있지만, 사실은 전혀 그렇지 않다는 것을 보여준다.[1] 이메일 소통은 실제 얼굴을 보면서 이야기하는 커뮤니케이션만큼 효과적이지 않다는 것을 꼭 기억할 필요가 있다. 또 다른 최근 연구결과에 따르면, 대면소통이나 전화통화는 동일한 내용을 이메일을 통해 보내는 경우보다, 상대방이 이야기를 더 잘하는 느낌을 준다고 한다.[2]

전반적으로 볼 때, 세명의 근로자 중 한 명은 이메일의 어조에 대해 잘못된 판단을 내리고 있다.[3] 많은 사람들은 상대방 동료가 자신을 모욕했거나, 뭔가 개인적인 부분에 대해 공격을 했다고 생각하며 화를 낸다(사실 상대방은 아무런 의도가 없었는데도 말이다).

내용이 모호한 이메일 때문에 일터에서의 스트레스가 늘어가고 있고, 동료들간에 갈등이 증가하고 있다는 연구결과가 있다.[4] 상대방 동료가 화가 난 것인지 끊임없이 걱정을 해야 하고, 동료가 보낸 메일에서 빈정거림이나 무례함을 느낀다면, 당연히 스트레스가 쌓이게 될 것이다.

이메일을 보낸 사람의 말투나 맥락을 정확하게 판단하기가 왜 이렇게 힘든 것일까? 우리는 이메일을 통해 전달하고자 하는 어조(tone)를 명확하게 전달할 수 있다고, 그리고 상대방의 분위기를 정확하게 판단할 수 있다고 우리 자신의 능력을 과신하는 경향이 있다.[5] 우리는 스스로 무슨 이야기를 하고 있는지를 정확히 알고 있다고 생각하며, 다른 사람들이 무슨 말을 하려고 하는지를 알고 있다고 믿지만, 우리의 생각은 틀렸다. 왜 그럴까? 바로 자기중심성 때문이다. 시카고대학교의 에플리(Epley)와 그 동료들은 이 이슈에 대해 연구를 한 후, 우리는 어떻게 다르게 해볼 방법도 없

이, 우리 자신의 시각 안에 갇혀 있다는 결론을 내렸다.[6]

크루거(Kruger)와 에플리는 실험 참여자로 하여금 파트너에게 빈정대는 어조나 심각한 어조로 이메일을 보내보도록 했다. 참가자들 중 78%는 자신의 메시지가 명확하게 이해될 거라고 생각했다. 하지만 그렇지 않았다. 참가자의 의도된 어조를 제대로 이해한 파트너는 56%밖에 되지 않았다. 파트너들의 판단이 맞을 확률은 동전던지기 확률과 비슷했다. 더 나빴던 것은, 메일을 받은 파트너들 중 90%는 자신이 정확하게 메일의 분위기를 파악했다고 생각했다는 사실이었다.

우리는 업무 동료들(그리고 우리의 친구, 파트너까지)이 이메일과 문자를 통해 무슨 이야기를 하려고 하는지에 대해 잘 알고 있다고 확신하지만, 안타깝게도 실제 상황은 그렇지 않다. 우리가 아주 명확하게 이야기를 한다고 생각하지만, 역시 그 생각은 틀렸다. 소통에서의 이 차이를 어떻게 하면 좋을까? 한가지 아주 간단한 해결책은 이메일이 아니라 전화통화를 하는 것이다. 하지만, 물론 우리는 이메일을 보내야 할 때가 있다. 현대사회에 살고 있는 한 당연한 현실이다. 크루거와 에플리는 한가지 대안을 제시했다. 자신이 쓴 메일을 발송하기 이전에 몇번 정도 크게 소리를 내어 읽어보는 거다. 각각 다른 어조로 즉 공격적으로, 비난조로, 화가 난 톤으로 말이다. 연구자들의 발견에 의하면, 자신이 의도하지 않았던 방법으로 메시지를 읽어보게 되면 자기자신의 시각에서 한걸음 벗어나서 오해될 수도 있는 부분을 파악할 수 있게 된다고 한다. 이는 더 좋은 소통을 위한 첫번째 단계인 것이다.

당신의 메일이 어떤 관점을 가지고 있는지 명확히 하자

인간이 기본적으로 관심을 가지고 있는 것은 상대방의 의도이다. 이메일을 쓸 때에는 자신의 관점을 정리해보고 명확하게 표현하도록 하자. 가능하다면 당신의 시각을 메일 초반에 밝히는 것이 좋다. 그러기가 어렵다면, 어쨌든 최대한 초반에 제시하자. 메일을 보내는 사람의 시각이 명확하게 읽혀지지 않게 되면, 받는 사람은 일방적으로 상대방이 쏟아내는 이야기의 홍수속에 빠지는 느낌이 들어 불편해지게 된다. 그러지 말자.

DON'T "어제 미팅에 참석해주셔서 감사합니다. 와주신 덕분에 큰 도움이 되었습니다. 모든 참가자들은 미팅을 통해 앞으로 진행될 재조정작업의 기대결과와 구조에 대해 초점을 맞추어 이해할 수 있었다고 생각합니다. 하지만 다음 미팅 때에는 지각하지 않으셨으면 좋겠습니다."

DO "사실 ㅇㅇ님이 어제 미팅에 늦게 오신 것을 보고 조금 당황스러웠습니다. 하지만 미팅은 생산적으로 진행되었고, 모든 참가자들이 재조정작업 계획에 대해 만족감을 표해서 다행이었습니다."

당신이 명료한 시각을 가지고 있다는 것을 보여주려면, 열정이 느껴지는 순간을 만들 필요가 있다. 당신의 메일을 사람들이 흥미있게 읽도록 하려면, 메일 전체에 열정이 넘실거리게 하는 것은 긍정적인 방법이 아니다. 그보다는 메일에서 차분함과 열정이 대조적으로 나타나도록 하는 것이 더 바람직하다. 사람들이 잘 기억하게 하려면 이와 같은 대조적인 전략을 쓰는 것이 좋다. 계속 똑같은 어조로 이야기를 이어나가면 장광설로 느껴질 가능성이 높다. 사람들에게 당신과 함께 일을 하게 되면, 늘 그렇지는 않아도 핵심적인 순간에는 매우 적절한 어조를 사용한다는 것을, 그것도 다양한 표현을 통해 전달한다는 것을 알게 해주는 것이 좋다.

메일을 받는 사람에게, 그들이 아직 모르는 이야기를 해주자. 그렇다고 해서 당신이 알고 있는 모든 것을 말해줄 필요는 없다. 우리는 조금 더 깊은 지식을 알기 원하고, 잘 알려진 이야기에 약간의 복잡성이 더해진 이야기를 듣고 싶어한다. 라디오 진행자인 폴 하비(Paul Harvey)는 "나머지 이야기(the rest of the story)"로 유명해졌다. 역사적 인물과 유명한 사람들에 대해 잘 알려진 일화에 더하여 사람들이 잘 모르고 있는 사실들을 이야기 해주는 것이다. ("정말 여러 번 사업에 실패했던 덜떨어진 변호사 이름은 무엇이었을까요? 바로 링컨(Abraham Lincoln)입니다.")[7]

여기에서 중요한 것은, 우리가 '아주 약간 더' 추가적인 지식만을 좋아한다는 사실이다. 생각보다 많은 작가들은 독자들에게 너무 많은 정보들을 투척해준다. 절제가 중요한 핵심 열쇠이다. 다시 말해서, 이메일을 최대한 간단하게 작성하자. 물론 지나치게 짧은 것도 문제가 된다는 사실은 기억하자.

이야기를 시작할 때에는 조금 후에 중요한 인사이트를 제공할 것이라는 긴장감과 기대감을 줄 필요가 있다. 댄 브라운(Dan Brown)은 이러한 테크닉을 잘 쓰는 사람이고, 독자들은 그의 작품을 좋아한다. 무언가를 소개하고("다음 문단에서는, 6개월 내에 순이익을 두배로 만들 수 있는 아주 간단한 방법을 알려드리도록 하겠습니다"), 그 다음에 약속을 지키는 것이다. 이 테크닉을 너무 자주 쓰는 것은 바람직하지 않고, 업셀링(upselling: 같은 고객이 이전에 구매한 상품보다 더 비싼 상품을 사도록 유도하는 판매 방법)을 하는 것도 좋지 않다("한 강좌를 더 들으시면 IQ를 올릴 수 있는 여섯가지 방법을 알려드리죠"). 이와 같은 업셀링 테크닉은 이야기를 하는 사람과 청중간의 관계를 망쳐놓기 십상이기 때문이다.

마지막으로 중요한 것은 진정한 자신의 모습을 보여주는 것이다. 진정성은 자신의 가치, 목표, 니즈에 대해 명료화할 때 시작된다. 현대의 사회에서 우리는 점점 더 서로에게 많은 것을 기대한다(더 많은 진정성, 더 많은 감정, 더 많은 자기개방). 어떤 것을 개방할 것인지에 대해 선택하는 것도 중요하다. 사람들은 상대방에게 아주 많은 것을 원하는 것이 아니라, 당신의 실제 모습을 기대한다. 우리는 당신의 시각과 관점이 궁금하다.

당신이 명확한 아이디어를 가지고 있다는 것을 보여주자

나는 하나의 문장으로 문자 기반의 커뮤니케이션을 시작할 것을 항상 추천하고 있다. 당신이 이야기하고 싶은 주제는 무엇인가? 이 질문에 대해 대답을 할 수가 없다면, 아직 이메일을 쓸 준비가 안 되어 있다는 뜻이다. 해야 할 일 리스트의 한 줄을 없애기 위해 참지 못하고 너무 조급하게 이메일을 쓰는 행동은 바람직하지 않다.

일단 자신의 관점을 명확하게 파악했다면, 이제 그것을 한 문장으로 만들어보자. 그 문장을 실제 이메일에 쓰지 않는다 하더라도, 그 작업을 통해 이메일을 작성할 준비를 할 수 있다. 정치적인 이유 때문에 자신의 관점을 직설적으로 표현하기보다 서로 합의된 아이디어를 먼저 이야기하는 것을 선호할 수도 있겠지만, 가장 중요한 것은 자신의 시각을 명확하게 제시하는 것이다.

이야기를 너무 빙빙 돌리는 것도 좋지 않다. 현대 사회에서는 더 많은 투명성을 리더에게 요구하고 있고, 심지어 이메일 상대방에게도 동일한 요구를 하고 있다. 누구나 조종당하는 것을 좋아하지 않는다. 내부 동료들과 소통할 때에도 마찬가지이고, 외부 고객 및 사업의 이해관계자들과 소통할 때에도 이전의 그 어떤 때보다 개방적인 태도로 일을 해줄 것에 대한 요구가 존재한다.

당신의 관점에 대한 설명에서는, 자신의 의도가 명확하게 드러나야 하고, 이메일을 읽는 사람에게 일관성과 공감적 태도를 보여주어야 한다.

DON'T "지금까지 우리는 프로젝트 목표 달성을 위해 다양한 활동을 진행해왔습니다. 초반의 아이디어를 발전시켜서, 모든 구성원들과 주차장 구조에 영향을 미칠 수 있는 다양한 방법들을 검토해보았습니다.

현재 계획 위원회를 조직하기 전에 고려해봐야 할 어려운 문제들이 몇 가지 있습니다. 계획을 수립하기 위해 몇번의 회의가 더 필요할 것 같구요.

추가적인 공공 평가를 받을 수 있는 시간을 확보하기 위해 사업기간을 조금 더 늘려야 할 것 같습니다."

DO "주차장 공사는 처음에 생각했던 것보다 조금 더 기간이 연장될 예정입니다. 초반의 계획보다 좀더 많은 논란거리가 존재하는 것이 밝혀졌기 때문입니다."

청중의 이해도를 높이기 위해 위계적 사고를 하자

위계적 사고(hierarchical thinking)란 무엇일까? 어떤 것이 더 중요하고, 어떤 것이 덜 중요한지를 보여주는 것이다. 핵심 포인트와 디테일 부분을 분류해주는 것이라고도 말할 수 있겠다. 즉, 당신이 무엇인가 중요한 것을 이야기할 때에는 상대방이 꼭 알 필요가 없는 내용까지 말해야 한다는 것을 의미한다.

위계적 사고를 하려면 당신의 생각을 쭉 따라가며 추적해야 한다. 청중을 위한 글쓴이로서 할 수 있는 가장 친절한 일들 중의 하나는 현재 어떤 이야기를 하고 있는지를 잘 보여주는 것이다. 자신이 강조하고 싶은 내용들에 대해 숫자를 배정해보자. 독자들에게 현재 몇번을 읽고 있는지를 알려주는 거다. 그리고 어떻게 이야기를 진행할지에 대해 명확히 설명하자. 지금까지 반 정도 읽었다는 이야기를 해주자. "자, 이제 반 정도 이야기를 했으니, 잠깐 쉬고 지금까지 했던 이야기를 간단하게 정리해봅시다."

최근 연구에서는 기억이라는 것이 제로섬(zero-sum) 게임이라 주장한다.[8] 새로운 것 하나를 배우게 되면 오래된 것 하나를 잊어버리게 된다는 것이다. 우리는 독자들의 머리에 새로운 것을 쏟아붓는 동시에 예전의 것을 잊어버릴 것을 요구하고 있는 것과 마찬가지이므로, 이러한 프로세스는 글쓴이들(우리 대부분임)에게 매우 괴로운 것이다.

모든 것을 다 포기하고 독자들이 모든 것을 다 기억할 거라는 기대 자체를 버리기 전에, 이러한 과학적 상식을 조금 다르게 바라보면 좋겠다.

이 제로섬 게임을 좌절가득한 상황으로 보는 것이 아니라, 오히려 여기에서 우리는 정말 좋은 뉴스를 하나 찾아낼 수 있다.

어떻게 그럴 수 있을까? 현대의 사업가들은 매일의 일상생활에서 쏟아지는 모든 정보들을 필사적으로 흡수하려 애쓰고 있다. 현대사회의 삶과 성공을 위해 꼭 기억해야 하는 것이 무엇인지를 파악하는 것은, 단순한 기억과 망각의 행동을 넘어선 훨씬 더 복잡한 일이다.

이런 맥락을 이해했을 때, 기억과 망각을 동시에 한다는 것은 지금과 같이 정보로 넘쳐나는 현대 사회에서 생존하기 위해 필요한 필수품이자, 생존을 가능하게 해주는 축복이기도 하다. 그러니까 사람들이 꼭 망각해야 할 것을 잊을 수 있도록 도와주는 일은 우리가 습관화해야 할 중요한 행동인 것이다.

모든 작가들이여, 자신감을 가지자. 새로운 아이디어를 상대방의 머리에 집어넣으면서(동시에 오래된 아이디어를 잊어버리라는 요청을 하면서) 해야 할 일은, 새로운 아이디어에 대한 강조를 하여 불필요한 것들을 뇌에서 지워버릴 수 있도록 돕는 것이다.

DON'T "주차장 프로젝트에 대해 주위 사람들이 화를 내는 이유를 이해하려면, 이 빌딩 자리를 어떻게 활용할 것인가에 대해 논쟁이 정말 오랫동안 이어져왔다는 사실을 이해해야 합니다. 지역 주민들은 수준이 높은 미술관을 기대했지만, 그 대신에 거대한 주차장이 생긴다는 소식을 듣게 된 거죠. 이와 같은 정책의 변화는 대중에게는 지금까지 자신들에게 거짓말을 했다는 느낌을 가지게 했을 테니, 그들이 화를 내는 것도 이해할만 합니다. 지역주민들의 분노와 늘어 가기만 하는 세금의 부담은 지난해부터 지적된 문제였습니다. 또한 초반에는 시장님이 우리의 프로젝트에 대해 지지를 해주셨었지만, 이제는 그만큼의 지원을 해주지 않고 계십니다."

DO "이 주차장 공사에 대해 지역주민들이 불만을 표하는 이유는 세 가지로 정리해볼 수 있습니다. 첫째, 가장 중요한 것은 지역 주민들이 지금까지 이 빌딩의 진짜 활용목적에 대해 잘못 알고 있었다는 점입니다. 둘째, 시장님은 처음에는 우리의 주차장 프로젝트에 대해 지원을 해주셨지만, 지금은 더 이상 지원을 해주지 않고 계십니다. 셋째, 최근에 세금 인상이 있었기 때문에, 어디에 세금을 사용할 것인가에 대한 것은 매우 민감한 문제가 되었습니다."

상대방의 이해도와 수용도를 높이기 위해 효과적인 표현을 쓰자

좋은 표현을 사용하려면 연습을 하고, 수정보완을 하며, 명료성과 간결성을 갖추어야 한다. 진정성, 일관성, 투명성, 공감, 연결관계와 같은 기본적 가치를 보여주는 것이 특히 온라인 세상에서는 중요한 일이다.

진정성

좋은 표현을 하려면 일단 진정성을 보여야 한다. 자신에게 중요한 것이 무엇인지에 대해 명확하게 제시하는 것이다. 현대 사회에서는 당신에 대해 더 많은 것을 개방하고 공유하라는 요구를 하겠지만, 어떤 것을 개방할지에 대해 선택하는 것은 당신 자신이 되어야 한다. 너무 많이 공유하는 행동과, 충분히 공유하지 않는 행동 사이에서 유연하게 균형을 잡을 필요가 있다. 진정성 있는 모습을 보이기 위해 노력하자.

일관성

현대 사회에서 신속하게 일을 완결하기 위해, 우리는 예전에는 훨씬 더 천천히 하던 작업을, 심리적인 지름길을 이용해서 더 서두르는 편이다. 예를 들어, 신뢰구축을 위해 우리는 일관성을 일종의 테스트로 활용한다. 신뢰수준이 낮은 요즘의 사회에서 훨씬 더 우리에게 중요해진 특질이다. 우리는 종종 우리 자신의 마음을 바꾸고, 불편한 기분 때문에 힘들어할 수 있다고 인정하지만, 다른 사람들의 비일관성에 대해서는 수용도가 훨씬 더 낮은 편이다. 미적지근한 태도로 이랬다 저랬다 하지 말자.

투명성

우리는 주위의 동료, 리더, 파트너, 다른 이해관계자들에게 예전보다 훨씬 더 큰 투명성을 요구하고 있다. 이와 같은 투명성은 내부 문서에서도 매우 중요하고, 고객, 외부의 이해관계자, 일반 대중에게 보내지는 문서에서도 중요성은 정말 크다. 그렇기 때문에 메일에서 투명성을 어떻게 보여줄지에 대해 준비를 하고 있어야 하며, 개방성의 표현을 어떻게 잘할지에 대한 고민이 필요하다.

공감

우리 모두는 이전의 그 어떤 시대보다 상대방에 대해 더 많이 이해하기를 요구받고 있고, 훨씬 더 큰 민감성을 가지기를 기대받고 있다. 동료에 대해 공감력이 부족한 것이 관찰되는 경우, 메시지를 보냈을 때 효과가 반감되는 것은 물론, 그 분야에서의 커리어에 위협이 되기까지 한다.

연결관계

독자들은 우리에게 단순한 문자 이상의 것을 기대한다. 한번 질문을 올리면, 낮이건 밤이건, 주중이건 주말이건 신속한 답변이 돌아오기를 바란다. 오늘날, 사람들은 모든 사람들과 연결될 수 있기를 기대한다. 그야말로 "언제나" 말이다.

지금까지 이야기한 규칙들을 잘 소화하고, 당신의 진정한 목소리를 내기 위한 긴 여행을 꾸준히 잘 해보기를 기원한다.

DON'T "회사의 탕비실을 사용하는 모든 구성원들은 그 공간을 깨끗이 해야 할 책임을 가지고 있습니다. 이게 무슨 얘기냐면, 다른 이용자들에 대해 배려를 하고, 자기 물건들을 잘 정리하라는 의미입니다. 즉, 유효기간이 지난 음식이나 며칠 이상 냉장고 안에 있었던 남은 음식들을 내버려 두지 말고 꼭 치우라는 이야기입니다. 또 음식을 먹었으면 식탁을 깨끗이 닦고, 식기세척기에 접시를 내버려두지 말라는 거죠. 동료들이 불평하는 말을 들었으면 아시겠지만, 커피잔 밑에 눌어붙은 찌든 커피 냄새가 나지 않도록 설거지도 깨끗이 하구요. 그리고 제발 재활용 쓰레기와 재활용되지 않는 쓰레기를 정확하게 분리수거하기 바랍니다."

DO "탕비실을 깨끗하게 관리하기 위해 모두 힘을 합쳐봅시다."

이메일 사고를 예방하기 위한 기본적인 규칙들

문자 커뮤니케이션을 성공적으로 하기 위한 몇가지 규칙들을 점검해 보자.

대량 메일 발송을 지양하자. 끝이 없이 밀려오는 전체 메일 때문에 우리 모두는 고통스러워하고 있다(모든 팀원들에게, 모든 부문 사람들에게, 모든 조직 구성원들에게 보내지는 메일들. 그것도 우리가 꼭 읽을 필요도 없는 내용을 담아서 말이다). 정말 중요한 이슈를 여러 사람들에게 이야기해야 할 때에는, 각각의 대상에게 맞춤화하여 개인메일을 보내도록 하자.

공공 장소에서 당신이 이메일을 열었을 때 깜짝 놀랄만한 이야기를 이메일로 보내지 말자. 이메일은 안전하지 못한 상황이 되기 쉽다. 할리우드의 유명인들, 사업가들, 정치인들이 하염없이 후회하는 모습을 이미 우리는 너무 많이 보지 않았는가.

이메일이나 문자메시지는 활발한 논의를 하기에 꼭 맞는 포맷은 아니다. 열정적인 토론을 하고 싶다면 미팅을 잡거나 전화통화를 하도록 하자.

당신의 이메일에 대한 답장을 받기를 원한다면, 핵심내용을 명확히 하고, 지나치게 많은 사람들에게 메일을 보내지 말자. 자신의 문서에 대해 몇 명의 사람들로부터 코멘트를 받고 싶다면, 공유 폴더를 만들고, 동일한 양식을 통해 피드백을 받자. 통제되지 않은 양식의 문서들이 난무하는 악몽을 꾸고 싶지 않다면 말이다.

이메일에서 분노를 표출하지 말자. 그리고 마찬가지로 상대방의 분노에 대해 분노로 맞서지 말자. 심호흡을 크게 한 다음에, (메일을 보낸 상대방이 누구인지를 알고 있다면) 그 사람과 만나서 이야기를 해보는 거다. 그럴 생각이 없다면, 아예 이메일 답장을 보내지 않는 것도 방법이다.

이메일 이외의 도구를 사용하는 것이 좋을까?

현대사회의 사무실에서 커뮤니케이션의 도구는 시간이 갈수록 늘어가고 있다. 동료와 이야기를 하고 싶은 경우 복도로 걸어 나와야 했고, 전화기를 집어들어야만 했던 때도 있었지만, 이제는 데스크탑, 노트북, 핸드폰에서 간단하게 이메일을 보내면 된다. 사실 이메일이라는 것을 발송하기가 너무나 쉽기 때문에, 마구잡이로 보내게 되는 경향이 생긴 것도 있다. 1분 정도만 관찰해보면, 당신이 응답 가능한 정도보다 훨씬 더 많은 수의 이메일이 도착하는 것을 알 수 있을 것이다. 그 결과, 요새 많은 사무실에서는 구글 행아웃(Google Hangouts:구글 메신저)과 슬랙을 사용하고 있다.

슬랙이 유명해진 이유

처음에 슬랙(Slack)은 온라인 게임을 개발하는 팀의 내부 협업을 위해 만들어졌다.

슬랙은 '모든 대화와 지식에서 탐색가능한 로그(Searchable Log of All Conversation and Knowledge)'[9]의 머리글자를 딴 것이다. 이름에서 알 수 있듯이 슬랙은 검색이 가능한 팀 채팅 프로그램으로서, 이용자들이 이미지, 파일, 코드 정보를 업로드하고 공유할 수 있도록 해준다. 특정 동료에게 중요한 코멘트를 꼭 보게 하고 싶으면, 그 사람의 이름을 태그하면 된다. 팀과 소그룹을 위해 특별한 채널을 만들 수도 있고, 어떤 동료에게 다이렉트 메시지를 보낼 수도 있다. 게임개발자를 위해 만들어졌기 때문에 특히 개발자들에게 인기가 있기는 하지만, 최신기술을 활용하는 회사들에서도 이제는 많이 활용하고 있다.

슬랙을 사용하는 회사 중에서 클릭 헬스(Klick Health), 건강제품 마케팅 에이전시의 경우를 한번 살펴보자.[10] 이 회사의 700명 구성원들은 지메일(Gmail), 구글 행아웃과 슬랙을 활용한다. 직원들의 이야기를 들어보면, 일을 하다보니 슬랙의 사용이 자연스럽게 정착되었다고 한다. 클릭의 생산 및 혁신 담당 부사장인 키시 리우(Keith Liu)는 "슬랙은 경영진에서 사용을 지시한 것이 아니었어요"라고 말한다. 이 회사는 내부의 채팅 플랫폼을 원래 가지고 있었지만, 그 채팅방에 글을 올리면 모든 구성원들이 다 보게 되는 시스템이었기 때문에, 실제 업무소통용으로는 그다지 많이 쓰이지 않았었다. "우리 회사의 채팅 플랫폼은 거의 전체 메일 같은 거였어요"라고 리우는 이야기했다. 700명의 조직 구성원들에게 답장을 하는 것과 마찬가지였다는 것이다.

슬랙은 외부에서 제작된 앱이기 때문에, 구성원들은 구글 행아웃이나 이메일보다 좀더 개인적인 것같이 느껴진다고 했다. 구성원들은 회사의 모니터 프로그램(회사 이메일을 개인 휴대폰에서 사용하려면 반드시 필요하여, 고용주의 통제가 가능함)을 설치하지 않고도 슬랙을 개인 휴대폰에 설치할 수 있다. 관리자들은 기술적으로 구성원들의 회사 메일 계정에 접속할 수 있지만, 슬랙 계정에는 접근이 불가능하다. 이렇게 프라이버시가 보장된다는 특징 때문에, 슬랙은 보다 자유롭고 이메일보다 덜 공식적이라는 느낌을 받게 되었다.

그리고 대부분의 사람들은 이메일을 받던 것보다 슬랙 메시지를 적게 받게 되기 때문에, 그 또한 부담이 크지 않다고 했다.

"가장 좋은 점은 메시지 수가 줄었다는 거예요"라고 클릭의 연구담당 부사장인 얀 포사(Yan Fossat)는 이야기했다. "오늘 아침까지 제가 아직 읽지 못한 메일이 6,000통이 남아 있더라구요." 사람들은 이제 포샤 부사장이 슬랙을 더 많이 활용한다는 것을 알고 있기 때문에, 이메일의 분량이 관리 가능한 정도로 줄었다고 한다.

물론, 메시지 수가 줄었다는 것은, 사람들이 모든 슬랙 메시지를 읽어볼 것이라는 또 다른 기대를 만들어내기도 한다. 이메일의 홍수는 제때 메일을 읽지 못했거나 답장을 하지 못했다는 변명을 할 수 있는 좋은 기회이지만, 동일한 변명은 슬랙에서는 통하지가 않는다고 클릭의 구성원들은 이야기한다. "슬랙에서의 문제는 타임라인이에요"라고 리우 부사장은 말한다. 그룹 채팅방을 잠시만 보지 않으면, 그 사이에 진행된 이야기들을 알기 위해 스크롤을 한참 해야만 한다. 그렇지 않으면, 파악하지 못한 일들이 생기게 되기 때문이다. 논쟁이 벌어지는 상황에서 슬랙은 거의 "무기"가 된다고 리우는 이야기했다. 일주일 전에 정보를 슬랙에 올렸다고 주장하는 동료에게 대항할 수 있는 방법은 없다는 것이다. 그 코멘트를 보지 못했다 해도, 그것은 못 본 사람의 문제라는 분위기인 거다.

모든 사람들이 슬랙과 같은 채팅 프로그램에서 최신 정보를 받아서 알고 있어야 한다는 기대는, 그 앱이 실시간 커뮤니케이션 플랫폼이기 때문에 생긴다. 슬랙 및 기타 채팅 프로그램들은 이메일보다 훨씬 더 시급한 것으로 느껴진다고 클릭 구성원들은 이야기했다. 포샤 부사장에 의하면, 이메일에 대한 답은 일주일 정도를 기다릴 수 있지만, 채팅에서는 훨씬 더 즉각적인 응답을 기대한다는 것이다. 포샤에게 있어서, 슬랙은 이메일과 구글 행아웃의 중간쯤에 있는 도구라고 생각된다고 한다. 문자메시지나 구글 행아웃 메시지, 슬랙 메시지에 대해서는 곧바로 대답하지만, 이메일에 대해서는 24시간 정도의 여유를 가진다는 것이다.

슬랙 및 기타 채팅 프로그램들은 이메일보다 훨씬 더 풍부한 내용의 커뮤니케이션을 가능하게 해준다고 클릭 구성원들은 이야기한다. “이메일을 메시지 전달 플랫폼이나 협업 도구라고 이야기하는 사람은 없잖아요. 하지만 슬랙은 같이 일을 할 수 있도록 도와주는 도구예요”라고 리우는 말했다. 그래서 개발자들이 이 도구를 그렇게 선호하는 것이다.

이 채팅 앱은 동료들이 현재 작업하고 있는 파일이나 코드, 과제에 필요한 자료를 공유할 수 있게 해주고, 발생한 문제에 접근할 수 있는 방법에 대해 지속적으로 이야기할 수 있게 도와준다. 이와 같은 기능 덕분에 이메일과 같은 도구를 쓸 때(한 번에 한 사람만 이야기할 수 있었던)보다 더 많은 문제를 해결할 수 있는 공간이 생기게 되는 것이다. 두명 이상의 사람들이 동일한 메시지에 대해 동시에 다른 아이디어를 이야기할 수 있어서, 다양한 시각을 다루기가 더 쉬워졌기 때문이다.

또 클릭 구성원들은 이메일보다 채팅프로그램에서 상대방의 어조와 성격에 대해 파악하기가 조금 더 쉽다는 이야기도 해주었다. 누구에게나 이메일에서 퉁명스러운 어조로 이야기를 하거나 무례한 태도를 보이는 동료가 있으니까 말이다. “슬랙이나 지챗(Gchat)과 같은 채널에서는 그와 같은 퉁명스러움이, 뭐랄까, 썰렁한 유머 정도로 느껴져요.”라고 리우는 이야기했다. 슬랙의 실시간 즉각성이나 자연스러운 전파력, 그리고 공적인 느낌이 덜한 것 때문에 사람들은 조금 더 자연스럽게 이야기를 하고, 더 많은 이야기를 하게 된다는 것이다. 클릭 구성원들에 의하면, 이메일로 소통할 때보다 채팅 프로그램을 쓸 때 유머스러운 움짤(gif)이나 밈(meme)을 더 많이 공유하는 경향이 있다고 한다.

또한 채팅에서는 거두절미하고 핵심만 말하는 행동이 조금 더 가능해진다. 하루종일 채팅에서 이야기를 하다보면 간단한 수다를 떠는 것도 사회적으로 용납되지만, 이메일에서는 예의를 갖춘 인사와 예의바른 말들을 해야 할 것 같은 의무를 아직도 느끼게 된다. “하루빨리 쾌차하기를 기원합니다”와 같은 말들. 채팅에서 짤막하고 단순하게 이야기를 하다보면 오히려 오해를 방지할 수 있게 된다. "말을 덜 할수록, 오해를 할 가능성은 더 줄어들게 된다"고 포샤 부사장은 이야기했다.

채팅은 이메일보다 갈등을 더 잘 다룰 수 있는 도구일까?

팀 내에서 갈등이 발생하게 되었을 때, 채팅도구는 그 갈등을 조금 더 다루기 쉽게 만들어주는 것 같다. 이메일은 보다 공적인 메시지를 전달하게 되기 마련이다. 특히 관리자가 보내는 이메일은 내용이 짧더라도 무게감이 느껴진다고 리우 부사장은 말한다.

"공적인 관계에서 화가 났을 때, 지챗(Gchat)에서는 자연스럽게 그 이슈를 다룰 수 있습니다. 하지만 동일한 이야기를 이메일에 적어서 보내게 되면, 투덜대며 '진짜 짜증이 났었다니까요'라고 말하는 것이 아니라, 공식적인 지적사항을 말하는 편지가 되어버립니다." 채팅에서 본인의 부정적인 감정에 대해 이야기를 하는 것은 자연스러운 대화의 일부로 느껴지지만, 특히 관리자로부터 받은 이메일에서 적힌 부정적인 감정은 보다 공식적인 질책과 같이 느껴지기 마련이다.

클릭의 팀에서는 고객과 업무관계를 구축함과 동시에, 프로젝트 관련 슬랙 채널을 만들고 고객을 초대한다. 클릭의 구성원들에 따르면, 이와 같은 형태로 고객과 커뮤니케이션을 하게 되면 다양한 이점이 있다고 한다. 가장 좋은 것은 투명성이다. 슬랙 채널에 있는 누구나 모든 코멘트를 볼 수 있기 때문에, "고객은 우리가 자신에게 훨씬 더 솔직한 모습을 보이고 있다고 느끼게 되죠"라고 리우는 이야기했다. 또한 슬랙을 사용하게 되면 동료의식을 강화시키게 된다. 당신과 고객이 한 그룹의 일원인 것 같은 느낌을 준다. 리우는 "실제로 더 친밀한 업무관계를 맺게 되죠. 더 생산적이고 긴밀한 소통을 하게 됩니다"라는 이야기를 했고, 포샤도 이에 동의했다. "중간진행과정에 참여하게 되면서 서로 더욱 많은 친밀감을 느끼게 되죠."

클릭과 같은 기업 사례들을 보았을 때 몇가지 얻을 수 있는 결론들이 있다. 첫째, 문자 기반 소통 프로그램들간의 차이는 사실 그다지 크지 않기 때문에, 전 회사가 새로운 소프트웨어를 활용하기 위해 값비싼 비용을 들여 훈련까지 시켜야 할 필요는 없다고 생각된다. 둘째, 어떤 문자 기반 소통 프로그램은 사람들로 하여금 신속하게 답변과 코멘트를 보내는 것이 오늘날의 바쁜 사무실에서 가장 중요한 일이라고 생각하도록 만든다. 그리고 조직구성원들에게 항상 모든 내용을 카피해서 모든 구성원들에게 메일을 보내는 것은 비효율적임을 교육하는 것은 비즈니스, 조직문화, 생산성에 있어서 바람직한 것이다. 매일 600통의 메일을 꼭 받아야 하는 사람이 있을리가 없다.

실용적인 팁

내가 여기서 알아야 할 이야기가 뭐죠? 운동(What's in it for me?)

(이메일이나 다른 온라인 소통도구를 통한) 당신의 커뮤니케이션이 가지는 영향력과 기억저장가능성을 강화시키고 싶다면, 상대방에게 당신의 메시지가 의미하는 바를 명확하게 알려주는 것이 중요하다. 간단하게 이야기해서, 이 정보가 상대방에게 중요한 이유와, 어떻게 영향을 미치게 될지에 대해 설명해주는 거다. 이 정보를 "소통내용의 첫부분에 한 문장의 헤드라인으로" 정리해서 넣어주자. 이 테크닉은 기억상실증에 걸린 사람들이 자신의 일상생활을 더 잘 기억할 수 있도록 도와주고자 했던 연구자들이 개발하였다. 온라인 세상에서 우리는 누구나 어느 정도의 기억력 문제를 가지고 있기 때문에, 이와 같이 정보의 혜택에 대해 헤드라인을 만드는 연습을 통해 우리와 팀 구성원들은 기억을 더 잘 할 수 있게 될 것이다. 당연히 당신 자신에게도 도움이 될 수밖에 없다. 연구자들은 이 테크닉을 "스스로 상상해보기(self-imagining)"라고 이름을 붙였다. 도움이

될까 갸우뚱하는 분들도 있겠지만, 일단 한번 시도해보자. 분명히 효과를 볼 것이다.

이모티콘

앞에서도 제안했듯이, 이모티콘을 사용해보자. 물론, 약간 유치해보일 수도 있다. 하지만, 이모티콘은 상대방이 당신의 감정을 더 잘 이해할 수 있게 도와준다. 당신이 문서에 직접 적어서 이야기하는 것보다 훨씬 더 중요한 것이 감정에 대한 소통인 것이다.

이메일 작성에 대한 노하우

당신의 이메일을 명확하고 간략하며 효과적으로 작성하기 위해 이 가이드라인을 자주 읽어보고 자신의 행동을 점검하는 기회를 갖자.

1. 이메일 작성할 때에는 명확성, 시각, 관점, 우선순위, 효과적인 표현 사용을 검토하자.
2. 이메일 작성을 할 때에는 이것이 상대방과의 상호작용이라는 것을 잊지 말고, 반드시 수정보완작업을 하자.
3. 문장을 통해 당신이 이야기하는 주제를 표현하자.
4. 수동태 사용을 지양하자.
5. 수식 어구 남발을 유의하자.
6. 형용사와 부사 사용도 지양하자.
7. 이메일, 문단, 문장을 시작할 때에는 사람들이 잘 알고 있고 동의하고 있는 표현을 사용하자. 그런 다음에 사람들이 잘 모르고 있고 새로운 논쟁거리를 제시하자.
8. 가능하다면 문장과 문단의 끝에 강조할 내용을 요약해서 넣어주자.
9. 인간은 기본적으로 상대방이 어떤 의도를 가지고 있는지에 대해 관심을 가진다. 당신의 의도가 명확히 표현되도록 하는 데에 신경쓰자.

10. 열정적으로 이야기할 수 있는 시간을 만들자. 그렇다고 해서, 언제나 열을 내며 외치는 것만이 능사는 아니다.
11. 상대방이 아직 모르고 있는 것을 이야기해주자. 그렇다고 해서 당신이 알고 있는 모든 것을 말해주라는 것이 아니다.
12. 우리는 아주 약간의 추가적인 지식을 얻을 수 있는 상황을 좋아한다.
13. 이야기를 시작하거나 인사이트를 제시할 때에는 약간의 긴장감을 주고, 그 다음에 본론을 이야기하자.
14. 실제적인 이야기를 하자.
15. 정서적인 자극을 할 수 있는 트리거로 시작해서, 이메일을 읽는 사람이 뭔가 행동을 하고 싶은 마음이 들도록 촉진하자.
16. 그런 다음에, 당신이 상대방의 세계에 대해 이해하고 있다는 것을 보여줄 수 있는 세부적인 내용을 다루자.
17. 상대방이 준비가 되었다고 생각되면, 그때 새로운 아이디어를 제공하자.
18. 그 다음에는 메일을 받는 사람이 그 아이디어의 혜택에 대해 이해할 수 있도록 도와주자.
19. 당신이 제안하고자 하는 행동에 대해 요약을 해서 마무리하자.
20. 좋은 글쓰기란 진정성, 일관성, 투명성, 공감력, 연결관계의 요소들을 포함하고 있다.

요약

- ★ 직접 만나서 상호작용을 해야 하는 일을 온라인 소통으로 대체하지 말자.
- ★ 막판에 이메일을 보내서 상대방을 당황시키는 짓은 하지 말자.
- ★ 머리끝까지 화가 치솟았을 때, 부정적인 감정으로 점철된 온라인 폭탄을 상대방에게 투척하는 짓은 하지 말자. 마음이 차분해질 때까지 잠깐만 기다리자.
- ★ 문화적 차이가 존재할 때에는 명확하게 그 문제에 대해 다루고, 다양성을 수용하자.
- ★ 글쓰기란 쉽지 않은 작업이다. 선천적으로 그 능력을 타고난 사람은 거의 없다.
- ★ 우리가 살고 있는 현대 사회는 우리 모두가 글 잘 쓰는 작가가 되기를 요구한다.
- ★ 글쓰기를 잘하려면, 명확성, 관점, 명료한 아이디어, 우선순위를 고려하는 사고, 그리고 이해가 쉬운 표현이 필요하다.
- ★ 이메일을 쓸 때에는 상대방과 상호작용을 위한 글이라는 사실을 잊지 말고, 수정보완작업을 꼭 거치자.
- ★ 이메일에 대한 대체 도구들이 존재하기는 하지만, 어떤 도구이든 글쓰기에 대한 부담은 가져야 한다.
- ★ 슬랙과 같은 소프트웨어를 활용하는 회사들은, 구성원들이 더 많이 글쓰기와 읽기 연습을 해야 한다는 것을 인식하고 있다.

7장

컨퍼런스콜

온라인 비즈니스 생활에서, 당신의 동료들이 컨퍼런스콜에서 (집중해서 참여하지 않은 채) 다양한 행동을 하는 전설적인 이야기는 무궁무진하게 많다. 음소거 버튼을 눌러놓고, 사람들은 실제 물리적 세상에서의 일을 하고 있다. 컨퍼런스콜은 언제 어디에서나 할 수 있는 것이기 때문에, 비유해보자면 온라인 나무의 낮은 부분에 달려 있어서 쉽게 딸 수 있지만 실제로는 썩은 과일인 것과 같은 상황이다.

물론, 당황스러운 불평불만도 생기고, 더 당황스러운 잡음도 발생한다. 내가 최근에 들었던 것은 전화회의를 할 때 음란한 제스처를 취하고 있었는데, 미팅을 시작할 때 비디오 카메라가 켜져 있었던 걸 몰랐던 사람의 이야기였다.[1] 하지만 내가 가장 좋아하는 일화는 미팅 참여자들 중 (물리적으로 다른 지역에 있는) 두 사람이 전화통화하는 중에 지진의 흔들림을 느꼈지만 컨퍼런스콜을 계속했던 것이다.[2] 아마도 모든 사람들이 음소거 버튼을 눌러놓아서 실제적으로는 아무도 그 미팅에 참여하지 않고 있어서였을 것이다.

오디오컨퍼런스콜을 좀더 생산적으로 만들기 위해 필요한 일이 무엇인지에 대해 좀더 알아보자.

최신기술이 존재한다고 해서 그것을 꼭 써야 하는 것은 아니다

컨퍼런스콜의 종류를 한번 나눠서 생각해보자. 일반적으로는 각각의 특성이 뚜렷한 세가지 종류의 컨퍼런스콜이 있다.

첫째, 공식적인 컨퍼런스콜. 최고재무관리자(CFO)는 회사재정담당 위원회에 보고를 하기 위해 분기별 컨퍼런스콜을 진행할 수 있다. CFO와 한두명의 임원이 준비된 문서에 대해 10분 정도 이야기를 한 다음에는, 질문-답변 시간을 가지면서 재정적 문제를 해결하려고 할 것이다. 이 컨퍼런스콜은 공식적이기 때문에 모든 대화가 녹음될 것이고, 기록에 남을 것이며, 그 다음에는 기억 뒤로 잊혀져갈 것이다. 하지만 참가자들의 즉각적인 반응은 회사의 재정을 더 좋게 만드는 데 있어서 중요하고, 그 회사가 정기적으로 신문에 실리는 유명한 조직이라면, 그 회의에서 나온 결과가 전국 뉴스 또는 전세계 뉴스에 나올 수도 있다. 그렇기 때문에, 위험부담이 큰 회의인 것이다.

나는 언젠가 매우 귀에 거슬리는 목소리로 이야기를 하는 임원과 함께 일을 했던 적이 있다. 그 임원이 분기별 컨퍼런스콜에서 말을 할 때마다 회사 주가는 조금씩 떨어져갔다. 그야말로 그 사람의 목소리는 몇백만달러짜리 주가를 움직이는 영향력이 있는 것이었다. 다행히도, 우리는 그 사람의 목소리를 개선하는 작업을 성공할 수 있었고, 회사의 재정도 같이 좋아지는 결과를 만들 수 있었다.

둘째, 조직과 고객간, 또는 특정 기간/특정 과제를 위한 프로젝트 팀의 다양한 구성원들 사이에서 진행되는 컨퍼런스콜이 있다. 공식적인 회의는 아니지만, 계약 체결, 영업상황 협의, 문제가 발생하고 있거나 논의가 필요한 비즈니스 이슈를 다루게 되는 회의이다. 따라서 당황스러운 실수(예 : 누군가의 잘못된 행동, 능력부족, 상품배달의 실패와 같은 문제로 영업계약대로 진행이 되지 않았을 경우)를 하게 되면 전사에 부정적인 영향을 미칠 수 있다.

규모가 큰 계약이라면 생기게 되는 부정적 결과가 클 것이고, 단순하게 정기적인 미팅이었다면 위험도도 낮을 것이다.

셋째, 주간 직원 회의를 위한 컨퍼런스콜이 있다. 온라인 세상에서는 엘리베이터 음악 같은 것으로서, 제대로 운영되지 않는 한 사람들이 거의 관심을 보이지 않고 거의 집중을 하지 않는 것이라고 말할 수 있겠다. 뭔가 잘못 진행된다 해도 부정적 영향을 미칠 수 있는 위험도는 낮다. 이 세 가지 유형의 컨퍼런스콜을 어떻게 개선시킬 수 있을지에 대해 이야기를 한번 해보도록 하자.

좀더 생기있게 말하는 연습을 하자

이럴 경우 대부분의 사람들은 자신에게 이야기하고 있는 상대방이 진짜 사람이라는 느낌을 받게 된다. 사실 대면소통을 한다면 대부분의 컨퍼런스콜에서 이야기하듯이 단조롭게 말하지는 않을 것이다. 실제로 옆자리에 누군가를 앉혀 놓고 이야기를 하게 되면 진짜 이야기를 하는 듯한 어조로, 다양성 있는 모습으로 말을 하기가 조금 더 쉬워질 것이다. 누군가를 직접 만났을 때 자연스럽게 하게 되는 것과 마찬가지로 말이다. 일어서서 이야기를 하는 것도 방법이다. 단조로운 톤으로 말이 떠다니지 않도록 하는 연습을 조금 더 쉽게 할 수 있게 될 것이다.

회의진행에 책임을 지는 사람을 정하자

컨퍼런스콜에서 발표를 하는 사람이 있더라도, 그 사람이 회의과정 자체를 진행할 거라는 기대는 할 수 없다. 누군가 회의의 사회를 보는 사람이 필요하다. 회의에서 나타나는 문제를 모니터링하고, 문제해결을 위한 토론분위기를 조성하고, 로드맵을 구성하는 사람을 정하는 추가 노력을 함으로써 얻을 수 있는 이득은 매우 크다. 사회자는 자신이 청중의 대표를 맡고 있다고 생각하고, 대부분의 사람들이 궁금해할만한 질문들을 하면 된다. 또한 진행된 이야기에 대해 요약하고, 그에 대해 논의하는 과정을 조율하고, 필요한 내용을 추가하며, 효과적으로 대화를 마무리하는 일을 할 필요가 있다. 사회자가 자신의 역할을 제대로 해낼 경우, 회의는 짜임새있게 진행되고, 회의내용은 참여자들의 머릿속에 잘 기억될 것이다. 사회자는 회의 아젠다를 웹사이트 같이 쉽게 접근 가능한 곳에 올려 회의 중에 사람들이 확인할 수 있도록 하고 회의 이후에도 자료를 활용하거나 참가하지 않은 이해관계자들도 검토할 수 있도록 하는 것이 좋다.

회의시간 관리를 잘하자

요즘 사람들이 집중할 수 있는 시간은 10분을 넘지 못하는 것 같다.[3] 그러니까 하나의 이슈에 대해 질문과 코멘트를 주고받는 시간은 10분 정도로 미리 정해놓자. 그리고 다음 이슈로 넘어가는 거다. 회의의 마지막 부분에는 전반적으로 자유롭게 이야기하는 시간을 가져도 좋고, 각 발표자가 이야기할 때마다 질문을 받아도 좋다.

고객과의 컨퍼런스콜을 할 때에는, 고객의 시각을 대변하는 내부구성원을 한 명 참여시키자

그 사람은 고객의 시각을 가지고, 답변을 듣지 못한 모든 질문들, 해결되지 못한 이슈들, 차마 이야기하지 못하는 불평들에 대해 귀를 기울이는 역할을 맡는다. 당신이 영업직원이라면, 상품을 배송하는 역할을 맡고 있다면, 사실 고객의 시각에서 초점을 맞추기란 쉬운 일이 아니다. 따라서 이 일을 해줄 누군가를 정하자.

사회자가 없을 경우, 미리 회의 아젠다에 대한 자료를 나눠주고, 회의 내용을 기록해서 참가자들에게 보내줄 사람을 정하자

회의 아젠다는 참가자들이 앞으로 어떻게 행동할지에 대해 결정하게 해준다. 따라서 회의 후에 아젠다를 다시 검토하게 되면 모든 사람들이 논의하지 못했던 것을 더하고, 불필요한 내용을 뺄 수 있게 된다. 그리고 회의에서 합의된 중요한 내용에 대해 다시 생각하게 되는 기회도 될 것이다.

적극적 청취자의 역할을 맡을 사람을 정하자

이는 모든 회의의 상황에서 필요한 것이지만, 특히 컨퍼런스콜에서 더 중요하다. 적극적 청취자(active listener)는 자신이 들었던 바에 대해 요약하고(발표자가 이야기한 것보다 더 짧게, 하지만 원론적인 이야기를 꺼내는 환원주의적 시각이 아니도록) 자신이 받은 느낌이 정확한지에 대해 확인을 받는 것이다.

그리고 개인적으로도 유의해야 할 점이 있다. 코지토(Cogito)社의 대표이사인 조슈아 피스트(Joshua Feast)와 코지토의 공동창립자인 샌디 펜트랜드(Sandy Pentland)의 연구결과에 의하면, 시각적 신호가 없는 상황에서 더욱 중요해지는 것은 운율적 행동(prosodic behavior)과 목소리의 품질(quality)라고 한다.[4]

운율적 행동은 단어의 느낌만큼 엄청나게 대단해보이는 것이 아니다. 그저 상대방과의 대화가 자연스럽게 흘러갈 수 있도록 해주는 대화 습관을 의미한다. 번갈아가며 이야기하기, 상호작용의 템포 조율하기, 그리고 물론 '잘 듣기'도 포함된다. 대면소통을 할 때 이와 같은 행동들은 무의식적으로 만들어진 습관으로 이루어지지만, 온라인 공간에서는 다소 의도적으로 할 필요가 있다. 당신이 운율적 행동을 할 때, 모든 회의 참여자들은 보다 높은 소속감을 느끼게 되고, 동등한 파트너로서 경청받고 있다는 마음을 가지게 될 것이다.

당신의 목소리의 품질 또한 매우 중요하다. 당신의 목소리 템포는 일정한가? 다양한 어조를 사용하는가? 극단적인 소리 행동(소리치기, 외치기, 갑자기 전화 끊기)을 지양하는가? 대면소통을 할 때와 마찬가지로, 중간중간에 적절한 침묵을 사용하는 것은 중요한 일이다. 하지만 너무 오래 침묵하게 되면, 회의참여자들은 당신이 뇌졸중으로 쓰러졌거나 (더 나쁘게는) 아예 회의에 대해 흥미를 잃었다고 생각하게 될 테니 유의하자.

모든 참여자들이 컨퍼런스콜에서 동일한 시간을 배정받을 수 있도록 신경쓰자

회의를 통해 협업이 잘 되는 분위기를 조성하고 싶다면, 피스트와 펜트랜드의 연구결과를 참고하자. 균형감을 잡는 것이 중요하다는 사실 말이다. 모든 사람들에게 동일한 시간을 배정해주고, 그 시간을 잘 쓸 수 있도록 도와주자. 자신에게 배당된 시간을 넘겨서까지 말을 많이 하는 사람에게는 중간에 개입해서 시간을 알려줄 필요가 있다. 그리고 사람들이 한 이야기에 대해 당신이 잘 파악하고 있고 감사하고 있다는 것을 보여줄 수 있도록 피드백을 해주자. 이러한 행동들은 대면 회의에서는 우리가 자연스럽게 하고 있는 것이지만(적어도, 여러분들은 그런 행동을 하고 계시기를 희망한다), 온라인 소통을 할 때에는 훨씬 더 어려운 상황이 된다.

그렇다면, 주간 직원 회의를 위한 컨퍼런스콜은 어떨까? 어떻게 하면 더 좋은 소통환경을 조성할 수 있을까? 실제로 직접 만나서 진행하는 스탠딩 미팅 또한 지루하고 형식적인 것으로 느껴져 왔었지만, 적어도 같은 방 안에 사람들이 있다는 것은 좋은 일이다. 회의진행에 꼭 필요한 집단 연대감은 크게 노력하지 않아도 구축 가능하고, 집단의 결속감도 만들어질 수 있다.

온라인 직원 회의에서, 연대감은 사실 거의 존재하지 않기 때문에, 대부분의 회의 참가자들은 딴짓을 하고 있을 가능성이 있다는 것을 인정할 필요가 있다.

앞에서 이야기한 팁들을 당신의 상황에 적용할 계획을 세워보면서, 회의진행의 시간은 어느 정도가 되어야 할지에 대해 다시 한번 생각해보자. 지금까지 그랬었다는 관행에 기반해서, 무조건 30분, 1시간 이렇게 계획을 잡지 말자. 7분도 괜찮다. 16분은 어떤가? 그렇게 짧은 시간에 가능한 이야기라면 무엇이 문제겠는가?

그런 다음에는, 사회적 상호작용을 할 수 있는 시간을 아예 따로 마련하자. 중요한 것은 정기적으로 진행되는 직원 회의는 조직의 모든 구성원들이 누구인지를 확인하고 연대감을 강화하는 기회라는 사실이다. 그렇다고 해서 많은 시간을 쓸 필요는 없고, 회의의 시작과 끝 부분에 간단한 수다를 떨면 된다. 이렇게 구성원들이 수다를 떠는 시간이 생산적인 회의결과를 만들어내는 데 있어서 중요하다는 것을 강조하자. 그리고 모든 사람들이 이 수다 시간에 참여할 수 있도록 도와주자.

당신에게 유머감각이 좀 있다면, 초반에 사람들이 라포를 형성할 수 있도록 적극적으로 개입할 수도 있을 것이다. 모든 구성원들이 참여할 수 있는 상식퀴즈, 현재 이슈에 대한 현장투표, 콘테스트를 해볼 수도 있겠다. 우승한 사람에게는 시상도 하자. 중요한 것은 모든 구성원들이 참여를 할 수 있도록 분위기를 조성하는 일이다. 다음 미팅 때의 수다를 위해 미리 요청을 하는 것도 가능하겠다. “다음에는 현재 함께 살고 있거나, 예전에 길렀던 반려동물에 대해 이야기를 해보죠.”

구성원들이 모두 다른 지역에서 근무하고 있어서 직접 얼굴을 볼 수 없는 상황이라면, 각 구성원들에게 특정한 사회적 주제(좋아하는 음식, 좋아하는 지역명소, 재미있는 지역의 문화)에 대해 이야기하는 30초짜리 동영상을 만들어보도록 할 수도 있다. 그럼으로써 각 참가자들은 자기자신에 대해, 그리고 자신이 현재 일하고 있는 지역에 대한 정보를 공유할 수 있는 기회를 갖게 될 것이다.

마지막으로, 당신이 어떤 이슈에 대해 논의할 때, 특히 의사결정을 할 때에는 전체 참가자들이 투표를 할 수 있는 자리를 만들어보자. ‘침묵은 동의를 의미한다’는 생각은 절대 금물이다.

대면소통에서의 침묵은 뭔가를 의미할 수도 있다. 사람들이 신체적 언어를 통해 어떻게 느끼는지에 대해 리더가 알 수 있기 때문이다. 하지만 온라인 미팅에서 나타나는 침묵에 대해서는 보다 신중해야 한다. 이때의 침묵이란 그냥 사람들이 음소거 버튼을 눌렀기 때문일 수도 있기 때문이다. 이 사실을 꼭 기억하자.

대면소통에서는 눈에 보이지 않았던 규칙과 관습을, 이제는 명료하게 밝히자

관리자는 회의 참가자들에게 특정 기간 동안 코멘트를 달아달라고 요청하고, 이 피드백 기간 동안 온라인 회의방을 모니터링하면서 사람들에게 답변을 요구할 수 있다. 이 때 유의할 것은, 토론 시간을 더 짧게 해야 하는 일과, 정기적으로 사람들이 응답하는 패턴을 모니터링해야 하는 일이다. 이 대화의 심판을 봐야 하는 것이 관리자의 역할인 것을 잊어서는 안 된다.

그리고, 사람들이 어떤 이슈에 대해 강한 정서를 느낀다고 생각될 때, 사람들이 자신의 감정(특히 신체적 언어를 통해 나타나는)을 언어로 표현할 수 있도록 도와줄 필요가 있다. 그러기 위해서는 회의 참가자들 전원에 대해 신경을 써야 한다. 모든 사람들에게 감정 체크리스트를 제공해주게 되면, 사람들이 필요할 때 불편한 감정에 대해 공유하는 것을 조금 더 쉽게 느낄 수도 있다. 감정 척도에 대해 어떻게 응답했는지를 편안한 분위기에서 물어보는 거다. "5점 척도에서, 1점은 '싫습니다', 5점은 '정말 좋습니다'를 의미한다면, 새로운 아이디어에 대해 몇점을 주시겠습니까?" 또는 "이번 주제(또는 아이디어, 의사결정, 제안된 행동)에 대해 빨강, 노랑, 초록색 평가를 할 수 있습니다. 빨강색은 '여기서 이야기를 멈췄으면 합니다. 저는 싫습니다', 노랑색은 '좋아요. 걱정되는 점이 좀 있긴 하지만, 조심스럽게 진행해볼 마음의 준비는 되어 있습니다', 초록색은 '절대 찬성입니다'를 의미합니다."

프로젝트가 한두달 이상의 긴 기간 동안 진행된다면, 온라인 및 대면소통의 특성을 모두 가지고 있는 집단 활동을 계획해 보기를 권한다. 예를 들어, 모든 구성원들과 함께 온라인 공간에서 점심식사를 같이 하면서, 그들이 자신의 근무지역에 대해 동영상에서 소개했던 지역특산음식을 가져오도록 할 수도 있겠다. 또는 사람들로 하여금 자신의 오피스, 근무층, 빌딩을 투어하면서 동영상을 찍어서 팀동료들과 공유하도록 해보아도 좋을 것 같다.

최대효율성을 추구하면서 온라인 공간과 대면소통 공간을 통합하자

이 분야의 연구는 아직 초기 단계이지만, 사람들의 몰입도를 높이기 위해서는 실제 공간과 온라인 공간을 통합하는 것이 매우 효과적이라는 결과가 나타나고 있다.[5] 이제는 새로운 시도를 해볼 시기가 된 것이다. 지금까지 팀구성원들이 신뢰를 구축하고 팀워크를 강화하기 위해 급류 래프팅 여행을 갔었다면, 이제는 협력을 할 수 있는 활동을 구성원들이 함께할 수 있도록 해보자. 팀의 일부에게는 퍼즐을 풀 수 있는 안내문을 주고, 또 다른 일부에게는 실제 퍼즐 조각들을 주는 것이다. 예를 들어보자. 한 팀에게는 조립이 필요한 전자제품 부속을 주고, 다른 팀에게는 설명서를 준다. 두 팀이 함께 노력을 해야만 성공적인 결과를 만들어낼 수 있다. (그리고 한두달이 지난 후에는, 각 팀의 역할을 바꾸어서 상대방이 더 좋은 역할을 맡았다고 시기하는 일이 없도록 하자.)

온라인 소통을 할 때 꼭 기억해야 할 점은, 전화를 받고 있는 상대방은 대면소통을 할 때보다 훨씬 적은 정보를 받고 있다는 사실이다. 즉, 온라인 소통이라는 포맷은 태생적으로 대면소통보다 사람들의 흥미를 끌기가 훨씬 더 어렵다는 것을 의미한다. 그래서 사람들의 주의를 끌고, 계속 듣고 있는지를 확인하고, 지속적으로 상호작용을 하기 위한 노력은 정말 힘든 싸움이다. 그렇게 어려운 상황에서도 사람들이 대화에 집중할 수 있도록 도와줄 수 있는 몇가지 방법들을 소개한다.

이야기를 할 때에는 미소를 짓자

미소를 짓게 되면 당신의 목소리에 따뜻함이 더해진다. 다른 업무를 볼 때 같이 오랫동안 앉아 있게 되면 깊게 숨을 쉬지 못하고 약간 멍한 상태가 되기 쉽다. 그러므로 컨퍼런스콜을 하기 전에는 잠깐 일어나서 걸어보고, 그 다음에 미소를 지으면서 통화를 하자.

가능한 한 오디오컨퍼런스콜에서 상호작용을 많이 하자

대화를 하는 것은 즐거운 일이지만, 상대방이 하염없이 혼자 떠드는 것을 듣는 것은 지겹기만 하다. 토론은 재미있지만, 혼잣말은 지루하다. 당신이 리처드 3세이고, 당신의 연설문 작가가 윌리엄 셰익스피어가 아니라면 말이다. 그러니까 부디 회의라는 연극 무대에는 두 명의 사람들이 모두 참여하도록 하자.

발표를 할 때에는 인터뷰를 한다고 생각해보자

발표가 예정되어 있다면, 혼자 일방적으로 이야기를 하는 것보다는 인터뷰 포맷을 사용할 것을 고려해보자. 질문과 답변을 주고받는 인터뷰는 항상 재미있다. 특히 두 사람이 서로 다른 시각을 가지고 있을 때라면 말이다.

이야기의 논리를 명확히 하고, 타이밍과 시간을 정확하게 지키자

대면소통을 할 때 아젠다를 적어놓은 슬라이드 사용을 좋아하는 편은 아니지만, 컨퍼런스콜을 할 때에는 도움이 되는 방법이라고 생각한다. 얼마동안 이야기를 할 것인지, 중간과정에서의 개입은 얼마나 자주 할 것인지, 누가 어떤 순서로 말을 할 것인지에 대해서 명확하게 해두는 것이 좋다. 모든 사람들이 한 방에 모여 있을 때에는 친밀감을 자연스럽게 느낄 수 있지만, 전화통화에서는 의도적인 노력이 없다면 쉬운 일이 아니다. 온라인 공간에서 진행되는 쇼에 대해 실황중계자의 역할을 맡았다고 생각하고, 플레이오프 게임을 중계하듯이 신나게 한번 해보자.

뭔가 중요한 이야기를 할 때에는 정서표현을 하는 단어들을 사용하자

대부분의 경우 우리는 신체적 언어를 통해 상대방의 의도, 감정, 태도를 해석하고, 목소리 어조를 통해서도 어느 정도 상대방의 마음을 짐작한다. 그런데 전화 통화에서는 목소리 어조밖에 얻을 수 있는 정보가 없고, 목소리라는 자극 자체도 그다지 상태가 좋지 않을 때가 많기 때문에, 전화통화를 통해 상대방을 정확하게 파악할 수 있는 가능성은 매우 낮다. 따라서 자신이 현재 느끼고 있는 감정을 상대방에게 전달하기 위해서는 열심히 노력을 해야 한다. 비디오카메라를 사용하지 않는 상태라면, 신체적 언어를 통한 표현도 할 수 없기 때문이다.

상대방이 당신의 감정을 정확하게 이해할 수 있도록, 감정언어를 사용하자.

"왠지 신나는데요!", "정말 슬픈 일입니다", "와아! 짐(Jim), 진짜 멋지네요!" 처음 시작할 때에는 다소 어렵게 느껴지겠지만, 지속적으로 연습을 하게 되면 곧 익숙해질 것이다. 혹시 당신에게 십대 자녀가 있다면, 이와 같은 방식으로 집에서 연습을 해보자. 자녀 입장에서는 '갑자기 왜 이러시는 거지'라고 의아해하긴 하겠지만, 결과적으로는 온라인 업무 소통의 품질을 높여갈 수 있을 것이다.

컨퍼런스콜을 어느 정도 리드할 것인가의 문제에 대해 생각해보자

당신이 팀의 리더 역할을 맡고 있다면, 스스로에게 다음과 같은 중요한 질문을 해볼 필요가 있다. "컨퍼런스콜에서 이루어지는 대화를 내가 어느 정도 이끌어갈 것인가? 나는 회의를 주도적으로 리드하고 싶은가?" 자기 자신의 목소리를 좋아하는 대부분의 사람들은 "가능한 만큼 최대한으로요"라고 대답을 할 것이다.

하지만 이와 같은 태도는 팀구성원들에게, 특히 온라인으로 소통하는 팀에게 그다지 바람직하지 않다. 온라인 세상에서는 아주 작은 반응도 큰 효과를 만들어낼 수 있다. 대면소통에서의 신체적 언어가 제공해주는 정서적 연결관계가 없는 상태에서, 사람들은 누군가가 대화의 장을 일방적으로 리딩한다고 느껴지면 바로 부정적인 반응을 보인다. "이 사람은 같이 이야기하기에 좋지 않은 사람이군"이라는 판단을 신속하게 내리고, 곧바로 대화에 대한 집중력을 잃는다. 따라서 컨퍼런스콜에 대해 어느 정도의 영향력을 미칠 것인지에 대해서는 매우 신중하게 생각해봐야 한다.

직급의 파워 이야기를 해보자. 당신이 파워를 많이 가진 사람이라면, 영향력도 커질 가능성이 있다. 의사결정권을 가지고 있는 높은 직급의 사람들은 이야기를 더 많이 하고, 자주 대화에 끼어들며, 주제를 일방적으로 선택하고 대화를 이끌어가는 경향이 있다. 이와 같은 파워는 온라인 소통에서도 발휘된다. 모든 참여자가 당신이 누구인지를 알고 있는 한 말이다. 그렇기 때문에, 자신이 가지고 있는 파워를 남용해서는 안 된다.

온라인 미팅의 주최자로서의 역할은 당신이 평소에 가지고 있던 직급의 파워보다 조금 더 큰 파워를 제공해준다.

사람들은 대부분 미팅 초반에 누가 이 회의의 주최자인지를 궁금해한다. 이와 같은 이슈는 대면소통에서는 자연스럽게 신체적 언어를 통해 알아챌 수 있지만, 온라인 소통에서는 직접 이야기를 해야 한다. 자신이 가진 권한을 남용하지 말아야 하지만, 당신이 주최한 미팅이므로 자신의 역할을 명확히 하는 것은 중요하다.

그렇다면, 현재 온라인 미팅에서 파워를 가지고 있는 사람에게 도전을 하고 싶을 때에는 어떻게 하는 것이 좋을까? 현재 다뤄지고 있는 주제에 대한 열정을 가진 사람은 또 다른 종류의 권한을 가지게 되기 마련이다. 문제는 이 열정이 원래 신체적 언어를 통해 전달되는 것인데, 온라인 소통에서는 그 부분이 빠져 있다는 것이다. 그 결과, 열정이 표현되더라도 상대방에게 제대로 전달되거나 파악되기가 어렵게 된다. 게다가 사람들이 온라인 소통을 할 때에는 제대로 집중을 하지 않기 때문에, 당신의 열정을 인식하고 그에 대해 적절한 반응을 해주지 않을 가능성이 높다.

그렇기 때문에, 컨퍼런스콜에서는 당신이 활기찬 상태일 때, 빠르게 걸을 때, 적극적으로 손동작을 할 때 가지게 되는 모든 열정을 당신의 목소리에 불어넣을 필요가 있다. (이야기를 강조하기 위해) 테이블을 치거나 목소리를 높일 때 같은 에너지를 말이다. 그렇다고 해서 전화를 할 때 소리를 지르는 것은 적절하지 않다. 회의참여자들이 얼굴을 찡그리고 이어폰을 빼게 될 테니 말이다.

이와 같이 열정이라는 것은 온라인 미팅에서도 전달가능하기는 하지만, 항상 전달이 잘 되지는 않는다. 그러므로 조금 더 분명히 이야기해야 하고, 더 많은 사실자료들을 근거로 사용해야 하며, 보다 더 짜임새있는 말을 할 필요가 있다. 컨퍼런스콜에서는 신체적 언어를 통해 자연스럽게 열정을 인식하기가 어렵기 때문이다.

당신이 전문성을 가지고 있는 경우, 직급의 파워를 넘어서서, 미팅을 이끌어나갈 수 있다. 마찬가지로 온라인 미팅에서는 그보다는 덜하지만 어느 정도의 파워 발휘는 가능하다. 컨퍼런스콜에서 전문가가 쭈뼛거리며 자신감 없이 이야기를 하게 되면 참가자들은 귀를 기울여주지 않을 것이다. 물론 열정이 부족한 전문가의 목소리는 기대하는 만큼의 효과를 항상 볼 수는 없겠지만, 차분하게 인내심을 가지고 논쟁에 참가하면 좋은 성과를 거둘 수도 있겠다.

'자신감이 없는 열정'과 '열정 없는 자신감'은 결국 모두 실패하게 된다

온라인 공간에서나 실제 세상에서나, 높은 자신감을 보이는 사람들이 전문성의 부족을 숨길 수 있고, 자신감 없는 전문성이 무시당하게 되는 경우가 너무나 많이 존재한다. 보통 수준이나 평균 이하의 커뮤니케이션 능력을 가진 엔지니어가 겪게 될 운명이다.

컨퍼런스콜의 분위기를 장악할 방법은 마지막까지 기다렸다가 이야기를 하는 것이다. 앞에서 말했던 다른 참여자들의 이야기에 그다지 설득력이나 파워, 권위가 없을 경우, 마지막 사람이 칼자루를 쥐게 된다. 말하고 싶은 욕구를 참을 수 있다면 그렇게 해보자. 하지만 너무 오래 기다리는 것

또한 바람직하지 않다. 그러면 온라인 공간에서는 사람들이 곧바로 흥미를 잃고 딴짓을 하게 될 테니 말이다. 내가 타야 할 기차가 기차역을 떠날 때까지 기다리면, 당연히 기차를 놓치게 되지 않겠는가.

우리는 정말 어렸을 때부터 대화라는 것은 두 사람(또는 그보다 많은 사람들)이 플레이하는 게임이자, 파드되(pas de deux: 발레에서 두 사람이 추는 춤)라고 배웠었다. 대화에는 호흡하기, 눈 깜빡이기, 고개 끄덕이기, 눈맞춤하기, 고개 갸우뚱하기, 그리고 대화 참가자들이 서로를 이해할 수 있도록 도와주는 모든 모호한 비언어적 신호들까지 포함된다. 안타깝게도 이 모든 신호들은 온라인 공간에서 사용할 수가 없다. 바로 이것이 가장 큰 문제이다. 대화 과정에서 비언어적 신호가 빠지게 되면 소통이 제대로 이루어질 수가 없기 때문이다. 그래서 당연히 컨퍼런스콜에서는 사람들이 서로의 말에 더 많이 개입하고, 상대방의 신호를 잘못 해석하며, 수많은 혼선이 생기게 된다. 우리는 대면소통에서 상대방이 대화 배턴(baton)을 우리에게 넘길 준비가 되었을 때, 그리고 우리가 배턴을 상대방에게 넘기고 싶을 때 보내는 신호에 익숙해져 있지만, 그 신호는 온라인 세상에서 활용하기가 어렵다.

사례 연구에 따르면, 오디오컨퍼런스콜도 효과적으로 진행할 수 있다고 한다

컨퍼런스콜이 태생적으로 가지고 있는 어려움을 인정한다고 할 때, 그러면 회사에서는 그 컨퍼런스콜을 어떻게 보다 성공적으로 사용할 수 있을까?

요새 조직의 팀에서는 물리적으로 떨어진 곳에서 일하는 구성원들이 예전보다 훨씬 더 많아졌다. 국내의 다양한 지역에 흩어져 있기도 하고, 아예 전 세계의 각 나라에서 일하기도 한다.

하지만 항공사 컨설팅 회사인 심플리플라잉(SimpliFlying)은 이와 같은 새로운 업무 스타일을 적극적으로 도입했다.[6] 작은 규모의 회사에 9명의 구성원들이 소속되어 있는데, 그들은 싱가포르, 인도, 스페인, 캐나다, 영국에서 근무하고 있었다. 회사의 본부는 싱가포르에 있었지만, 대표이사는 주로 캐나다에 있었고, 모든 팀구성원들은 각각 다른 지역에서 근무하는 상황이었다. 대표이사 샤샹크 니감(Shashank Nigam)은 "모든 직원들은 재택근무를 하기 때문에, 사업을 하기 위해서는 새로운 방법을 찾아야 했습니다"라고 말했다. 컨퍼런스콜이 주로 이용되었다. 이 회사가 온라인 소통 시스템을 어떻게 구축했는지에 대해 조금 더 알아보도록 하자.

심플리플라잉은 기존의 다른 회사들과는 다르게 움직였다. 구성원들은 자신의 업무시간을 선택할 수 있었다. 정해진 업무시간은 없었다. 싱가포르에서 근무하는 한 컨설턴트는 새벽 2시에 일하는 것을 좋아하는 올빼미형이었다. 스페인에서 일하는 다른 컨설턴트는 매일 저녁 친구들과의 식사 약속이 있는 사람이었다. 대부분의 구성원들은 수년간 이 회사에서 일해왔기 때문에, 동료들이 어떤 식으로 일하는 것을 좋아하는지, 그리고 어느 시간대에 협업하는 것이 가능한지를 잘 파악하고 있었다. 물론 가장 중요한 것은 회사의 시스템이 이와 같은 유연근무를 가능하게 해주었다는 사실이다. 싱가포르에 살고 있으면서 주1회 정도 태국에서 일하는 컨설턴트가 있었다. "그 직원은 태국에 갔을 때에는 트리하우스에서 지냈습니다. 필요한 것은 인터넷뿐이었고, 아무런 무리 없이 일을 잘해내는 모습을 보여주었지요"라고 니감 대표는 말했다.

이와 같이 유연한 글로벌 팀에서 일하는 것에는 이득이 존재한다. 니감 대표의 이야기를 들어보자. "하루 중에 우리 직원들이 일하지 않는 시간은 없습니다." 즉, 모든 근무자들이 돌아가면서 24시간 동안 일한다는 것이다. 특정 업무에 대해 싱가포르에서 일을 시작하고, 싱가포르의 근무시간이 끝날 때쯤 인도에게 그 프로젝트를 넘기고, 인도의 근무자가 처리를 한 후 다시 유럽으로 넘긴다. 싱가포르가 근무시간내에 문서작업을 시작할 때, 캐나다의 니감 대표가 일어나 있다면, 문서는 초안을 두 버전으로 작업해서 대표의 리뷰를 받을 수 있다.

심플리 플라잉은 현 상황의 장점과 단점, 유리한 점을 모두 수용했다

물론 이와 같은 시스템을 구축하려면 많은 도전과제들이 존재할 것이다. "캐나다가 한낮일 때 유럽 직원들은 잠자리에 들어야 한다는 사실을 어떻게 해결해야 할지에 대해 고민했었습니다"라고 니감 대표는 이야기했다. 팀구성원들이 실시간으로 소통이 가능한 때는 매우 제한적이었고, 당연히 대면소통은 완전히 불가능했다. 이와 같은 상황에서, "브레인스토밍 회의 같은 것은 할 수 없었죠"라고 니감은 말했다. 같은 공간에서 사람들이 화이트보드를 둘러싸고 앉아서 아이디어를 공유하는 역동적인 장면을 만드는 일은 할 수 없었다는 것이다.

심플리플라잉은 모든 구성원들이 원격으로 일하고 있는 상황에서의 도전과제에 대해 실험적인 접근을 시도하였다. 어떤 솔루션은 매우 간단했다. 예를 들어 보자. 회사에서는 한 고객당 프로젝트 관리자를 두명 배정해서 고객이 살고 있는 지역이 어디이든지 간에 항상 담당자와 소통할 수 있도록 해주었다. 또 다른 솔루션을 만들어내기 위해서는 조금 더 많은 노력이 요구되었다. 팀구성원들은 1년에 3번에서 4번 정도 직접 만나는 기회를 가졌다. 에어비앤비 숙소를 빌려서 컨퍼런스콜에서는 할 수 없었던 브레인스토밍을 한 것이다. 이렇게 시간을 같이 보낼 수 있는 기회를 가지면서, 원격 팀으로 일하면서 가질 수 없었던 격의없는 소통을 할 수 있었다.

그러면 심플리플라잉에서는 컨퍼런스콜을 어떻게 진행했을까? 원격 팀으로 일할 때에는 정말 많은 컨퍼런스콜을 필수적으로 하게 된다. 니감 대표는 "구성원 모두가 직접 만나는 상호작용을 할 수 있는 경우가 정말 적기 때문에, 우리는 매일 온라인에서 스탠드업 미팅을 했습니다"고 이야기했다. 데일리 미팅은 전통적인 회사의 팀에게는 매우 부담스러운 일같이 느껴질 수도 있지만, 원격 팀에게는 정말 중요한 일이다.

"원격 팀에게 있어서, 가장 중요한 작업들 중의 하나는 소통을 많이 하는 것이라고 생각합니다. 그렇지 않으면, 일을 하는 데 있어서 여기저기에 구멍이 생기게 되기 때문이죠."라고 니감 대표는 말했다.

심플리플라잉도 온라인 미팅을 했다. 조금 다르게

심플리플라잉의 데일리 컨퍼런스콜은 전형적인 컨퍼런스콜보다 조금 더 잘 설계된 부분들이 있었다. 첫째, 회의는 절대 10-15분을 넘지 않도록 엄격하게 관리되었다. "데일리 컨퍼런스콜을 어떻게 진행할지에 대해 세심하게 계획을 세웠습니다. 우선 지난 24시간 동안 어떤 일을 했는지에 대해 공유하고, 다음 24시간 동안 어떤 일을 할 것인지에 대해 이야기합니다. 그리고 어떤 도움을 필요로 하는지에 대해 설명하지요." 구성원이 아홉명이 있고, 최대한 15분 내에 회의를 끝내려면, 한명당 발표하는 시간은 1-2분 정도여야 한다. "미리 계획을 세워놓지 않게 되면, 사람들은 자꾸 이야기를 길게 하려고 합니다. 중요한 것은 모든 구성원들이 말할 수 있는 기회를 가지도록 하는 것이었습니다."라고 니감은 이야기했다.

데일리 스탠드업 미팅은 "우리 상호작용의 핵심"이었다고 니감 대표는 설명했다. 그 시간에 주로 논의되는 것은 마감기한과 꼭 챙겨야 할 핵심사항들에 대한 점검이었다. "데일리 미팅에서는 프로젝트 문서나 진행과정에 대한 세부적인 논의를 하지 않기로 약속했습니다." 조금 더 심층적인 논의가 필요할 때에는 1대1 대화나 다른 소규모 회의를 활용했다.

심플리플라잉에서는 1대1 및 소규모 그룹콜에 대해서도 엄격한 규칙을 정해놓았다. "어떤 미팅도 40분을 넘어서는 안됩니다"라고 니감 대표는 말했다. 이와 같은 규칙은 니감 대표의 부하직원들이 영상 회의를 할 때 사용하는 소프트웨어인 줌(Zoom) 덕분에 생겼다. 줌 소프트웨어의 프리웨어 버전은 회의를 40분 이상 할 수 없게 되어 있었기 때문이다. 소프트웨어 때문에 어쩔 수 없이 수용해야 했던 한계점이었는데, 오히려 더 큰 이득으로 돌아오게 되었다. "한번 생각해보세요. 회의를 40분밖에 하지 못하는 상황이면, 쓸데없는 것들을 다 빼고 가장 중요한 이야기에만 초점을 맞추게 됩니다"라고 니감 대표는 설명했다.

사실 하염없이 길어지는 온라인 미팅에 집중하기란 정말 어려운 일이지 않은가. 그래서 심플리플라잉에서는 아예 시간을 한정시켜버렸다. 회사에서는 고객과의 온라인 미팅을 할 때에도 동일한 규칙을 적용하도록 했고, 그 결과는 매우 성공적이었다.

모든 미팅의 시간을 제한한다는 것은, 쓸데없이 낭비할 시간은 없다는 것을 의미한다. "대면소통을 할 때에는 날씨에 대해 이야기를 할 시간이 있습니다. 하지만 전화통화를 할 때에는 날씨에 대한 수다를 떨지는 않지요. 불필요한 이야기는 하지 않게 됩니다." 니감의 설명이다. 그렇기 때문에 1년에 몇번씩 정기적으로 직원들이 직접 만나는 기회를 가지는 것이 매우 큰 도움이 된다. 그 때에 튼튼한 관계를 구축하는 시간을 충분히 가질 수 있기 때문에, 일상의 미팅에서는 곧바로 업무 이야기를 할 수 있게 되는 것이다.

온라인 상호작용과 대면소통은 모두 중요하다

팀운영의 유연성을 높이고 구성원들이 서로를 이해하는 정도를 강화하려면 음성통화와 영상통화를 자주 하는 것이 좋다. "나에게는 아주 어린 딸 두명이 있기 때문에 재택근무가 필요하다는 것을 가장 먼저 이야기했습니다." 니감 대표는 이야기했다. "딸아이들이 온라인 미팅을 할 때 들어오기도 했었지요." 팀구성원들은 이 장면을 보고 대표가 집에서 일하고 있으며, 그 사실을 숨기려고 하지 않는다는 것을 알 수 있었다. "BBC 뉴스에서 유명해진 교수와는 완전히 반대로 한 거죠." BBC에서 한 교수가 원격으로 인터뷰를 하고 있을 때, 교수의 아이들이 방에 들어온 장면이 뉴스에 나왔던 사례가 있었다. 그 교수가 했듯이 아이들을 내보내려고 애를 쓰는 대신에, 니감 대표는 아이들을 무릎에 앉히고 구성원들에게 인사를 하도록 했다. 아이들의 침입이 없었던 것처럼 숨기려는 것보다 그 상황은 훨씬 더 긍정적으로 진행되었다.

"이 모든 규칙들은 지금까지 우리에게 정말 많은 도움을 주었습니다." 라고 니감 대표는 이야기했다. 그리고 심플리플라잉의 구성원들은 여전히 다양한 실험을 해보고 있다. 1년에 한번은 의무적으로 휴가를 가야 하는 정책을 실행한 것은 1년 정도 되었고, 매주 금요일을 "집중근무(deep work)" 하는 날로 정하는 실험은 몇 달 전부터 시도해보고 있다. 이렇게 전세계에 흩어져 있는 구성원들과 함께 하루 24시간-주 7일을 항상 일하는 시스템으로 만드는 일은 매우 큰 도전과제이지만, 심플리플라잉 구성원들은 생산적인 결과를 만들어내기 위해 열심히 애쓰고 있다.

실용적인 팁

성공적인 오디오컨퍼런스콜 진행을 위한 체크리스트

- 이야기를 할 때 목소리에 활기를 불어넣자. 말을 할 때 미소를 짓는 것도 한 방법이다.
- 회의를 할 때 사회자 역할을 할 사람을 정하자.
- 일방적인 이야기를 할 수 있는 기회를 제한시킬 필요가 있다. 오디오 컨퍼런스는 가능한 한 상호작용이 많이 일어날 수 있는 현장으로 만들자.
- 차이가 있는 두가지의 관점이 존재한다면, 내부 구성원으로 하여금 상대방의 시각에서 바라보고 이야기를 해보도록 하자.
- 회의의 아젠다에 대한 자료를 미리 배부하고, 회의내용을 정리해서 모든 참가자들에게 보내줄 사람을 한 명 정하자.
- 적극적 청취자 역할을 할 사람을 정해서, 회의참가자들에게 중간중간 요약정리를 해주도록 하자.

- 미팅을 몇 분 정도 진행하는 것이 필요할지에 대해 다시 한번 고민해보자.
- 사람들과 수다를 떠는 사회화 활동만 하는 시간을 아예 따로 만들어놓자.
- 모든 사람들에게 특정한 사회적 주제에 대해 30초짜리 동영상을 만들어오도록 하거나, 자신의 지역사회에 대해 간단하게 설명해주는 시간을 배정해주자.
- 모든 회의 참가자들에게 영향을 미칠 수 있는 의사결정을 할 때에는 투표를 실시해보자.
- 대면소통 장면에서는 눈에 잘 띄지 않는 규칙, 관행, 예절을 온라인 커뮤니케이션을 할 때에는 보다 명확하게 언급하고 의논하자.
- 온라인 공간에서의 집단 활동과, 대면소통장면에서의 집단 활동을 병행해서 진행하자.
- 최고의 효율성을 얻기 위해 온라인 세상과 실제 세상을 통합하는 작업에 신경쓰자.
- 회의에서는 일방적으로 이야기를 하기보다는, 상대방을 인터뷰한다는 생각으로 접근해보자.
- 미팅의 논리, 타이밍, 진행방법에 대해 명확하게 정하자.
- 뭔가 중요한 이야기를 하고 싶을 때에는 정서적인 표현단어들을 사용하자.
- 자신이 가지고 있는 파워와 역할을 정확하게 파악하고, 적절하게 사용하자.

요약

- ★ 컨퍼런스콜에는 세가지 유형이 존재한다. 각 유형마다 적절한 접근법을 사용하도록 하자.
- ★ 온라인 회의는 최대한 짧게 하고, 생산성을 강화하기 위해서는 회의의 사회자를 정하는 것이 중요하다.
- ★ 고객과 온라인 회의를 할 때에는 균형을 잘 잡을 수 있도록 노력하자.
- ★ 주간회의를 할 때에는 진행되는 상황에 대한 업데이트에 집중하고, 불필요한 수다를 떠는 시간은 줄이자.
- ★ 회의의 형식과 구성원을 다양화하자.
- ★ 참가자의 파워와 영향력이 회의에 미치는 효과를 정확하게 파악하자.
- ★ 심플리플라잉과 같은 회사는 컨퍼런스콜을 효과적으로 활용하기 위한 혁신적인 모델을 제시해주고 있다. 참고해보도록 하자.

8장

웨비나

Webinar

스티브 잡스(Steve Jobs)는 세상에 아이폰(iPhone)을 소개하면서, 이 휴대폰은 "혁명적"이라는 말을 했다. 그의 말은 맞기도 했고, 틀리기도 했다. 나와 당신에게 소개되었던 그 어떤 기계보다 더 우리의 삶을 많이 변화시켰다는 점에서는 옳은 말이었지만, 핵심적인 부분에서 틀린 말이었다. 잡스는 아이폰이라는 것이 실제로 어떤 도구인지에 대해 제대로 이해하지 못했다. 그는 우리에게 기존에 이미 존재하고 있던 여러가지들을 통합한 기계를 소개했던 것이었다. 전화, 아이팟(iPod), 그리고 브라우저(browser: 인터넷에서 웹서버의 모든 정보를 볼 수 있게 해줄 뿐 아니라, 하이퍼텍스트 문서 검색을 도와주는 응용 프로그램). 그의 말은 이 세가지 중의 하나 정도에만 해당되었던 것 같다.

사람들이 아이폰(그리고 다른 스마트폰들)을 가장 많이 사용하는 경우는 브라우저로서의 기능이다. 잡스가 제시한 목록 중에서 가장 마지막에 끼워져 있던 기능 말이다. 퓨(Pew) 리서치 센터의 최근 조사에 의하면, 미국인 열명 중 여덟명이 스마트폰을 가지고 있고, 그들 중 93%는 적어도 주1회는 인터넷을 사용한다고 한다.[1] 이와 같은 패턴은 전세계 어느 곳이나 유사하다. 즉, 모든 인터넷 사용의 절반 정도는 핸드폰에서 일어나고 있다는 의미이다.

그리고 당신이 핸드폰을 이용해서 하고 있는 그 다음의 두가지 활동은 영상이나 사진을 찍는 것이고(매주 이 활동을 하는 사람들은 10명 중 7명이었다), 문자메시지를 보내는 것이다.

잡스는 혁명적인 도구를 만들어내긴 했지만, 보통 사람들 정도의 수준에서 그 도구의 활용도를 생각했던 거다. 우리는 과거를 확장한 것이 미래일 것이라고 상상한다. 날아다니는 자동차와 순간이동에 대해 상상을 할 수는 있었지만, 아이폰과 같은 도구가 우리의 삶을 어떻게 바꿀지에 대해서는 알지 못했다. 그러한 변화를 예측하기란 정말 어려운 일이었기 때문이다.

정보는 예전과 같이 비대칭적이지 않다

핸드폰이 나오기 전에는, 사람들의 근황을 파악하기가 어려울 때가 있었다. "누구누구는 요새 어떻게 지낸대?"라는 질문에 대한 답을 바로바로 하기가 쉽지 않았다. 하지만 오늘날 이 질문에 대해서는 누구든지 이렇게 대답한다. "몰라. 문자 보내봐."

우리는 잡스의 발명품을 사용해서 친구, 가족, 지인, 업무동료, 고객들과 새롭고 흥미로운 방법으로 연결관계를 맺을 수 있게 되었다. 인간이 가지고 있는 가장 기본적인 니즈는 우리가 호주머니 속에 넣고 다니며 손가락 한두개만 쓰면 어디에서든지 활용할 수 있는 커뮤니케이션 도구에 의해 충족될 수 있다.

중요한 포인트는 바로 이것이다. 핸드폰은 1대1 또는 1대 소규모 그룹과의 커뮤니케이션을 얼마든지 가능할 수 있도록 해준다. 가끔씩 당신의 전 조직구성원에게 전체 메시지를 전하기도 하지만, 대부분의 경우에는 한 명이나 소규모 그룹과의 소통을 위해 핸드폰을 활용한다. 우리가 핸드폰을 큰 집단 대상으로 커뮤니케이션을 할 때 사용하는 경우는 드물다. 왜 그럴까? 높은 직급의 사람이 하는 소통이 아니라면, 그와 같은 커뮤니케이션은 일반 사람들이 그렇게 선호하는 형태는 아니다. 말하는 사람이 유명한 배우이거나 정치가라면 우리는 기꺼이 청중이 되어주지만, 이야기하는 상대방이 오늘 처음 보는 사람이라면 매력을 거의 느끼지 못한다.

이 특이한 커뮤니케이션 형태에 대해 한번 점검해보자

혼자서 많은 사람들을 대상으로, 조금 더 차갑고 정서가 덜 개입되어 있는 온라인 소통을 할 때 얻게 되는 불이익에 더하여, 우리는 매우 특이한 형태로 커뮤니케이션을 해야 하는 상황에 놓인다.

그것이 바로 웨비나(webinar)이다.

안타깝게도 대부분의 사람들에게 웨비나라는 것은 고문 도구에 가깝다고 느껴진다. 참가자들은 해당 주제나 발표자에게 관심이 있어서 참가 신청을 하지만, 곧 별로 얻을 수 있는 정보가 없어서 계속 듣고 싶은 마음이 사라지는 것을 느끼게 된다. 또 발표자가 정말 형편없고, 발표자료는 더 가관이며, 뭔가를 배우고 싶은 좋은 의도를 가지고 왔지만 예정된 시간을 견디기가 거의 불가능하다는 것을 알게 된다.

내가 웨비나라는 주제를 가지고 한 장(chapter)을 쓰기로 한 이유는, 그 소통형태가 정말 특이하기 때문이다. 웨비나의 기술은 컨퍼런스콜과 유사하지만, 웨비나가 가지고 있는 단점이 훨씬 더 크다. 왜 그럴까? 웨비나는 당신이 목소리, 문자, 영상을 통해 핸드폰을 가지고 좋아하는 사람과 무언가를 나누는 대화가 아니다. 웨비나는 오늘 처음 보는 낯선 사람과 실체가 없는 목소리만 가지고 소통해야 하는 상황이고, 정서라는 것이 개입되어 있지 않은 소리가 컴퓨터나 핸드폰을 통해 나오는 것이다. 더 안 좋은 상황은 컴퓨터 전화를 사용할 때이다.

상대방의 이야기를 기억할 수 있도록 만들어주는 것은 감정이다. 기억이라는 것은 감정을 통해 기능하기 때문이다. 그런데 아무리 대단한 사람이라도 웨비나에서 이야기를 하게 되면, 기술적으로 대역폭을 줄여버리기 때문에 대부분의 감정이 제거되는 상황이 된다. 그 결과 무슨 일이 생기겠는가? 당연히 지루해진다. 지끈거리는 머리를 부여잡아야 할 정도의 지루함이다. 그야말로 미치고 팔짝 뛸 정도의 지루함 말이다.

웨비나에 영상을 추가한다 해도 상황은 그다지 많이 나아지지 않는다. 이제는 어떻게 하면 웨비나를 보다 효과적으로 진행하고, 사람들을 몰입시킬 수 있을지에 대해 심각하게 고민해볼 때가 됐다. (비디오 커뮤니케이션에 대해서는 9장에서 좀더 자세히 이야기해보도록 하겠다.)

우리는 회의와 웨비나를 너무 많이 하고 있다

대면 회의는 오늘날의 업무 세계를 힘들게 만드는 골칫거리이다. 대부분의 관리자들은 별로 중요하지도 않은 회의에 너무 많이 참석해야 한다고 불평한다. 그럼에도 불구하고, 대면 회의를 하지 않고는 일을 할 수가 없는 상황이다.

도대체 뭐가 잘못된 것일까? 우리는 왜 그렇게까지 대면 회의를 싫어하는 것일까?

대부분의 경우, 회의는 제시간에 시작하지 않고, 명확한 아젠다가 없으며, 효과적으로 진행되지 못한다. 회의의 결과는 제대로 기록되지 않고 있으며, 좀 정리가 된다 해도 회의에서 정해진 바가 생산적으로 진행되는 경우는 드물다. 거기에다가 회의 참가자들 중 절반 정도는 계속해서 핸드폰을 들여다보면서 해야 할 일을 정리하느라 정신을 빼놓고 있다.

하지만 대면 회의에서는 최소한 모두 같은 방에 앉아있기는 한다. 이제는 독자들도 알고 있을 것이다. 회의 참가자들은 서로를 쳐다보지 않더라도 무의식을 통해 감정, 의도, 태도, 판단을 교환할 수 있는 상황이다. 그런데 온라인 회의를 하게 되면 참가자들의 풍부하고 중요한 감정, 정보, 연결관계에 대한 정보들을 얻기가 어려워진다.

한 명의 사람이 다수를 대상으로 하는 웨비나는 상황이 더 안 좋다. 우선 청중들이 그 장면에 몰입해야 할 이유를 그다지 많이 갖고 있지 않기 때문이다. 당신의 무의식은 컴퓨터의 스피커나 이어폰을 통해 들리는 무미건조한 목소리에 대해 그 어떤 흥미나 중요성을 느끼지 못하므로, 당신의 감정은 현재의 상황에서 멀리 떠나게 되고, 청각 이외의 감각들은 아예 활동을 중지해버리는 상황이 된다. 결국 웨비나는 대면 회의가 가지고 있는 단점들을 모두 가지고 있는데다가, 더 심각하게 영혼을 잠식하는 장애물들을 더 추가하게 되는 소통도구가 되었다.

일단 현재 상황에서 가능한 솔루션은 "웨비나는 하지 맙시다"이다.

독자들은 이런 말을 할지도 모르겠다. "아니, 잠깐만 기다려보세요. 웨비나를 하지 않으면, 그렇게 많은 사람들과 실시간으로 커뮤니케이션을 할 수 있는 대안이 없어요. 바보 같은 소리 하지 마세요. 대안이 없는데 어떻게 그만둘 수가 있겠어요. 그런데다가 비용도 거의 들지 않는다니까요!"

다소 급진적 제안 : 웨비나는 하지 말자

사람들이 웨비나를 하는 이유는, 방금 이야기했듯이 그럴수밖에 없는 상황이기 때문이다. 웨비나를 하는데에는 큰 돈이 들지 않는다. 집이나 사무실에서 이동을 할 필요도 없다.

그렇다고 해서 웨비나에 집중력있게 몰입해야 하는 것도 아니다. 흥미가 없어지면 언제든지 웨비나 창을 닫아버리면 된다. 웨비나 참가자들은 드레스 코드에 신경쓰지 않고 아주 편안한 차림으로 있어도 된다.

인터넷에서는 당신이 잠옷을 입고 있다 해도 알 수 있는 사람이 없다.

인간은 원래 협력 경험을 하고 싶어 하지만, 같이 무언가를 하는 경험을 할 수 있는 기회로 웨비나를 생각하기에는 너무나 많은 장애물들이 존재한다. 그렇다면 이와 같이 형편없는 커뮤니케이션 도구(성공적으로 소통하기 위해 필요한 중요한 요소들 중 거의 모든 것을 빠뜨린)를 어떻게 활용하면 좋을까? 웨비나를 어떻게 더 좋게 만들 수 있을지에 대한 몇가지 제안을 해보려고 한다. 지금 현재 우리가 하고 있는 방법을 계속 밀고 나가기에는 무리가 있다.

첫째, 효과적인 온라인 미팅을 하기 위한 연습이 필요하다

짜임새있게 잘 설계된 웨비나는 참가자들의 시간을 소중하게 생각하고 있다는 메시지를 전달해주려 애쓰는 경우가 많다. 지금부터는 당신이 상대방을 존중하고 있으며, 웨비나에 대해 높은 기대를 하고 있다는 것을 보여줄 수 있는 좋은 방법들을 몇가지 제안해보도록 하겠다.

약속된 시간에 시작하자

뻔한 이야기이고, 당연히 그렇게 해야 하는 이야기처럼 들릴 것이다. 하지만 나는 지금까지 훌륭한 회사들이 주최하는 다수의 웨비나에 참석하면서, 늦게 온 사람들로부터 등록을 받느라 5분에서 10분까지 늦게 시작하는 경우를 본 적이 많다. 약속된 시각 정각에 웨비나를 시작하기 위해서는, 30분 전에 모든 기술적 세팅을 점검해서 모든 준비가 완벽하게 끝마쳐져 있어야 한다. 반드시 정각에 웨비나를 시작하고, 늦게 온 사람들을 기다리느라 우물쭈물하는 짓은 하지 말자. 제 시간에 온 사람들에 대한 예의가 아니다. 새로 누가 왔는지에 대해 자꾸 신경을 쓰다보면 이렇게 형편없는 오프닝발언을 하게 된다. "아, 새로운 분이 방금 오셨다는 알림을 받았습니다. 어디서 오신 분인가요? 누구시죠? 자, 이제 다시 시작해볼까요. 어, 그런데 또 다른 분이 새로 오셨다네요…"

아젠다를 만들고, 아젠다에 관련된 이야기만 하자

아젠다에 충실한 이야기를 한다는 것은 개인적으로 나에게는 꽤 큰 도전과제이다. 왜냐하면 강의를 하다가 청중의 질문을 받게 되면, 그 사람과 신나게 이야기를 하느라 주제에서 벗어날 때가 많기 때문이다. 이러한 실패를 하지 않기 위해, 나는 우리 모두가 정해진 길에서 벗어나지 않도록 시간 관리를 해줄 담당자를 한 명 정해놓는 편이다. 이야기가 곁길로 빠지고 있는 상황에 끼어들 수 있는 권한이 시간관리자에게 명확하게 주어져야 하고, 사람들도 그 사실을 잘 알고 있어야 한다. 그렇지 않으면 그 시간 관리자의 이야기는 바로 무시될 것이다.

웨비나를 도와줄 파트너를 1명, 더 바람직하게는 2명 두자

웨비나를 진행하는 데 있어서 그냥 지나쳐버린 이슈들(깜빡 잊어버린 질문이나 다뤄지지 못한 문제)을 챙기는 작업을 도와줄수 있는 파트너가 있으면 좋다. 그리고 기술 담당자도 따로 있는 것이 바람직하다. 언젠가 나는 무료 온라인 웨비나 회사의 플랫폼을 통해 웨비나를 개최하였고, 나를 포함해서 두 명이 진행자로 참가하였다. (기성품 플랫폼을 쓰는 거라서) 따로 기술부분을 도와줄 사람을 두지는 않았다. 많은 분들이 예상하셨겠지만, 몇 분이 지나지 않아서 사람들의 불만어린 목소리가 솟구치기 시작했다. 도대체 무엇이 잘못되었는지를 알아낼 수 있는 사람은 없었고, 이 웨비나가 망했다는 것은 너무나 명확한 사실이었다. 기술 담당자가 한 명만 있었어도, 우리는 문제를 해결할 수 있었을 거고, 그렇지 못했다 해도 대안을 제시해 줄 수 있었을 것이다.

10분쯤 지나면 잠시 휴식을 갖든지, 이야기하는 주제를 바꾸자

중간중간에 과정안내도 하고, 질문도 받고, 참가자들이 이야기할 수 있는 시간도 만들고, 어쨌든 일방적으로 강사가 말을 하는 지루한 과정에 변화를 주기 위해 뭐든지 하자. 질문을 받는 것은 특히 큰 도움이 된다. 참가자들이 무슨 생각을 하고 있는지, 그리고 지금 뭘 하고 있는지에 대해 파악할 수 있는 기회가 되기 때문이다.

진행과정 및 시간에 대해 청중에게 안내를 해주자

당신이나 파트너는 현재 미팅이 어느 정도 진행되었는지 중간중간에 이야기를 해주어야 한다. "좋습니다, 닉(Nick). 지금까지 10분 정도 이야기를 했으니까, 이제 잠깐 쉴 때가 됐네요. 5분 정도 질문을 받아보구요, 그 다음에는 두가지 주제를 다룰 건데, 한 주제당 20분 정도 걸릴 예정입니다. 모두 괜찮으신가요?" 스포츠경기에서의 해설자 역할을 참고해보면 좋겠다.

둘째, 인간적인 연결관계와 온라인 연결관계를 강화시키자

온라인 소통에서 제외되어 있는 감정을 다시 가지고 들어오자

이것이 웨비나를 진행하는 데 있어서 가장 중요하지만 가장 실행하기 어려운 방법이다. 여러가지 장애물에도 불구하고 당신이 웨비나를 꼭 진행해야 하는 상황이라면, 그 시간 동안 의식적으로 감정을 어떻게 투입할 것인가에 대해 방법을 찾아야 한다. 가장 간단한 방법은, 평소에 연습을 열심히 해서 정서적인 단어를 많이 쓰는 것이다. 대면소통에서는 신체적 언어를 통해 명확하게 전달이 되므로 특별히 언어적인 표현을 쓸 필요를 느끼지 않기 때문에, 온라인 소통에서는 이를 위해 의도적인 연습이 필요하다. "좀 걱정이 됩니다.", "그 생각을 하니 마음이 두근두근하면서 정말 신이 나네요." "이 코멘트를 들으니 좀 당황스러워지는데요. 그 이유는…" 청중에게 당신이 지금 어떤 감정을 느끼는지에 대해 이야기해주자. 말해주지 않는데, 그들이 당신의 기분을 어떻게 알 수 있겠는가? 기억하자. 당신의 목소리는 당신의 감정을 정확하게 표현해주지 못하고, 사람들에게 당신의 감정을 충분히 전달해주지도 못한다.

협업을 위한 기본 규칙을 만들자

사람들은 누구나 대화를 하고 싶어하고, 협업이 잘되기를 기대하므로, 그 사람들이 함께 대화를 쉽게 잘 할 수 있는 장을 만들어주자. 규칙을 만들고, 참가자들에게 공지하고, 그 규칙을 지키기 위해 노력하자. 10분 정도마다 사람들로부터 질문을 받는 것을 규칙으로 할 수도 있겠다. 그럴 경우 사람들이 웨비나와 관련된 질문을 해서 답을 받을 수 있는 채널을 몇가지(문자, 이메일, 채팅) 만드는 것도 좋다. 이전에 하버드에서 출판된 책을 위해, 나는 6,000명의 청중이 참가한 웨비나에서 강연을 했던 적이 있다.

너무나 많은 사람들이 참여한 것을 보고, 우리는 그들로부터 최대한 많은 질문을 받기로 결정하였다. 그리고 웨비나가 끝난 후, 아직 하고 싶은 질문이 있는 참가자들은 나에게 이메일을 보내달라고 했다. 나는 그 모든 이메일에 대해 답장을 보냈다.

초점을 유지하자

한가지 주제에 집중하고 탐색하자. 당신이 흥미가 생겼다고 해서, 다른 주제로 넘어가지 말자. 누군가 관련없는 질문을 한다면, 그 질문의 좋은 점에 대해 칭찬을 하되, 현재 웨비나가 다루고 있는 주제에서 벗어난 것이므로, 이메일로 답변을 보내주겠다고 하는 것이 바람직하다. 웨비나가 약속한 주제에 초점을 맞추고, 최대한 효율적으로 진행할 수 있도록 당신이 어떤 준비와 노력을 했는지 사람들에게 알려주자. 웹사이트를 만들고, 사람들이 미리 준비하고 오면 좋을 듯한 자료를 올려주는 것도 좋다.

웨비나에 참가한 사람들을 위한 자료를 제공해주는 것도 도움이 된다. 종이책이나 전자책(ebook)을 추천해주고, pdf 자료를 배포하자. 당신의 웨비나에 참가한 청중에게 도움이 될만한 적절한 자료를 선택할 필요가 있다.

이야기를 시작할 때에는 사람들을 확 끌어당길 수 있는 매력적인 스토리를 준비하자. 청중의 몰입도를 높이는 데에는 좋은 스토리텔링이 반드시 필요하다.

당신의 웨비나가 정보교환을 목적으로 하는지, 아니면 의사결정을 하고 싶은 것인지를 명확히 할 필요가 있다. 요새 상장회사들에서는 연례 주주총회를 온라인으로만 개최하는 것이 하나의 유행이 되었다. 온라인 주주총회를 하게 되면, 더 많은 사람들이 참여할 수 있게 된다. 특히 본사까지 가기 위해 필요한 비용이나 시간이 충분하지 못한 사람들 말이다. 물론 투표하기, 핵심 의제에 대한 합의를 이끌어내기, 회사의 재정상황과 전망에 대한 정보를 공유하기 등의 활동을 할 때의 어려움은 존재한다. 이와 같이 효율성이 좋지 않은 온라인 미팅 플랫폼은 사람들의 집중도를 높이기 어렵고, 결국 참여도도 낮아질 것이기 때문에, 결국 없어지게 될 것이다.

결정되어야 할 이슈가 있다면, 기록 담당자를 정해두는 것이 좋다. 그 미팅의 주된 목적이 정보교환이라면, 기록의 중요도가 좀 작아지긴 하지만, 기록을 하는 것은 가치가 있다. 그리고 미팅의 목적이 의사결정이라면, 녹음을 하는 것이 바람직하겠다. 미팅에서 진행된 내용의 요약본은 모든 참가자들에게 배포되어야 하고, 참가하지 못한 사람들도 필요한 경우 받아볼 수 있는 방법을 알려줘야 한다.

추후 미팅이 진행된다면, 그 미팅의 내용에 대해서도 기록을 해서, 이해관계자들에게 제공하는 것이 좋다. 특히 발표자가 어떤 행동을 할 것을 합의한 경우에는 더 그렇다. 즉, 회의에서 결정된 바가 어떻게 진행되는지에 대해 공유하는 것은, 발표자와 회의 주최자가 신뢰할 만한 사람인지를 판단하고, 신뢰도를 강화하는 데에 있어서 중요한 일이다. 특히 공식적인 웨비나에서 약속된 바를 어떻게 진행되는지에 대해 반드시 관찰해봐야 한다.

참가자의 수를 제한하는 것이 좋다. 의사결정이 이루어져야 하는 미팅이라면, 다섯 명에서 일곱 명 정도가 적당하다고 연구자들은 말한다.[2] 물론 웨비나는 그보다 더 많은 사람들이 참석할 수 있도록 만든 플랫폼이긴 하다. 웨비나를 개최해서 수익을 올리는 회사도 있다. 이런 경우, 그 회사에서는 웨비나 참가자의 수를 제한하고 싶어하지 않을 것이다. 기술적 제한선도 넘고 싶어할 정도로 말이다.

그럼에도 불구하고, 특정 사람들만 참가할 수 있도록 하는 웨비나에는 분명한 이점이 있다. 대안으로서 나는 인류학자 로빈 던바(Robin Dunbar)가 주장했듯이, 사람이 유지가능한 인간관계의 규모를 150명 정도(Dunbar's number: 던바의 법칙)로 생각해서 참가자 수를 150명 정도로 할 것을 제안한다.[3] 그렇게 참가자 수에 제한을 두게 되면, 참가자들은 와글와글한 대규모 군중 속에 들어간 것이 아니라, 하나의 집단 미팅에 참가했다는 느낌을 받을 수 있다. 사람들은 최소한의 인간적인 관계가 가능한 미팅으로 지각할 수 있으므로, 참가자뿐 아니라 회의 주최자도 심리적 혜택을 얻을 수 있게 될 것이다.

웨비나를 계획할 때에는 전반적인 스토리라인을 짜는 것이 좋다. 한 챕터는 10분 정도의 길이로 구성하되, 연결도 안 되는 아이디어들을 느슨하게 나열만 하는 짓은 하지 말자. 웨비나에 참가한 사람들로 하여금 당신이 전달하고자 하는 스토리를 이해할 수 있게 도와주자.

한 챕터가 끝날 때에는 간단하게 요약을 해주고, 다음 챕터에서 다룰 이야기에 대해 안내를 해주자. 작가 댄 브라운(Dan Brown)을 기억하자. 청중들에게 지금까지 배웠던 것을 설명해주고, 다음에 나올 내용에 대해 호기심을 불러일으켜주자.

각 챕터의 내용과 형태를 다양하게 구성하는 것이 좋다. 한 챕터는 Q&A로, 다른 챕터는 인터뷰, 또 다른 챕터는 불만에 대해 다루는 식으로 말이다. 현재 진행되고 있는 대부분의 웨비나들 같은 구성은 최대한 피하자. 중년의 남성 목소리가 무미건조하게 당신의 영업직원들을 어떻게 혁신시킬 것인지에 대해 끊임없이 이야기하는 구성은 매우 비생산적이다.

일반적으로 보았을 때, 웨비나는 대면소통보다 조금 더 공식적인 구성을 하는 것이 좋다. 사실 개인적이고 자연스러운 분위기는 매력적일 수 있다. 발표자가 자신이 하고 있는 이야기를 잘 알고 있다는 느낌을 줄 수 있기 때문이다. 하지만 전화통화를 할 때는 비공식성이 상대방을 당황스럽게 할 수 있고, 불편한 느낌을 줄 수도 있다.

셋째, 모든 사람들이 참여할 수 있도록 하자

"각 10분마다 이야기를 정리하고, 모든 참가자들이 질문을 할 수 있는 시간을 드리려고 합니다"라는 안내를 할 수 있을 것 같다. 어떤 형태로 진행할지에 대해서는 당사자가 결정할 문제이지만, 참가자들의 참여를 촉진하는 방법에 대해서는 꼭 고민해볼 필요가 있다.

적극적으로 참여를 하지 않는 사람들이 누구인지를 파악해보고, 후반부쯤 이야기할 수 있는 기회를 의도적으로 주는 것도 방법이다. 그렇다고 해서 가장 마지막에 이야기할 기회를 줄 필요는 없다. 왜냐하면 사람들은 가장 마지막으로 들었던 이야기를 기억하게 되기 때문에, 잘 참여하지 않던 사람의 이야기를 당신의 웨비나에서 가장 기억에 남는 것으로 만들 필요는 없기 때문이다. 하지만 적극적으로 참여하지 않던 사람이 입을 열 수 있도록 이름을 불러주거나, 그 미팅의 기본 규칙에 맞춰 기회를 제공해주는 것은 바람직하다.

웨비나의 기본 규칙에 대한 안내를 초반에 해주는 것이 좋다. 웨비나와 연결되어 있는 웹페이지에 그 규칙의 세부 내용을 실어놓을 수 있지만, 그렇다고 해서 모든 사람들이 그 규칙을 읽을 거라는 보장을 할 수는 없으므로, 웨비나를 시작할 때 그 규칙에 대해 이야기를 해줄 필요가 있다.

기본 규칙에는 음소거 버튼, 질문, 시간구성에 대한 가이드라인이 포함되어야 한다.

본격적인 이야기를 시작하기 전에, 어떤 식으로 진행할지에 대해 안내해주면 좋다. 이 웨비나의 목표와 핵심, 기대사항, 적절하다고 생각하는 맥락에 대해 언급해주자.

어떤 사람들이 이번 웨비나에 참가하는지에 대해 잊지 말고 안내해주자. 어떤 방법을 써도 좋지만, 데일 카네기(Dale Cargnegie)가 좋아했던 말과 같이, 가장 듣기 좋은 소리는 누군가가 당신의 이름을 불러주는 소리라는 사실을 기억하자.

정기적으로 적극적 경청의 기법을 사용해서, 질문의 내용을 명료화하고 사람들의 동의를 이끌어내는 것도 좋다. "ㅇㅇ님이 이야기하신 것은 A인 것 같습니다. 제가 이해한 것이 맞는지요?" 앞으로 더 나아가기 전에 합의를 보도록 하자.

그리고 중간중간에 요약도 해주자. 앞에서 이야기했듯이, 전체 웨비나 과정을 10분 단위로 구성해서, 10분이 지났을 때 지금까지 했던 이야기를 정리해주고, 다음 단계에 대해 안내해주고, (필요한 경우) 참가자들에게 감사를 표하자.

넷째, 미디어와 당신이 활용가능한 기술을 사용하자

퍼블릭 컨퍼런스인 경우라면, 트위터 같은 기타 소셜미디어 채널을 적극적으로 활용하자. 모든 사람들이 동일한 채널에서 코멘트를 남길 수 있도록 적절한 해시태그 및 관련 정보들을 제공해주면, 온라인에서 어떤 반응들이 나오는지에 대해 모니터링할 수 있을 것이다. 레스터(Leicester) 대학에서 최근에 진행한 연구에서는, 의학분야 컨퍼런스의 발표자들이 실시간으로 올라오는 트위터글들을 모니터링하고, 코멘트에 대한 답변을 달아주도록 했다.[4] 연구결과는 다양하게 나타났다. 어떤 트윗들은 부정적인 내용을 담고 있어서 발표자의 머릿속을 혼란스럽게 만들었다. 내가 앞에서 제안했듯이, 이와 같이 실시간으로 코멘트를 다는 것을 도와줄 파트너를 두는 것이 더 바람직하다고 생각된다.

대면상황에서 진행되는 컨퍼런스와 마찬가지로, 웨비나는 발표자를 위한 백업 시스템을 반드시 갖추고 있어야 한다. 약속된 날에 웨비나가 무사히 진행되도록 하기 위해서는, 약속된 발표자가 피치 못할 상황 때문에 참가 못하게 되는 상황에 대한 대책도 마련해둘 필요가 있다. 백업 발표자를 부르게 되는 경우가 많지는 않지만, 꼭 필요한 것은 사실이다.

그리고 발생가능한 모든 문제에 대한 백업도 준비하자. 예전보다 관련 기술은 훨씬 더 발전했지만, 갑자기 뭔가 고장나는 최악의 상황도 언제든지 발생 가능하니까 말이다. 사용해야 하는 필수품들은 여유분을 꼭 준비해두자.

웨비나를 할 때 음악을 사용하는 것도 바람직하다. 소닉 브랜딩(sonic branding: 소리나 음악 등 청각적 요소를 이용해 특정 브랜드를 소비자에게 인식시키는 마케팅)의 한 형태로 볼 수도 있고, 정서적 반응을 자극하는 기회로 활용할 수도 있을 것이다. 음악은 정서적 경험을 이끌어내는 지름길이기 때문에, 온라인 공간에서 실종된 감정을 복구시키기 위한 좋은 방법일 수 있다.

현재 6판까지 나온 스테디셀러 『온라인에서 팔아라(*The New Rules of Marketing and PR*)』의 작가이자 큰 성공을 거둔 강연자인 데이빗 미어먼 스코트(David Meerman Scott)는 강사들과 웨비나 리더들에게 시그니처 음악을 제공하는 회사를 시작했다. 웨비나와 관련된 음악을 보유할 수 있고, 노래를 만들 수 있게 해주는 서비스이다. 스콧은 이것을 소닉 브랜딩(sonic branding)이라고 명명하고, 회사의 이름을 시그니처 톤즈(Signature Tones)라고 하였다. 감정과 흥미가 실종되었다고 악명이 높은 온라인 소통도구를 보다 생산적으로 만들어주는 것이 음악인 것이다.[5]

웨비나 전문가의 노하우를 들어보자

로저 쿠르빌(Roger Courville)은 대부분의 사람들이 웨비나를 싫어한다는 사실을 알고 있었다.[6] 그는 1999년부터 웨비나에 대해 연구하고 개선시키는 산업분야에서 일하고 있었기 때문에, 다년간 그 관련 기술이 변화해오는 것을 지켜본 사람이었다. "웨비나는 단순한 기술 자체가 아니었습니다. 효과적인 커뮤니케이션을 위한 도구였죠." 곧 쿠르빌은 웨비나가 가지고 있는 진정한 가치를 확신하게 되었다. 물론 직접 소통할 수 있는 프레젠테이션을 대신할 수는 없겠지만, 전화통화를 넘어서는 가치가 있다는 것이다.

"웨비나는 사람들이 연결관계를 맺고 커뮤니케이션을 할 수 있는 진짜 도구였습니다."라고 쿠르빌은 이야기했다. 그렇다면, 이 새로운 소통도구는 어떤 점이 다른 것이었을까? 쿠르빌의 말에 의하면, "우리의 커뮤니케이션을 중재해주는 도구는 항상 우리의 경험을 변화시킵니다."

쿠르빌은 사람들이 웨비나와 같은 새로운 기술과 접촉하게 되면, 그 기술을 활용하는 방법이 더 풍요로워진다고 생각했다. "우리는 옛날 정보에 기반해서 새로운 상황을 평가하는 경향이 있습니다. 그렇기 때문에 사람들이 새로운 변화에 대해 강경하게 저항하는 거죠." 쿠르빌은 이런 말도 해주었다. "사람들은 웨비나에 대해 직접 얼굴을 보고 하는 프레젠테이션과 비교할 때 드러나는 단점에 더 집중하는 경향이 있습니다. 웨비나의 독특한 강점에는 그다지 초점을 맞추지 않죠."

안타깝게도, 대부분의 사람들이 웨비나에 접근할 때 보이는 부정적인 태도 때문에, 웨비나는 대면 프레젠테이션의 엉성한 이미테이션 정도의 취급을 받고 있다고 쿠르빌은 이야기했다. "사람들은 웨비나가 대면 프레젠테이션의 요소들 중 최악의 부분만 가지고 있다고만 생각하기 때문에, 좋은 요소들을 보지 못합니다." 대부분의 사람들은 웨비나에서 느꼈던 불편한 첫인상을 절대 잊어버리지 않고, 독특한 강점을 발견하지 못한다. "온라인 프레젠테이션을 할 때 더 좋은 면이 분명히 있는데도, 사람들은 그것을 발견하기 전에 이미 손을 놓아버리죠." 쿠르빌은 이렇게 이야기했다.

엉클조 문제를 조심하자

쿠르빌은 이 이슈를 "엉클조(Uncle Joe) 문제"라고 명명하였다. 예를 들어 당신이 골프를 배우고 싶다고 해보자. 엉클조가 골프를 칠 줄 안다는 것을 알고 있기 때문에, 골프를 배우기 위해 그와 함께 나가기로 했다. 문제는 그의 골프실력이 형편없었지만 당신은 그걸 잘 모르고 있다는 것이었다. 쿠르빌은 이렇게 이야기했다. "요새는 정말 많은 사람들이 웨비나에 참가하고 있습니다. 즉, 형편없는 웨비나에 가는 사람들도 많다는 의미죠." 이렇게 안 좋은 상황을 만든 것은 사실 웨비나 회사들인 경우가 많다.

정말 단순한 포맷으로 웨비나를 구성하고, 45분 이상 이야기를 하면서 파워포인트 슬라이드만 띄우고, 그렇게 일방적으로 떠든 후에 질문을 받는 형태 말이다. 그 결과, 그와 같은 단순한 형태만이 웨비나의 유일한 포맷이라고 생각하는 사람들이 지나치게 많아졌다고 쿠르빌은 말한다. "마이크로소프트 워드 프로그램을 쓰는 사람들 중에, 글을 쓸 수 있는 유일한 방법이 워드뿐이라고 생각하는 사람은 몇이나 될까요? 하지만 우리는 웨비나에 대해서는 바로 그렇게 생각합니다. 자신이 경험한 방법이 유일한 웨비나의 구성이라고 말이에요."

지루하기 짝이 없는 웨비나들이 너무나 많기 때문에, 청중들이 이렇게까지 반응이 좋지 않다고 해도 강연자들은 별 자극을 받지 않는다. 등록은 했지만 참가는 하지 않는 경우가 늘어나고 있다고 쿠르빌은 이야기한다. "웨비나에 등록한 사람은 백명 정도이지만 실제 참가하는 사람은 30-40명 정도밖에 안 되는 경우가 너무나 흔합니다. 이유가 무엇일까요? 대부분의 웨비나에서는 상호작용이 별로 일어나지 않습니다. 사람들은 녹화된 영상을 나중에 다시 보는 것이 더 효과적이라는 것을 이미 알고 있습니다. 앞으로 되감거나 빠르게 돌리면서 자신이 원하는 속도로 정보를 얻을 수 있으니까요. 정보를 원하는 사람이라면, 자신이 원하는 방법을 쓸 수 있는 것이 당연히 더 효율적이지 않겠습니까."

사람들에게 특정한 시간에 와서 당신과 한 시간을 함께 보내달라고 부탁하는 것이, 바로 당신의 청중에게 요구하고 있는 거라고 쿠르빌은 말한다. "당신의 웨비나가 유튜브 영상을 보는 것과 동일한 심리사회적 경험이라면, 그냥 유튜브를 보는 것이 훨씬 더 쉽습니다. 당신이 너무 많은 것을 청중들에게 요구하고 있는 거죠." 당신이 그들에게 제공하는 것보다 더 많은 것을 요구하고 있다는 말을 기억하자.

웨비나의 진정한 의미를 이해하자

그렇다면 해결책은 무엇일까? 쿠르빌은 우선 웨비나라는 것이 정말 어떤 것인지에 대해 이해해야만, 보다 더 좋은 웨비나를 진행할 수 있다고 믿고 있다. "실시간 소통도구를 쓰고 있다면, '실시간'이라는 특성을 충분히 활용해야 합니다. 청중과 연결관계를 맺고 커뮤니케이션을 하기 위한 계획을 수립해야 하죠."

쿠르빌은 웨비나라는 소통도구가 제공해주는 서비스를 충분히 활용하기 위한 단순한 프레임워크를 제공해준다. 분석, 계획, 탐색. 첫째, "당신의 행동을 분석해보자." 직접 사람들의 앞에 서서 프레젠테이션을 할 때, 어떻게 소개되기를 원하는가? 배부자료를 쓰는 편인가? 청중과의 공식적, 비공식적 상호작용을 어떻게 할 수 있을까? 웨비나를 단순히 발표를 하는 자리로만 생각하지 말고, 청중의 전체적인 경험을 다 고려할 필요가 있다.

지나치게 많은 웨비나 주최자들은 이런 생각을 가지고 있다. "청중들은 시키는 대로 조용히 앉아서, 웨비나의 내용을 흡수할 것이다. 웨비나가

한 시간이건 그 이상이건 말이다." 쿠르빌은 이렇게 말한다. "웨비나같이 수동적으로 앉아서 두세시간 동안 가만히 바라보기만 하는 콘텐츠가 또 있을까요? 아, 하나 있네요. 영화 〈반지의 제왕*(The Lord of the Rings)*〉이요." 당신이 피터 잭슨(Peter Jackson) 감독이 아니고, 당신의 웨비나가 할리우드의 블록버스터 영화만큼 몰입감이 엄청나지 않는 이상, 상호작용을 할 수 있는 분위기를 만드는 것이 가장 최선의 방법일 것이다. 그런 방법을 사용하지 않는다면, 당신은 현재 실시간 커뮤니케이션 도구가 가지고 있는 이점을 제대로 살리지 못하고 있는 것이다.

쿠르빌의 기획과정에서 두번째로 해야 할 일은, 당신의 웨비나 소프트웨어가 제공하는 도구들의 다양한 기능들을 어떻게 사용할지에 대해 계획을 세우는 일이다. "어떤 프로그램은 번역기능을 제공해주기도 하고, 그렇지 않은 프로그램도 있지요. 어떤 프로그램은 맞춤화가 가능해서, 동일한 목적을 달성할 수 있는 또 다른 방법을 찾을 수 있기도 합니다."라고 쿠르빌은 이야기한다.

당신의 청중들과 상호작용을 많이 하고 싶다면, 적극적으로 방법을 찾아보자. 예를 들어, 좋은 발표자는 청중의 말에 귀를 기울이고 싶어한다. 대부분의 웨비나 소프트웨어들은 청중의 의견을 받아서 그들의 반응을 파악할 수 있게 해준다. 얼마나 많은 참가자들이 웨비나 외에 또 다른 창을 띄워놓았는지를 보여주는 집중도 파악기능을 제공해주는 플랫폼들도 꽤 된다. 또, 사람들이 당신의 자료를 얼마나 잘 이해했는지를 보기 위해 질문을 해보거나 투표에 참여하게 하는 것도 방법이 될 수 있겠다.

항상 청중의 질문에 대해 답을 해주자

좋은 웨비나 발표자는 프레젠테이션을 하는 동안 청중의 질문에 답을 해주는 시간을 반드시 가져야 한다고 쿠르빌은 주장한다. 청중들은 웨비나 소프트웨어를 통해 궁금한 점에 대해 질문을 올릴 수 있게 된다. 그 질문들에 대해 곧바로 대답을 해준다면, 당신이 그들에게 자료 폭탄을 던지기만 하는 것이 아니라, 청중과 연결관계를 맺고 싶다는 마음을 보여줄 수 있을 것이다. 요새 대부분의 웨비나 소프트웨어들은 발표자가 소그룹을 만들 수 있는 기능을 가지고 있다. 버튼을 클릭하게 되면, 청중들을 몇 개의 소그룹으로 나누고, 각 그룹들이 영상 채팅을 할 수 있게 된다. 이와 같은 기능은 웨비나 시간을 짜임새있게 구성하고, 청중들이 당신의 자료를 보다 더 잘 이해할 수 있도록 도와준다.

쿠르빌의 기획과정의 세번째, 그리고 마지막 단계는 대면소통장면에서 할 수 없지만, 온라인 공간에서는 할 수 있는 일을 찾아내는 것이다. 모든 커뮤니케이션 도구는 독특한 강점을 가지고 있고, 웨비나 역시 예외는 아니다. 대부분의 대면 워크샵에서는 참가자들이 돌아가면서 자기소개를 하곤 한다. 그 작업을 하는 데 대부분 15분 정도 걸릴 것이다. 하지만 웨비나에서 자기소개를 하는 데에는 1-2분밖에 걸리지 않기 때문에, 시간을 더 절약해서 주제에 대한 이야기를 더 많이 할 수 있다.

이와 같은 첨단 기술을 통해 우리는 사람들이 더 웨비나에 더 잘 몰입할 수 있게, 그리고 더 많은 상호작용을 할 수 있도록 하여, 청중들이 자신의 시간을 가치있게 사용하도록 도울 수 있다. 문제는 대부분의 사람들이, 스스로 활용하고 있는 소프트웨어를 충분히 잘 알지 못하는 것이라고 쿠르빌은 말한다. "처음부터 했었던 방법대로만 하다보니까, 부족한 부분이 많은데도 더 좋은 방법이 뭐가 있는지를 알지 못하는 거죠." 하지만, 이와 같이 내가 사용하지 않고 있었던 소프트웨어의 기능이 존재한다는 사실은, 간단한 개선방법을 몇가지 써보면 청중들을 지루함에서 구해낼수 있다는 좋은 소식이기도 하다. "별로 어렵지 않습니다. 더 좋은 웨비나 환경을 만들수 있는 방법들이 꽤 많이 있어요."라고 쿠르빌은 조언한다.

당신의 청중에게 창의적으로 다양한 가치를 제공해주자

웨비나가 다루고 있는 주제 이외에도, 참가자들에게 선물해줄 수 있는 창의적인 방법들이 존재한다. 몇가지 제안들을 참고해보자.

그날의 뉴스와 웨비나 내용을 연결시켜보자

참가자들 중에서는, 자신이 왜 이 세미나에 꼭 참가해야 하는지에 대해 질문할 수도 있기 때문에, 대답을 준비해두는 것이 좋다. 그리고 당신은 "왜 오늘 꼭 참가해야 할까요?"라는 식의 대답을 함으로써, 참가자의 호기심을 더 불러일으킬 수 있다. 타이밍을 잘 맞춘다는 것은 정말 중요한 일이다.

웨비나의 후반부에는 참가자들이 기대하지 못했던 뭔가를 하나 선물하자

놀라운 경험을 제공하는 것은 청중을 기쁘게 하고, 그들의 웨비나에 대한 몰입도를 더 높여줄 수 있다. 웨비나에 참여했던 경험을 지루함이 아니라 즐거운 것으로 기억에 남기도록 하자.

참가자들 중 몇 명을 위한 대면 미팅을 계획하자

웨비나 전이나 웨비나 후, 언제든지 가능하다. 예를 들어, 몇 명의 등록자들을 스튜디오에 초대해서, 웨비나 진행과정을 직접 보게 해줄 수도 있다. 그렇게 되면 발표자로서는 실제 청중 앞에서 이야기를 할 수 있다는 장점도 있고, 참가자들에게는 웨비나 녹화과정을 직접 구경할 수 있다는 것이 재미있을 것이다. 이때 영상 소셜미디어를 같이 활용하는 것도 좋을 것이다.

웨비나가 끝난 후에도 해야 할 일이 있다

웨비나를 마쳤다고 해서 모든 것이 끝난 게 아니다. 대부분의 웨비나들로부터 받게 되는 기대 이하의 실망감, 짜임새없는 구성, 불편한 경험들을 피하고 좋은 기억을 남게 해주고 싶다면, 웨비나가 끝난 후 다음의 작업들을 해보도록 하자.

소셜미디어를 활용해서 웨비나 후에도 좋은 경험을 할 수 있도록 조력하자

조지 버나드 쇼(George Bernard Shaw)는 이름이 알려지지 않았던 젊은 시절, 가난한 극작가로 고생하고 있을 때, 자신의 연극에 대해 멋진 리뷰기사를 작성하고, 일간지에 익명으로 기고했다. 요새 표현으로 말한다면 소셜미디어를 잘 활용했다고 할 수 있겠다. 당신도 그렇게 할 수 있다. 실제 웨비나에 참석했던 사람들 중에서 긍정적인 피드백을 해줄 사람을 찾을 수 있기 때문이다. 투명성이 요구되는 시대에, 버나드 쇼와 같이 사기를 칠 필요는 없다. 언젠가는 반드시 탄로나게 될 거고, 닉슨 대통령이 (좀 다른 맥락이기는 하지만) 인정했듯이 "잘못된 일"이니까 말이다.

웨비나 진행 전과 후에 간단한 동영상을 만들어보자

웨비나에 대한 동영상을 소셜 미디어에 업로드하는 것도 좋은 방법이다. 사람들은 웨비나에서 봤던 발표자와 직접 소셜미디어에서 연결관계를 맺을 수 있기 때문에, 웨비나 동영상을 통해 당신에 대한 흥미도를 높일 수 있다.

웨비나 진행과정에서 모여진 지식과 인사이트에 대해 온라인 공간에서 토론을 진행해보자

웨비나를 통해 우리는 중요한 토론주제들을 얻을 수 있다. 그 내용에 대한 대화를 지속시킬 수 있는 사람은 바로 당신이다. 이와 같은 논의의 장을 구성하고 사람들을 참여시키다 보면, 가치있는 결과를 얻을 수도 있을 것이다.

사람들을 참여시키자

웨비나를 진행할 때, 투표, 설문조사, 상품 선물하기와 같은 활동들을 해보자. 웨비나가 재미있다고 생각되면 사람들의 집중도는 더 올라갈 것이다.

집중도와 참여도를 높일 수 있는 방법들을 활용하자

예를 들어, 웨비나 이후에 발표자는 코칭세션이나 1대1 전화통화를 진행할 수 있다. 이와 같은 연결관계는 1대 다(多)의 형태인 웨비나에서 부족한 부분을 채워줄 수 있을 것이다.

웨비나가 끝난 후 참가자들이 함께 모여서 논의할 수 있는 소그룹을 만들어주자

웨비나의 발표자나, 웨비나를 주최한 회사의 담당자가 중심이 되어 이와 같은 토론의 장을 구성해줄 수 있겠다. 몇몇의 사람들만 모여서 논의를 하게 되면 참가자들에게 특별히 선택되었다는 기분을 줄 수도 있을 것이다.

참가자들에게 도움이 될만한 자료들을 주기적으로 보내주자

큰 비용을 들이지 않고 pdf 파일이나 이메일을 통해 추가적인 정보를 보내줄 수도 있지만, 인쇄된 편지나 보고서, 사진과 같은 물품을 선물로 보내주게 되면 온라인 선물보다 더 큰 매력을 줄수 있다. 이와 같이 온라인 공간에서도 최대한 실제 세상과의 연결을 시도해보도록 하자.

지금까지 보았듯이, 웨비나를 더 좋게 만들 수 있는 방법들이 다양하게 존재한다. 그리고 웨비나를 진행하는 중에만 해야 하는 것이 아니라, 웨비나 전, 웨비나 후에 할 수도 있다.

결국 웨비나 리더는 청중에게 명확한 메시지를 전달해야 하는 일반 강연자나 리더와 마찬가지로, 의도를 가진 커뮤니케이션을 잘해야 하는 것이다. 하지만 효과적인 신체적 언어 표현을 하기가 온라인 공간에서는 사실 쉽지 않다. 그것이 이 책에서 주로 다룬 내용이니까 지금쯤 모든 독자분들도 다 알고 계실 것이다. 하지만 소통에 대한 몰입을 시키기가 쉽지 않은 웨비나에서도, 상황을 더 좋게 만들기 위한 테크닉을 활용할 수는 있다.

예를 들어보자. 신뢰구축의 가능성과 속도를 높이는 방법들 중의 하나는, 미팅을 하고 있거나 이제 얼굴을 익히기 시작한 상대방을 흉내내는 것이다. 이는 신체적 언어 분야에서 많은 연구가 된 현상이다. 연인들, 오래된 친구들, 동료들은 일상생활에서 무의식적으로 상대방의 행동을 따라하고 있다. "이것 봐, 우리는 비슷한 사람들이야. 우리는 이 문제에 대해 합의하고 있고. 같은 생각을 하고 있는 거야."라고 상대방에게 이야기하는 신체적 언어표현인 것이다.

의식적으로 처음 만난 사람의 행동을 흉내내면서 신뢰 구축의 깊이와 정도를 높이는 것도 가능하다. 물론 신중하게 해야 하는 일이긴 하지만, 너무 어색하고 인위적으로 행동하거나 상대방의 아주 작은 움직임까지도 다 따라하는 경우가 아니라면 상대방이 불편하게 느끼는 일은 거의 없다. 지나침은 모자람만 못하다는 이야기는 항상 진리이다.

전화통화를 하는 장면에서 우리가 할 수 있는 것은, 상대방의 이야기 패턴, 어조, 말하는 태도를 최대한 흉내내는 것뿐이다. 예를 들어 한 참가자가 아주 빠른 속도로 질문을 했다면, 비슷한 속도로 답변을 해줄 수 있다. 또는 질문하는 사람이 특정 표현을 사용한다면, 대답을 할 때 그 표현을 함께 사용해줘도 된다. 물론 참가자의 이름을 이야기하면서 대답을 해주면 상대방의 만족도와 신뢰감 수준을 높일 수 있을 것이다. 상호작용이 가능한 것은 목소리밖에 없지만, 효과가 생기게 되는 구조는 동일하다.

특정한 심리적 효과를 낼 수 있는 신체적 언어를 사용하려면 노력이 필요하지만, 그 노력의 결과로 우리는 사람들과의 풍요로운 연결관계를 강화시킬 수 있다. 이는 웨비나 발표자에게도 마찬가지이다.

실용적인 팁

웨비나 진행의 노하우

웨비나를 조금 더 효과적으로 진행하기 위해 다음의 제안점들을 활용해보자.

1. 웨비나 참가자들의 집중도를 높이고, 효과적인 진행을 위해 어떤 것들을 준비했는지에 대해 참가자들과 공유하자.
2. 웨비나를 시작하기 전에, 그리고 웨비나를 끝마친 후에 짤막한 동영상을 올리는 것에 대해 생각해보자.
3. 대면 컨퍼런스와 마찬가지로, 웨비나 또한 (사고가 생길 경우를 대비해서) 백업 발표자를 준비해두는 것이 필요하다.
4. 웨비나를 진행하기 위해 필요한 모든 것들을 백업해두어야 한다.
5. 웨비나를 할 때 음악도 활용하자.
6. 참가자의 수를 적정한 수준으로 제한하자.
7. 웨비나를 함께 진행할 사람을 한두명 두자.
8. 약속한 정각에 웨비나를 시작하자.
9. 아젠다를 정하고, 그 아젠다에 충실하게 웨비나를 진행하자.
10. 웨비나에 참가하고 있는 사람들의 이름을 불러주자.
11. 인간은 원래 대화를 좋아하고 협력을 하고 싶어하는 존재이므로, 대화와 협력을 손쉽게 할 수 있는 장을 만들어주자. 필요한 규칙을 만들고, 사람들과 공유한 후, 명확히 지키자.
12. 참가자들이 모두 참여할 수 있도록 어떻게 진행할 것인지를 공지하고, 정기적으로 그 방법을 사용하자.
13. 당신이 주최한 웨비나는 정보교환이 목적인지, 아니면 의사결정을 하기 위함인지를 명확히 하자.
14. 웨비나 전체를 꿰뚫을 수 있는 스토리라인을 만들자.
15. 녹음/녹화에 대한 담당자를 정해놓도록 하자.

16. 프레젠테이션을 시작하기 전에, 참여자들이 웨비나에 대해 어떤 기대를 가지고 있는지에 대해 이야기를 나눠보자.
17. 10분 정도를 진행한 후에는 반드시 잠깐 휴식하거나 주제를 전환하도록 하자.
18. 당신이나 공동 진행자가 현재 미팅이 어떻게 진행되고 있는지에 대해 정기적으로 코멘트하도록 하자.
19. 온라인 소통에서 실종된 감정들을 웨비나에 포함시키도록 하자.
20. 웨비나를 진행할 때, 이야기의 초점을 일관적으로 유지하자.
21. 웨비나 진행 후에는 뭔가 가치있는 정보를 제공해주자.
22. 각 장, 파트, 웨비나가 마무리될 때 요약을 해주고, 다음 단계에서 진행될 이야기를 소개해주자.
23. 각 장의 내용과 포맷을 다양화하자.
24. 웨비나 진행은 대면 미팅을 할 때보다 약간 더 공식적인 태도로 하자.
25. 참여정도가 소극적인 사람들이 누구인지를 파악해보고, 후반부쯤에 참가할 수 있는 기회를 주자.
26. 명료화나 합의를 요구하는 질문에 대해 적극적 경청 스킬을 활용하자.
27. 일반인들이 자유롭게 참가하는 컨퍼런스인 경우, 트위터나 소셜미디어채널들을 활용하자.
28. 웨비나 이후에 진행되는 추후과정이 있다면 이에 대해 관련된 사람들에게 공지해주자.
29. 소셜미디어를 활용해서 사람들에게 도움을 주자.
30. 웨비나 과정 중에 축적된 지식과 인사이트에 대한 온라인 토론장을 만들어보자.
31. 웨비나의 진행방법과 내용을 구성할 때 다양한 사람들로부터 의견을 받아서 활용하자.
32. 당일의 뉴스와 웨비나 내용을 연결시켜보자.

33. 사람들의 유지율과 참가율을 높일 수 있는 방법을 고안하여 활용하자.
34. 웨비나가 끝날 무렵, 참가자들이 예상하지 않았던 정보나 자료를 제공해주자.
35. 웨비나 이후, 참가자들이 몇 명씩 모여서 이야기할 수 있는 논의의 장을 만들어주자.
36. 참가자들에게 도움이 될만한 자료들을 정기적으로 보내주자.
37. 특정 소수의 참가자들을 위해 대면 미팅의 기회를 만들자.

요약

★ 웨비나는 생산적인 커뮤니케이션을 하기에 매우 어려운 도구이다. 따라서, 최대한 웨비나를 더 효과적으로 만들기 위한 방법을 고안하고 실행하도록 하자.

9장

채팅 세션

한국의 부산대학교 정치외교학과 교수인 로버트 켈리의 안타까운 일화를 기억하시는 분들이 많을 것이다.[1] 켈리 교수는 2017년 3월 10일 저녁 8시에 BBC와 인터뷰를 하고 있었다. '박근혜 前 대통령 탄핵'이라는 너무나 중요한 이슈에 대해 이야기하는 중이었다. 켈리 교수는 자신의 집 서재에서 온라인으로 인터뷰를 하고 있었다. 단정한 정장을 입고, 깔끔하게 머리를 빗질하고, 심각한 느낌이 드는 세계지도를 배경으로 하여 진지한 이야기가 잘 진행되고 있던 중, 켈리 교수의 큰 아이가, 그 다음에는 작은 아이까지 갑자기 방으로 들어와서 아빠를 향해 달려오기 시작했다. 몇 초 후에, 켈리 교수의 아내가 너무나 당황한 얼굴로 뛰어들어왔고, 아이들을 방에서 끌어냈다. 최대한 자신의 모습을 보이지 않으려 애쓰면서, 정말 정말 서두르면서 말이다. 이 동영상은 너무나 큰 화제를 몰고 왔고, 매우 빠른 속도로 인터넷 세상으로 퍼져 나갔다. 사람들은 모두 그 동영상을 보고 즐거워했고, 켈리 교수는 잠시동안 매우 유명한 사람이 되었다.

이 일에 대해 세상 모두는 재미있어 했고 켈리 교수는 다소 당황스러워했다. 스카이프(Skype), BBC 방송국, 켈리 교수의 귀여운 아이들이라는 관심이 갈만한 요소들이 있었고 켈리 교수가 이야기를 계속하면서 아이들을 밀어내기 위해 최선의 노력을 다했기 때문이다. 아빠의 노력에도 불구하고 아이들이 순순히 나가지 않았기 때문에 시청자들의 재미는 배가 되었다.

우리는 하루 24시간, 주 7일 내내 언제나 사람들과 연결되어 있는 상황에 대해 지속적으로 비판하고 있으며, 일하는 시간이 아닌데도 밀려드는 이메일과 컨퍼런스콜로 인해 힘들어하고 있다. 그런데다가 영상통화까지 더해지니 사생활이 방해받는 불편감은 날로 커지고만 있다.

집과 일터가 합쳐지는 상황에서 받게 되는 스트레스에 대한 관리가 꼭 필요하게 되었고, 이제는 거기에서 한단계 더 나아가서 켈리 교수가 경험했던 것과 같은 위기상황까지 벌어지는 중이다. 켈리 교수의 일화에 대해 전세계 사람들이 웃음을 터뜨렸고 동영상을 퍼날랐음에도 불구하고, 다행히도 "정치외교 전문가" 켈리 교수에게는 "BBC 인터뷰 중에 아이들이 뛰쳐들어왔던 교수"라는 평판이 그다지 오래 갈 것 같지는 않다. 두가지 평판은 모두 나름의 매력이 있지만, 두번째의 평판에 대해서는 그가 치러야 할 비용이 만만치 않을 것이기 때문이다.

균형감에 대한 논의는 이미 끝났다.
이제는 효과적인 통합을 이야기할 때다

21세기 이전부터 존재해오던 오래된 세상에서 '온라인 세상의 편리함'이라는 변화가 엄청나게 크게 일어났기 때문에, 이제 더 이상 일과 삶의 균형(balance)에 대해 이야기하는 사람은 많지 않은 것 같다. 그 대신에, 이제는 일과 삶의 통합(blend)을 이야기하는 것이 더 트렌디한 시대가 되었다. 다시 말해서 균형을 잡기 위한 노력은 더 이상 효과적이지 않다는 것이다. 대부분 어느 한쪽에 더 많은 시간과 에너지를 투자하고 있기 때문이다. 문제는 대부분의 통합작업을 하기 위해서는, 스포츠경기를 하러 갈 때에도 핸드폰을 들고 가야 하는 식으로 안타까운 타협을 해야 한다는 것이다.

영상통화는 일과 삶의 통합작업을 더 하기 어렵게 만든다. 로버트 켈리 교수가 보여주었듯이 말이다. 전화통화를 할 때 뭔가 소음이 들리는 것과는 전혀 다른 이야기이다. 음성통화만 할 때에는 아무 문제가 없었다. 인터넷에 떠돌아다니는 영상도 없었고 말이다.

그렇다면, 영상통화는 어떤 차이점이 있는 것일까? 단순하게 이야기하자면, "동영상은 실제 사람이 있는 것 같은 느낌을 주기 때문에 다르다. 상대방을 볼 수도 있고 목소리를 들을 수도 있으니까. 그 외에 뭐가 더 필요하겠는가?" 이렇게 생각해보면, 다섯가지 감각들 중에서 시각과 청각이 가장 중요한 것 같다. 미각, 촉각, 후각은 우리가 보고 듣는 것을 더 확실히 해주는 기능을 하니까 말이다.

하지만 동영상은 이보다 훨씬 더 복잡한 도구이다. 어떤 회사들에서는 비싼 돈을 들여서 비디오컨퍼런스 시설을 갖추어서, 컨퍼런스룸의 반쪽은 한 지역이, 나머지 반쪽은 다른 지역이 보이도록 해두기도 한다.

상하이에 연결을 하게 되면, 상대편 사람들이 마치 같은 방의 컨퍼런스 테이블에 앉아 있는 듯한 느낌을 받게 될 것이다.

눈에 보이지만 옆에 존재하지는 않는 것

이와 같이 비싼 돈을 들여 준비한 세팅은 얼마간 효과를 발휘할 것이다. 하지만 누군가 움직이게 되면, 당신의 시야에서 사라지게 된다. 하지만 당신의 뇌는 그 사람을 볼 수 있어야 한다는 명령을 내린다. 이 상황 자체가 스트레스가 되는 것이다. 왜 그럴까?

발달분자생물학자이자 시애틀퍼시픽대학교의 두뇌응용학습연구센터장이며, 유명한 도서 『브레인 룰스*(Brain Rules)*』[2]의 저자인 존 메디나(John Medina)로부터 이 질문에 대한 답을 들을 수 있을 것 같다. 메디나 교수는 이렇게 설명한다. "우리의 뇌는 다양한 채널들로부터 인풋(input)을 받습니다. 그런데 갑자기 그중의 한 채널이 없어지게 되면, 뇌는 빈 공간을 채우기 위해 노력을 하게 되고, 그 과정에서 스트레스를 받게 되죠. 사람의 뇌는 기본적으로 가상의 영상 이미지에 대해 뭘 해야 할지를 알지 못합니다. 왜냐하면, 대면 관계에서 얻게 되는(주위 공기의 느낌이 달라지는 것과 같은) 다양한 인풋들이 없기 때문이에요. 그래서 우리의 뇌는 스트레스를 해소하기 위한 방법으로 반응하게 됩니다."

메디나 교수는 이런 이야기도 해주었다. 사람의 뇌는 전화통화, 웨비나, 비디오컨퍼런스와 같이 온라인 공간에서 이루어지는 상호작용에서 어느 정도의 에러와 누락이 발생하는 것에는 익숙해졌다는 것이다. 하지만, 충분한 정보가 담겨 있지 않은 그림을 받는 것은 매우 불편해 한다. 그렇기 때문에, "우리의 뇌는 과거의 경험에 담겨 있는 다양한 정보들을 끄집어냅니다. 사람의 뇌라는 것은 우스꽝스러울 정도로 적응력이 높기 때문에, 이메일과 문자메시지에 쓰여진 대문자는 상대방이 화가 나서 자신에게 소리지르는 것이라고 생각하게 되는 것같이 말입니다." 이와 같은 모든 프로세스는 뇌에게 스트레스가 되고, 불편감으로 남게 되는 것이다.

메디나 교수는 이메일이 가장 빈약한 정보를 가지고 있는 최악의 소통 도구라고 평가한다. 그 다음이 음성통화이고, 그보다 아주 조금 더 나은 도구가 영상통화이다.

이와 같이 비효과적인 소통채널의 약점을 보완하려면 어떻게 해야 할지에 대해 물어보았더니, 메디나 교수는 "이메일을 가장 잘 쓰는 방법은 상대방에게 전화를 해서 이메일 내용을 읽어주는 것입니다"라고 대답했다.

적어도, 이렇게 하게 되면 "내가 지금 한 말에 대해 어떤 기분이 드세요"라고 물어볼수 있는 기회라도 가질 수 있게 될 테니 말이다. 가장 중요한 것은, 우리가 인간으로서 가장 절박하게 원하는 대답은 "상대방이 나에게 가지고 있는 의도는 무엇인가?"이기 때문이다. 메디나 교수가 『브레인 룰스』에서 강조했듯이, 우리는 원래 누군가를 만날 때 "이 사람은 나의 친구인가, 적인가?"라는 기본적인 질문을 하고 싶어하는 존재이다. 이와 같은 기본적인 질문에 대해 명확한 답을 얻지 못하게 되면 우리의 뇌는 매우 불안해진다.

지금 기분은 어떠십니까?

메디나 교수는 컨퍼런스콜과 웨비나에 대해 이렇게 이야기한다. "사실 모든 집단적·사회적 신호가 부재한 상태죠. 좋은 해결방법을 찾기가 매우 힘듭니다." 영상통화는 어떨까? "뭐, 조금 나은 정도이긴 하지만, 스트레스를 매우 많이 받게 되는 소통도구입니다." 메디나 교수는 사람들이 걱정하고 있는 바에 대해 직접 물어보기를 권한다. "지금 제가 한 이야기를 듣고 기분이 어떠셨어요?"

온라인 공간에 정서적 연결관계를 어떤 형태로라도 더해 넣게 되면 반드시 도움이 된다. 실제로 온라인 세상에서의 협상에 대한 연구결과를 보면, 취미와 같은 사회적 주제에 대해 간단히 이야기를 하는 것만으로도 협상의 궁극적인 성공 가능성이 매우 크게 높아진다고 한다.[3]

스카이프와 같은 영상통화도구를 사용할 생각이라면, 몇가지 이해해야 할 기본적인 규칙이 존재한다. 지금부터 한가지씩 살펴보도록 하자.

목소리를 높여 소리를 지를 필요는 없다

대면 논의를 할 때보다 온라인 공간에서의 상호작용을 할 때 생기게 되는 대화에서의 장애물에 대해 우리는 더욱 명확하게 인식해야 한다. 대면소통을 할 때에는 대화를 어떻게 해야 할 것인지, 그리고 상대방의 이야기에 끼어들어야 할 타이밍이 언제인지에 대해 알려주는 작은 신호들이 정말 많이 존재하지만, 온라인 세상에서는 그와 동일한 상황이 만들어지지 않기 때문이다.

예를 들어, 우리는 대화를 하기 위해 시야가 완벽하게 확보되기를 원하지만, 2차원의 스크린에서 그만큼의 시야를 확보하기는 매우 어렵다.

스카이프를 사용할 때 지켜야 할 상식적인 규칙들

스카이프 사용에 필요한 첫번째 규칙은 예전부터 내려오던 것이다. 대화를 이어나가는 데 있어서 공식적이지만 단순한 메커니즘을 만들자. 상대방의 이야기에 끼어들고 싶은 경우, 손을 드는 것같이 말이다. 어떤 사람들은 이와 같은 규칙을 익히는 데에 시간이 좀 걸리겠지만, 대화의 명확성이 강화된다는 가치있는 결과를 얻을 수 있을 것이다.

둘째, 스카이프 회의를 10분 이상 진행할 예정이라면, 반드시 아젠다가 제공되어야 한다. 그리고 회의 진행은 반드시 그 아젠다에 기반해야 한다. 셋째, 사람들은 소통을 하는 데 있어서 느끼는 불편함을 이야기하는 것이 무례하다고 생각하는 경우가 많기 때문에, 당신은 반드시 이 전화회의에 영향을 미칠 수 있는 이슈들이 무엇이 있는지, 그리고 시간 활용방법에 대해 모든 참가자들에게 확인하는 작업을 초반에 하는 것이 좋다.

세 지역에 사무실을 둔 어떤 회사에서는 일상 업무를 처리하기 위해 오디오컨퍼런스, 비디오컨퍼런스, 대면 미팅, 문자메시지, 이메일, 이 모든 방법을 활용하고 있었다. 이 소통채널들은 나름대로의 불편함이 있지만, 구성원들이 가장 어려워한 것은 비디오컨퍼런스였다. 비즈니스 세계에서 가장 최근에 활용되기 시작한 소통채널이기 때문에, 사용경험이 많은 사람이 별로 없었다.

이 조직에서 조사한 바에 따르면, 구성원들은 자신이 언제 말을 해야 할지를 파악하기가 어렵다고 했다. 누군가 이야기를 하고 있는데 끼어드는 것은 매우 무례한 것으로 느껴지고, 그래서 입을 다물고 있다보면 아예 존재감이 없어지게 된다. 우리의 뇌에서는 2차원의 사진을 실제 사람으로 인식하지 못하기 때문이다. 당신이 때때로 나서서 이야기를 하지 않으면 다른 참가자들은 당신이 참석했다는 사실 자체를 잊어버릴 수도 있다. 그렇다고 아무 때나 끼어들어 이야기를 하게 되면, 독단적이다, 눈치가 없다, 과하게 공격적이다 라는 평가를 받게 된다.

이 회사의 미팅에서 구성원들은 무존재감을 벗어나기 위해 뭐라도 이야기를 해야 한다는 압력을 종종 느낀다고 했다. 그 결과, 미팅은 하염없이 길어지기 마련이었다.

실제로 합의가 되지 않는 일이 있을 때에도, 구성원들은 온라인 미팅에서 더 큰 긴장감을 느끼게 되어 부정적인 코멘트를 꺼리게 된다고 한다. 나중에 개인적으로 만나서 이야기해야지 라고 생각한다는 것이다. 결국 미팅은 점점 더 많아지고, 비효율적이 될 수밖에 없다.

화상회의에서 우리는 진심을 이야기하지 않고, 제대로 경청받는 느낌도 가지지 못한다

구성원들은 끊임없이 쌓여만 가는 이메일과 슬랙 대화들의 속도를 따라가느라 스트레스를 많이 받고 있다. 모든 메시지에 답변을 제때 하기 위해서는, 무슨 일 하나 제대로 할 수 없을 정도이다. 그렇다고 해서 신속하게 응답을 하지 못한다면, 동료 구성원들이 기분 상해할 것이다.

어떤 사람들은 직접 회의에 참석하고, 어떤 사람들은 회의에 화상으로 참석하기도 한다. 온라인으로 참여하는 사람들은 왠지 차선으로 밀려 있는 느낌이 들고, 다른 참석자들의 이야기에 잘 집중하지 못하는 데다가, 자신의 이야기도 사람들이 제대로 들어주지 않는 듯한 느낌을 받는다. 현대의 온라인·디지털화된 업무 방식에서 생기는 문제점은 너무나 많다. 새로운 업무 방법을 배워야 한다는 해결방안은 처음 봐서는 어색하고 불편하게 느껴지기 십상이다.

미팅이 제대로 진행되기 위한 방법에는 세가지 정도가 있는데, 그 방법들은 모두 비디오컨퍼런스에 적용할 만한 점이 있다. 첫째, 공식적인 회의에서는 순서대로 이야기를 하는 절차를 만들 필요가 있다. 둘째, 회의의 진행을 담당하는 사회자의 역할을 새롭게 만들어서, 온라인 미팅의 운영에 대한 심판과 코치를 맡도록 해주어, 모든 사람들의 의견이 경청되고 있다는 느낌을 주어야 한다. 셋째, 메디나가 '지각 확인(perception check)'이라고 부른 방법을 사용해서 온라인 미팅에서 쉽게 드러나지 않는 정서적 흐름을 이해할 수 있도록 해야 한다.

이와 같은 세가지 방법들은 온라인 소통과 온라인 미팅에서 실종된 요소들을 다시 포함시킬 수 있도록 도와줄 것이다. 이제부터는 이 방법들을 비디오컨퍼런스에 어떻게 적용할지 살펴보도록 하자.

'번갈아가며 이야기하기'는 온라인에서 자연스럽게 쓰기 어려운 방법이다

우리가 익숙해져 있는 평소 생활 환경이 아닌 경우에 '번갈아가며 이야기하기'를 잘해내기란 놀랄 정도로 어려운 일이다. 모닥불 주위에 둘러앉아서 털북숭이 맘모스의 뼈다귀고기를 뜯으면서, 이번 사냥에 대해 이야기할 때에는 지극히 자연스러운 일이지만 말이다. 인간은 성장과정에서 대화를 조율할 때 사용할 수 있는 윙크, 눈깜빡임, 눈동자 굴리기, 고개 끄덕임, 갸우뚱하기와 같은 신체적 움직임들을 배우게 된다. 그러면서 보다 더 공식적인 환경인 교실이나 일터에서도 그 움직임을 조금씩 더 많이 활용하게 되고, 성인이 되었을 때쯤은 그다지 많이 의식하지 않더라도 자연스럽게 상대방과 번갈아가면서 이야기할 수 있게 된다.

화상통화를 하는 상황에서는, 시각과 청각 이외의 감각 정보를 얻을 수가 없다. 대면소통에서는 주위 사람들에 의해 생기는 분위기의 변화에 대해서도 이야기할 수 있고, 동료들의 움직임을 관찰하면서 회의실의 심리적인 지도를 그려볼 수도 있지만, 화상통화세팅에서는 그와 같은 심리적 지도 그리기가 어렵기 때문에, 이 방에서 누가 나의 친구인지 적인지를 정확히 알 수가 없게 된다. 그러한 상황 자체가 우리에게는 스트레스가 되는 것이다.

필요한 정보와 신호들을 많이 얻을 수 없는 상황에서, 우리의 뇌는 어떻게든지 비어 있는 정보공간을 채우려 애쓰기 때문에, 남아있는 몇가지 감각기관으로부터 들어오는 정보를 정확하게 해석하려고 더 많은 에너지를 쓸 수밖에 없다. 그러다보면 평소에 아무렇지도 않게 하던 '번갈아가면서 이야기하기'라는 행동을 제대로 하기가 어렵게 된다. 도움이 필요한 상황인 것이다.

가장 간단한 해결책으로는, 이야기하고 싶은 사람이 손을 드는 방법이 있다. 학교 교실에서의 시간을 떠올려보면 바로 기억이 날 것이다. 상대방에게 불쾌감을 주는 정도도 최소한으로 줄일 수 있다. 누군가 손을 든 것을 보면 자신이 하고 있던 이야기를 마무리하는 것으로 합의를 하게 되면 문제를 해결할 수 있을 것이다. 대부분의 경우는 말이다.

사회자의 개입 정도와 방법은 의논해서 정하자

두 사람 이상이 참여하는 회의에서는, 사회자역할을 맡을 사람을 두는 것이 좋다. 사회자는 참여자들이 편안하게 논의를 진행할 수 있도록 소통의 흐름을 관찰하고, 모든 사람이 목소리를 낼 수 있도록 환경조성을 해주는 것이다. 가능하다면 참여자들에게 중요한 핵심포인트를 요약해주고, 서로의 시각을 비교하며, 앞으로 진행해야 할 과정에 대해 기록하고, 처음에 정한 회의의 아젠다가 잘 지켜질 수 있도록 조력하며, 회의의 목적을 달성하기 위해 필요한 일들을 하게 된다. 그리고 사회자는 다음의 부분에 대해서도 도움을 줄 수 있다.

상대방의 지각을 확인하기

이번 방법은 메디나가 이야기한 지각(perception)의 확인이다. 7장에서 이야기했듯이, 가장 좋은 방법은 가장 단순한 법이다. 모든 참여자들이 자신의 정서적 온도를 판단해볼 수 있도록 하자. 초록색(모든 것이 잘되고 있다), 노랑색(걱정거리가 조금 있긴 하지만, 아주 심각한 것은 아니다), 빨강색(불편한 기분이다). 조금 더 세심하게 활용방법을 고민해본다면, 중요한 논의가 이루어진 다음에, 또는 일정한 간격을 두고 정서온도 체크를 해볼 수도 있을 것이다. 그리고 각자의 기분에 대해 조금 더 자세하게 이야기해줄 것을 요청하는 것도 가능하겠다.

*

이와 같은 세가지 방법들을 활용해본다면, 비디오컨퍼런스도 견딜만한 상황으로 만들 수 있으리라 생각된다. 물론 우리의 무의식에서는 이와 같은 상황 자체가 스트레스로 느껴지긴 하지만, 엄격한 시간제한을 지키고, 10분마다 적절한 휴식을 가지게 해준다면, 참여자들은 스스로 에너지와 집중력을 회복할 수 있는 시간을 확보할 수 있을 것이다.

온라인 커뮤니케이션에 있어서 협업은 가장 중요하지만 가장 달성하기 어려운 요소이다

최근, 일터에서는 각 개인의 생산성을 개선하고 팀웍을 강화하기 위해 노력하는 것을 긍정적으로 평가한다. 하지만 그런 과정에서 생겨난 사회적, 기술적 변화는 의도하지 않은 부정적 결과를 만들어내기도 했다. 구멍이 많고 평면적이며 지식만을 기반으로 만들어진 온라인 세상은 우리에게 많은 스트레스를 주고, 고립감을 선사했으며, 상대방의 존재감을 느끼지 못하게 했으니 말이다. 공급-체인의 개선으로 인해 약속된 시간에 생산과 배송이 정확하게 이루어지게 되었고, 그 어떤 사람과의 소통도 24시간 내내 가능하게 되었다. 관료주의의 불편함을 덜어내면서, 조직의 위계체제가 가지고 있던 가치는 떨어지게 된 것은 좋았지만, 왠지 사람들은 점점 더 고립되어갔다. 유연성이 강화된 업무환경은 일과 개인생활의 경계를 희미하게 만들어버렸다. 아이폰을 비롯한 스마트 업무환경은 물리적으로 떨어진 곳에서도 함께 일을 할 수 있도록 해주었는데, 결국 그 의미는, 우리 모두 언제나 접촉이 가능하다는 것이다. 그러한 열린 환경에서 오는 스트레스는 점점 더 커지고 있다.

현대 세상을 위해 편리한 도구를 만들어낸 발명가들이 미처 몰랐던 것은, 그 도구가 제공하는 것, 그리고 제공하지 못하는 것 때문에 우리 뇌의 무의식이 얼마나 많은 스트레스를 받게 되는가에 대한 문제였다. 비디오컨퍼런스가 바로 그 실례이다. 분명히 상대방이 눈앞에 보이는데도 아이러니하게도 서로의 존재감을 느끼기가 어려워졌다. 멀리 있는 사람과 만날 수 있지만, 고립감은 훨씬 더 커졌다. 물리적으로 떨어져 있는 곳의 상황을 보고 상품을 관찰하며 구성원과 이야기할 수 있지만, 해석을 잘못하거나 오해를 하는 경우가 많아졌다.

한마디로 말해서 비디오컨퍼런스는 불완전한 도구인 것이다. 대면소통의 대체재 정도로 생각해서는 큰코다칠 수 있다.

비디오컨퍼런스를 개선하기 위해, 자신이 가지고 있는 스킬을 활용하자

비디오컨퍼런스를 보다 효율적으로 운영하기 위해 진행방법을 구조화시키는 것에 더하여, 온라인 세상에서의 상호작용을 할 때 마주치게 되는 도전과제를 풀어내기 위해 개인적인 습관을 변화시키는 것도 방법이다. 지금부터는 당신의 비디오컨퍼런스를 더 좋은 소통환경으로 만들수 있는 네가지 방법을 소개하도록 하겠다.

첫째, 당신의 사고방식을 변화시키자

영화산업분야를 흉내내보는 것부터 시작하자. 어쨌든, 당신의 모습이 화면에 나오게 되니까 말이다. 영화의 세계에서는 제한된 시간 내에 팀을 구성해서 과제를 완료하는 것에 익숙해져 있고, 그러한 작업의 전문가들이 모여 있다. 팀 구성원들은 서로 알고 있을 수도 있고, 모를 수도 있지만, 명확하게 정의된 역할이 있고, 그들의 상호작용을 통제관리하기 위해 설계된 명확한 규정과 규칙이 존재한다. 구성원들은 영화를 만들기 위해 일정한 시간 동안 함께 모여서 일하고, 일이 끝난 후에는 흩어진다.

일의 세계가 마주할 미래에는 아마 영화의 세계와 보다 유사한 상황이 벌어지게 될 것이다. 결국 프로젝트가 시작될 때 모든 사람의 역할에 대해 명확하게 정의해야 한다. 단회성 비디오컨퍼런스라고 해도 말이다. 이러한 작업은 회의의 효율성과 생산성을 높여주고, 참여자들의 스트레스를 줄여줄 것이다.

비디오컨퍼런스가 지속적으로 진행되는 업무과정의 일부로 운영되는 것이라면, 미팅과 팀관리를 위해 필요한 독립적인 데이터베이스를 마련하는 것이 좋다. 캘린더, 해야 할 과제 리스트, 프로젝트의 진행과정에 대한 규칙, 미션, 가치, 목표 모두에 대해 말이다.

그리고 컨퍼런스에 참여할 때는 참여자들에게 느껴지는 분위기에 대해 직접 확인을 해보도록 하자. 침묵하는 것이 동의를 의미한다고 생각하면 곤란하다. 비디오컨퍼런스를 자주 경험해보지 않은 사람들에게는 어색하고 낯선 경험이다보니, 동의하지 않는 것이 있어도 말을 아끼게 되고, 앞으로 해야 할 일에 대해 자원을 한다거나 적극적으로 참여하려는 행동을 보이지 않을 수 있다. 정기적으로 이야기를 잠깐 멈추고, 합의하는 것이 맞는지, 반대하는 것이 맞는지를 확인하자. 그리고 지금까지 진행되어 온 내용에 대해 참여자들이 의견을 낼 수 있도록 해주자.

당신의 팀 구성원들이 전세계에 흩어져 있어서, 비디오컨퍼런스를 활용해야 한다고 해보자. 그렇다면, 시차, 문화적 차이, 몰입도의 수준에 대해 민감하게 관찰해야 한다. 사람들의 에너지 수준은 시간에 따라 매우 달라지고, 문화적인 몰입도도 일정에 따라 달라지므로, 업무 생산성의 수준 또한 마찬가지이다. 모든 사람들이 당신의 시계에 맞춰 움직이고, 당신과 똑같이 생각할 거라고 단정하면 안 된다.

미팅을 진행하기 전에 미리 문서자료를 공유해서, 참여자들이 다운받아 볼 수 있도록 해주자. 미팅 시작 몇 분 전에 분량이 엄청난 자료를 배부하는 것은 무례하기 짝이 없는 일이다. 하지만 이런 상황은 언제 어디에서나 일어나고 있다. 미팅을 시작하기 바로 전의 마지막 순간에 뭔가 새로운 자료를 주고 싶은 욕구는 꾹꾹 눌러두도록 하자.

한 단계 높은 작업을 해보고 싶다면, 예비 커뮤니케이션 채널과 플랜 B를 마련해둘 것을 권한다. 아무리 첨단기술이라 해도 작동이 되지 않을 가능성은 항상 있으므로, 미리 대책을 마련해놓는 것이 바람직하다. 예비 커뮤니케이션 채널이 준비되어 있다는 것을 미리 참여자들에게 이야기해주고, 문제가 발생했을 때 플랜 B를 가동하자. 이러한 상황에 대해 필요한 정보를 팀구성원들에게 미리 공지해야 한다. 업무성과의 품질과 사회적 관계를 강화시키기 위함이다. 이러한 준비과정을 통해 업무성과가 좋아지면 서로에 대한 신뢰도가 높아지게 되고, 사회적 관계가 튼튼해지면 업무 분위기가 좋아지게 된다.

그리고 이 미팅을 통해 기대하는 결과가 무엇인지에 대해 미리 생각해놓아야 한다. 회의에 참여하는 모든 사람들이 미팅의 목표를 명확하게 파악하도록 하는 일은 매우 중요하며, 이와 같은 정보를 미리 알게 해줌으로써 참가자들의 스트레스를 낮춰줄 수 있다.

컨퍼런스콜과 웨비나에 참여하는 중에는, 적극적 경청이 필요하다. 사람들의 이야기를 요약하고, 필요한 부분을 반복해줘서, 참가자들에게 상대방이 자신의 이야기를 듣고 있다는 것을 알려주는 거다. 참가자의 코멘트를 요약해주는 것은 사회자의 역할이지만, 다른 사람들도 그 역할을 할 수 있다. 정기적이고 적절한 타이밍에 주어지는 피드백은 팀워크를 높이고, 각 개인의 스트레스 수준을 낮추며, 미팅의 생산성을 강화해준다.

참가자들이 사용하는 언어가 여러 개인 경우, 특정 문화에서만 쓰이는 관용어구 사용을 피하고, 조금 더 천천히 이야기할 필요가 있다. 일부 문화만 강조되지 않도록 교대로 사회를 맡고, 요약과 정서적 피드백을 제공하는 역할에도 다양한 사람들이 참여하도록 하자.

그러면서 사람들간의 사회적 관계를 강화할 방법을 다양하게 찾아보자. 미팅의 시작을 알리는 역할을 교대로 맡는 것도 좋다. 각자 자신의 문화에 대해 간단하게 이야기하면서 각자 만들고 싶은 미팅의 분위기를 구성해보도록 하는 거다. 재미있게 참여할 수 있는 집단 활동을 해도 좋다.

TV와 마찬가지로, 카메라에 비칠 때에는 감정을 조금 더 크게 보여줄 필요가 있다. 평소 자신의 모습을 일관되게 보여주어야 하겠지만, 현재 논의되고 있는 내용에 대해 당신이 느끼는 정서적인 반응을 할 때에는 조금 더 명확하게, 약간은 과장되게 보일만큼 표현하자. 비디오컨퍼런스는 절제된 표현이나 축약된 표현을 선호하는 소통 포맷이 아니다. 이 포맷에 적절한 표현을 사용하자. 마찬가지로, 아이디어와 대화, 논쟁, 논의는 최대한 군더더기없이 깔끔하게 구성하는 것이 중요하다. 그렇다고, 별 가치없이 보일 정도로 설렁설렁 넘어가면 곤란하다. 사람들이 이해하기 쉽게 만들려고 지나치게 단순화시키게 되면, 상대방은 왠지 무시당한 느낌이 들어서 기분이 나빠질 수 있기 때문이다. 하지만, 적절한 수준에서 깔끔하게 정리된 내용을 전달하는 것에는 모든 참가자들이 감사해할 것이다.

둘째, 행동하는 방법을 변화시키자

TV 뉴스의 앵커같이 행동해보는 거다. 카메라를 바라보고 미소를 짓고, 자신의 정체성을 보여주자. 카메라 렌즈에 비친 모습만 가지고서는 진정한 나를 표현하기 어렵다. 적극적으로 활동을 하지 않으면, 의욕이 없고 용기도 없으며 수동적이기만 한 사람으로 보이기 십상이다. 제발 그러지 말자! 가능하다면 자리에서 일어나는 것도 한 방법이다. 더 많은 파워와 에너지를 보여주자. 앉아 있을 때보다 서 있을 때 목소리에 힘이 더 실리게 될 것이다.

이야기를 할 때에는 당신쪽으로 조명이 더 환하게 비치도록 세팅해두자. 카메라는 인간의 눈보다 더 많은 빛을 필요로 한다. 그래야만 화면이 자연스럽게 나올 수 있다. 좋은 조명을 구입하는 것을 추천한다. 그렇지 않으면 달의 어두운 쪽에서 이야기를 하는 사람같이 보일 수도 있다.

그리고 모든 부분에 대한 리허설을 반드시 하자. 비디오컨퍼런스를 진행하는 것은 보는 것만큼 쉬운 일이 아니다. 당신이 해야 할 말, 이야기하는 방법, 사용할 기술에 대해서도 리허설을 해보자.

비디오컨퍼런스 하루 전과 한시간 전쯤 리허설을 해보는 것이 바람직하다.

이 모든 일을 다 해내기 위해서는 도움이 필요하다. 진행과정에서(예 : 기록하기), 그리고 기술적으로(문제가 생겼을 때 고쳐주기) 도와줄 사람을 구하자. 도와줄 사람을 구하는 것이 구차해보인다고 생각할 수도 있겠지만, 절대 그렇지 않다. 문제가 발생하고, 생각한 대로 일이 돌아가지 않게 되면, 조력자를 미리 구해놓은 것이 천만 다행이라고 생각하게 될 것이다.

비디오컨퍼런스를 진행하는 과정중에는, 지금까지 진행된 내용을 자주 요약해주고, 앞으로 해야 할 일을 공지해주자. 모든 참가자들이 비디오컨퍼런스로부터의 스트레스를 줄이도록 도와줄 수 있는 방법 중 하나는, 사람들이 이야기한 것을 다시 정리해주고, 앞으로 같이 다루어야 할 것에 대해 미리 알려주는 것이다. 그럼으로써 모든 사람들의 몰입도를 높일 수 있다.

그리고 오디오컨퍼런스 및 웨비나와 마찬가지로, 항상 미리미리 준비를 시작하자. 모든 기술사항들을 점검하고, 앞으로 해야 할 과제에 대해 집중할 준비를 할 수 있는 시간이 필요하다.

카메라가 당신을 아래에서 올려다보도록 세팅하는 것은 바람직하지 않다. 카메라를 당신의 얼굴 약간 위에 세팅해서, 당신을 내려다보도록 하는 것이 좋다. 그렇지 않으면 앵글이 별로 예쁘게 나오지 않기 때문에, 당신이 이야기에 집중하지 못하고 '내가 화면에 어떻게 나오지'에 대해 걱정하게 될 것이다. 조명도 마찬가지이다. 앞에서도 이야기했지만, 빛이 많이 필요하다.

회의에 참가하는 사람들을 배려해서, 당신이 앉아있는 자리의 배경을 영화 세트같이 구성하는 것도 좋다. 스스로는 자신과 회사가 어떤 이미지로 전달되기를 바라는지 생각해보자. 당신의 회의에 배치된 배경세트는 상대방에게 당신의 가치, 믿음, 상태를 보여주는 데에 한 몫을 하게 된다. 당신이 전달하고자 하는 이미지에 가깝게 보일 수 있는 의상을 선택하자. 그리고 거리감을 표현하는 데 있어서 세 가지를 만들어놓자. 아주 가까이, 중간 정도, 아주 멀리. 이 트릭을 사용함으로써 당신을 스크린에 좀더 가까이 보이게 해서, 상대방이 목소리를 높여야 할 것 같은 생각을 하지 않도록 해줄 수 있다.

직접 만날 때보다 화면에 보이는 당신에 대해 사람들은 조금 더 부정적으로 평가할 수 있다는 것을 기억해두자. 화상 취업면접을 주제로 한 12개의 연구결과를 메타분석해보니, 화면으로 만난 지원자에게 면접위원들은 보다 부정적인 평가를 해서, 합격될 가능성이 더 적은 것으로 나타났다.[4] 미팅을 통해 중요한 사업 성과를 만들어내야 하는 상황이라면, 대면미팅을 하는 것을 먼저 생각해보도록 하자. 그럴 수 없다면, 어떤 방법을 통해 미팅의 결과를 개선시킬 수 있을지에 대해 고민할 필요가 있다.

셋째, 움직임을 변화시키자

이 제안은, 움직이는 것을 잊지 말라는 것이다. 카메라를 보고 있는 동안에는 표정 관리를 해야 하고, 핵심포인트를 강조하고 감정을 전달하며 명확성을 강화하기 위해 손동작을 하는 것도 좋다. 뭘 어떻게 해야 할지 잘 모르겠으면, 뉴스를 진행하는 앵커를 잘 관찰해보고 거울 앞에서 연습해보자. TV 출연자들에 대한 충고와 마찬가지로, 굵은 스트라이프나 체크무늬와 같이 화면에서 확대되어 보일 수 있는 옷은 피하는 것이 좋다. 단색의 옷, 그리고 보다 보수적인 느낌의 옷이 희한하게 튀는 옷을 입는 것보다 훨씬 더 낫다. 한마디로 말해서, 당신이 기대하는 성과를 만들어내는 데에 도움이 되도록 옷을 고르자는 것이다. 비디오컨퍼런스에서 당신이 해야 할 가장 중요한 일은, 프로같이 보여지고자 하는 노력이다. 대부분의 참가자들은 주위 사람들이 입는 것과 비슷하게 옷을 고른다. 비즈니스 캐주얼, 정장과 넥타이, 파워슈트 등등. 상대방을 놀라게 하지 않으면서도, 당신의 매력을 보여줄 수 있으려면 어떤 의상을 입는 것이 좋을지 고민해보길 바란다.

혹시 틱 증상(운동틱, 음성틱)이 있는가? 그렇다면, 좋은 연습기회가 왔다. 자신의 모습을 녹화해 보면서, 다른 사람들이 그 화면을 보고 당신에 대해 부정적인 평가를 할만한 문제점을 찾아보자. 그리고 본인의 증상에 대해 적절한 정보를 제공하지 않으면, 상대방의 뇌에는 당신의 틱증상만 강하게 남아있게 될 것이다.

아드레날린 때문에 표정을 제대로 짓기가 어려운가? 자신의 모습을 녹화해보고, 스트레스를 받을 때 자신이 어떤 식으로 무표정이 되는지 파악해보자.

그렇다면, 의도적으로 미소를 짓거나 고개를 끄덕이고, 정기적으로 눈을 크게 떠보자. (그렇다고 이 모든 것을 한꺼번에 할 필요는 없다.) 눈이 부실 때 눈을 가늘게 떠서, 불필요한 냄새를 맡은 것 같은 표정을 짓고 상대방을 불쾌하게 만들지는 않는지 살펴보자. 좀 힘들 수는 있겠지만, 눈을 또렷하게 뜨기 위해 노력해보자. 눈을 제대로 뜨지 못하는 경우, 의구심이 있거나 상대방을 멸시하는 듯한 느낌을 줄 수도 있으니 말이다.

조리있게 이야기를 하고 있는가? 비디오컨퍼런스로부터 받는 스트레스 하에서도, 무슨 말을 해야 할지에 대해 신경을 써야 하고, 동시에 자신의 이야기가 일관성, 흥미, 상식적 요소를 갖추고 있는지를 체크해봐야 한다. 그런 다음에 당신의 메시지와 일치하는 감정을 잘 전달하고 있는지에 대해 상대방에게 물어보자. 현재 하고 있는 이야기에 집중하지 못하고, 다음에 해야 할 이야기를 생각하고 있지는 않는지 확인하는 것이 좋다. 그렇게 몰입하지 못하는 모습을 보이게 되면 비디오컨퍼런스에 참여하는 상대방에게 당신의 정서적 비일관성을 느끼게 할 수 있기 때문이다. 이야기의 의미와 일치하지 않는 정서적 표현을 하는 사람의 말을 이해하기란 정말 어려운 일이다. 당연히 발표자와 청중의 연대감은 약해질 수밖에 없다.

마지막으로, 가장 중요한 질문을 해보도록 하자. 청중과 건강한 연결관계를 구축하고 있는가? 비디오컨퍼런스에서의 핵심은, 당신이 참가자들과 얼마나 강한 연대감을 가지고 있는가에 대한 것이다. 제대로 된 소통을 하고 있는가, 아니면 일방적으로 혼잣말을 하고 있는가? 청중에게 대답할 수 있는 시간을 주고, 그들의 말을 듣고 있다는 표현을 해주고, 정기적으로 사람들의 참여를 요청하자. 그리고 참가자들이 진행되는 내용을 소화할 수 있는 시간을 만들어주자. 너무 숨차게 달려가서 일을 빨리 끝내려고만 하는 태도는 바람직하지 않다. 특히 미팅을 진행하는 주언어가 자신의 모국어가 아닌 직원이 있을 경우에는, 내용을 이해할 수 있도록 기다려줄 필요가 있다.

컨퍼런스 참가자들과 함께 의미 있는 시간을 만들어가고 있다는 것을 꼭 기억하자. 그러한 태도가 발생가능한 문제점들을 해결할 수 있는 기본이 되어줄 것이다. 회의 참가자들과의 연대감을 높이기 위해서는 자연스러운 감정표현과 솔직함이 필요하다. 발표자가 비일관적인 행동을 보일 때 사람들의 집중도와 참을성은 감소될 수밖에 없기 때문에, 사람들과 나눌 수 있는 무엇인가를 솔직하게 보여주어야만 한다.

당신이 가식적인 모습을 보인다면 상대방은 곧 알아챌 것이고, 그러한 분위기를 당신 자신도 느끼게 될 것이다.

언제일지 모르지만, 온라인 미팅에 사용하고 있는 첨단기술이 고장날 가능성은 항상 존재한다. 백업 계획을 준비해두고, 커뮤니케이션을 할 수 있는 대안을 마련하자. 하지만 잘 되지 않는 상황에서 당황하지 않고 웃어넘길 수 있는 여유도 갖고 있어야 한다. 절대로 회복하지 못할 재난이 일어나는 경우는 별로 없는 데다가, 인간은 가끔씩 실패하게 되어 있는 존재이니까 말이다.

넷째, 말하는 내용을 변화시키자

말을 너무 많이 하지 않는 것이 좋다. 요새 우리는 참가자들의 집중도가 떨어질 것을 두려워해서, 사람들의 참여를 막고 일방적으로 이야기를 마무리해버리는 경향이 있다. 우리가 한 팀이라면, 적어도 한 팀이 되기 위해 노력하고 있다면, 함께 작업을 하는 것이 바람직한 것은 당연하다.

오래된 뻔한 클리셰(clichés : 예를 들어 상황을 변화시켜라, 냉정함을 유지해라, 적절한 존중감을 표현해라, 알맞은 거리감을 유지해라, 부서 이기주의 현상을 부숴버리자, 패러다임을 바꾸자)에서 벗어나서 새로운 아이디어를 얻어보자. 이와 같은 클리셰들은 우리에게 익숙함과 편안함을 선사하지만, 우리가 거기에서 더 나아간 사고를 하는 것을 방해한다. 뭔가를 그대로 따라하려는 생각을 버리자. 우리 자신의 사고를 하고, 우리 자신의 이야기를 하며, 팀구성원들이 진정한 여행을 함께 할 수 있도록 도와주게 되면, 자연스럽게 사람들의 에너지 손실을 막을 수 있게 될 것이다. 우리는 용기, 솔직함, 실패를 이겨낸 승리로부터 영감을 얻는다. 엄청나게 많은 부서 이기주의를 깨부순 성공 경험이 있다고 해도, 솔직함과 용기는 우리가 필요로 하는 최고의 자원이다. 비디오컨퍼런스 참가자들에게 누군가의 명언을 들려주기보다는, 당신의 실제 언어를 들려주자.

상대방이 말을 할 때에는, 그 이야기에 귀를 기울여주자. 누군가 이야기를 하고 있을 때, 어떻게 대답할지에 대해 속으로 계획하는 습관은 버리자. 누군가 이야기를 하고 있을 때, 그 다음에 어떻게 답변을 할지에 대해 생각하지 않고, 상대방의 이야기에 진정으로 귀를 기울이는 것만큼 강력한 경청은 없다. 한번 시도해보기 바란다.

마지막으로, 이야기하는 태도, 움직임, 표현을 하는 데 있어서 다른 참가자를 흉내냄으로써 라포를 형성해보자. 이러한 행동은 신뢰를 쌓을 수 있다. (무의식적 수준에서의) 라포 형성은 미팅 시작부터 20분 이내에 이루어지면 좋다. 튼튼한 라포가 형성되면, 기대하는 행동과 성과를 제시하면서 미팅의 리더 역할을 수행하기가 훨씬 더 수월할 것이다. 중요한 것은 경청과 미러링(mirroring)이 먼저 이루어져야 한다는 사실이다. 사람들은 상대방이 자신의 이야기에 귀를 기울여주기를 기대하고, 당신에게 관심을 쏟아주기를 바란다.

사실 비디오컨퍼런스는 전화와 같이 악명이 높은 20세기 도구보다 훨씬 더 풍요로운 소통 경험을 제공해줄 수 있다. 하지만 그만큼 스트레스는 더 커질 수 있다. 비디오컨퍼런스를 진행하는 방법을 바꿈으로써 사람들의 경험자체를 매우 많이 개선시키는 것이 가능하다고 생각한다. 현실세계와 가상세계에 한발씩 걸친 20세기의 소통 도구 활용에 대해 연습해보자. 보다 편안하고 자연스럽게 커뮤니케이션을 할 수 있게 될 것이다.

실용적인 팁

효과적인 비디오컨퍼런스를 위한 노하우

다음의 팁들을 활용하면, 당신의 비디오컨퍼런스 환경을 개선해서, 기대하는 좋은 성과를 거둘 가능성이 커질 거라 믿는다.

1. 영화 산업계를 참고하자. 어쨌든, 당신의 모습이 화면에 나오는 것이니까 말이다.
2. 비디오컨퍼런스가 지속적인 업무과정의 일부로 진행되는 것이라면, 미팅의 모든 내용들을 기록하고 이해관계자를 관리할 수 있는 독립

적인 데이터베이스를 만들기를 추천한다.

3. 언어적 표현을 검토해보자. 침묵이 동의를 의미한다고 오해하면 곤란하다.
4. 참가자들마다의 시차, 문화차이, 몰입도 차이에 대해 세심하게 배려하자.
5. 미팅이 진행되기 전에 충분한 시간을 두고 자료를 공유해서, 참가자들이 미리 문서를 다운받아 검토할 수 있도록 하자.
6. 예비 커뮤니케이션 채널과 플랜 B를 준비해두자.
7. 업무품질과 사회적 네트워크에 대한 정보를 팀에게 미리 공유해주자.
8. 미팅에서 기대하는 결과가 어떤 것인지에 대해 미리 생각해두자.
9. 컨퍼런스콜 및 웨비나와 마찬가지로, 적극적 경청 자세를 갖추자.
10. 정기적인 피드백을 제공하자.
11. 참가자들이 다양한 언어를 사용할 경우, 관용어구 사용을 피하고, 조금 더 천천히 말하자.
12. 사회적 연대감을 강화할 수 있는 방법을 찾자.
13. TV와 마찬가지로, 카메라 앞에서는 보다 많은 감정표현이 필요하다. 당신의 감정을 효과적으로 보여줄 수 있는 방법을 찾자.
14. 아이디어, 대화, 논의, 토론과정은 최대한 군더더기없이 깔끔하게 구성하는 것이 좋지만, 지나치게 단순화시킬 필요까지는 없다.
15. TV 뉴스를 진행하는 앵커 같이 행동하자. 카메라를 바라보고, 미소를 짓고, 자신의 정체성을 보여주자.
16. (가능하다면) 일어서서 이야기를 해도 좋다.
17. 발표자에게 보다 많은 조명이 비쳐지도록 하자.
18. 모든 것에 대해 리허설을 하자.
19. 회의 진행에 대한 조력자를 구하자.
20. 지금까지 진행된 바에 대해 요약을 해주고, 앞으로 어떤 것을 할지에 대해 알려주자.

21. 오디오컨퍼런스 및 웨비나와 마찬가지로, 항상 미리 도착해서 준비하자.
22. 이야기를 할 때 가끔씩 움직이는 것을 잊지 말자.
23. 카메라를 약간 위에 설치해서 아래를 내려다보도록 세팅하자.
24. 발표자의 배경은 영화 세트같이 구성하자.
25. 대면소통을 할 때보다 사람들은 당신에 대해 조금 더 부정적으로 평가할 것이라는 사실을 이해하자.
26. TV 출연자들에 대한 조언과 마찬가지로, 지나치게 굵은 스트라이프나 체크무늬 옷을 입어서 화면을 통해 확대되어 보이지 않도록 하자.
27. 운동틱이나 음성틱 증상이 있을 경우, 화면에 비친 자신의 모습을 잘 관찰해보고, 사람들이 불편해할 수 있는 부분을 좀더 많이 연습해보자.
28. 어떤 이유에서라도 무표정인 때가 많다는 것이 관찰되면, 최대한 노력을 해서 다양한 표정을 보여주자.
29. 눈이 부셔서 눈을 자꾸 감게 된다면, 의도적으로 눈을 좀더 크게 뜨도록 하자.
30. 미팅에 적용할 핵심적인 스토리를 만들고, 일관성을 유지하자.
31. 청중과의 연대감을 강화하자.
32. 청중이 당신으로부터 전달하는 메시지를 소화할 수 있는 시간을 주자.
33. 컨퍼런스 참가자들의 말에 진심으로 귀를 기울이자.
34. 성공적인 소통에 도움이 되는 의상을 선택하자.
35. 언제일지 모르지만 온라인 미팅에 사용하는 첨단기술이 제대로 기능하지 못할 가능성은 항상 존재한다. 미리미리 대비해두자.
36. 말을 너무 많이 하지 말자.
37. 미팅의 목표만 생각하기보다는, 진행 과정에 신경쓰자.

38. 클리셰를 피하고, 새로운 아이디어를 찾아내자.
39. 회의 참가자들의 이야기에 적극적으로 귀를 기울이자. 상대방이 말하고 있을 때 자신의 그 다음 대답을 생각하는 태도는 바람직하지 않다.
40. 이야기하고 움직이며 표현하는 방법에 있어서, 회의 참가자들을 흉내내는 모습을 보여 라포와 연대감을 강화하자.

점프컷 스토리(jump-cut story)

혹시 사람들의 집중시간이 무서울 만큼 짧아지는 것에 대해 아직도 걱정하고 있는가? 디지털 세상의 특성상, 우리는 신속하고 민첩하게 움직여서 사람들의 집중도가 떨어지기 전에, 그들의 관심을 끌어야 한다. 이야기하고 있던 주제를 예고없이 전환하면 상대방의 관심을 끌 수 있다. 이 아이디어는 장면을 급전환해서 보는 사람의 주의를 환기시키는 영화 테크닉인 점프컷과 비슷한 것이다. 1~2초쯤 쉬었다가, 주제와 관련된 이야기를 하기 시작하자. 얼핏 듣기에 주제와 관련이 없는 이야기로 들리게 되면, 효과는 급증한다(시간이 지난 후 관련성이 있다는 사실을 잘 보여주게 된다면). 우선 청중으로 하여금 그 이야기가 주제와 어떤 관련이 있는지 알아낼 시간을 주자. 그런 심리적 작업 과정을 통해 사람들은 이야기에 집중하게 될 것이다.

온라인 커뮤니케이션의 일반적인 노하우

다음의 제안들은 이메일, 채팅, 비디오컨퍼런스 등의 모든 온라인 커뮤니케이션 도구에 적용 가능하다.

1. 이메일, 오디오컨퍼런스, 비디오컨퍼런스. 이 모든 도구들은 대면소통 때보다 효과적이지 않다.
2. 빨리 이야기가 진행되어야 한다고 지나치게 서두르거나, 천천히 하자고 지나치게 느긋한 태도를 취하는 것은 모두 바람직하지 않다.

3. 일방적으로 밀어붙여서 빨리 이야기를 끝내고 싶은 마음은 옆으로 치워두자.
4. 사람의 손길이 필요한 부분을 자동화시키려는 불필요한 노력은 하지 말자.
5. 미팅을 통해 어떤 것을 달성하고 싶은 것인지를 정리해두자.
6. 커뮤니케이션을 하는 과정에 적극적으로 몰입하자.
7. 모든 사람들이 익숙하게 느끼는 커뮤니케이션의 형태와 진행방법을 활용하자.
8. 온라인 메시지의 중요성 정도의 단계를 만들어두자.
9. 커뮤니케이션을 할 때 문화적 차이에 대해 세심하게 고려하자.
10. 비상 상황일 때 신속하게 대응할 수 있도록 몇 개의 예비 소통 채널을 만들어두자.

요약

- ★ 비디오컨퍼런스를 진행한다는 것은 어려운 일이다. 가볍게 생각하지 말자.
- ★ 그냥 아무 생각 없이 회의실에 들어가 앉아 있는 것과는 천지차이이다. 대면 회의와의 차이점을 숙지하고, 어떻게 하면 성공적으로 소통할 수 있을지에 대해 고민해보자.
- ★ 자연스럽게 번갈아가며 이야기할 수 있는 방법을 찾아내자.
- ★ 사회자 역할을 담당할 사람을 정하자.
- ★ 정기적으로 사람들의 지각을 확인하는 체계를 구축하자.

10장

영업

인터넷과 핸드폰은 우정, 가족관계, 일터에서의 연결관계, 개인적 유대감에 대한 기존의 개념을 모두 바꿔놓았다. 과거에는 가족구성원, 친구, 동료들과 정기적으로 친밀한 상호작용을, 그리고 자주 못 보는 사회의 구성원들과 좀더 약한 연대를 구축하는 것이 당연했었다. 하지만 이제는 멀리 떨어져 있는 사람들과도 매우 잦은 상호작용을 주고받고 있다. 현대사회를 살고 있는 사람들은 직접 만나는 관계보다는 온라인 관계를 더 많이 갖고 있는 것으로 보이기도 한다.

그 결과, 많은 사람들이 고립감을 크게 느끼고 있고, 더 비극적으로는 자살률이 높아지는 현상까지 나타나고 있다.[1] 확실히, 십대 소녀들이 핸드폰을 사용하는 시간과, 우울감을 느끼고 자살을 생각하는 빈도간에는 명확한 상관관계가 존재한다.[2] 핸드폰과 연대감의 강도가 약한 친구관계가 나쁜 것이기 때문이 아니라, 인간의 마음은 직접 만나는 상호작용을 원하고 있기 때문에 생기는 결과이다. 그리고 동시에, 우리의 일터 동료 및 친구들과의 대면 상호작용 빈도도 줄어들고 있다. 그 사람들이 전세계에 흩어져 있어서 주로 온라인 관계만 맺을 수 있기 때문이다.

우리가 현재 살고 있는 시대를 상징하는 사진은 과거의 〈라이프(*Life*)〉 잡지에서 본 것 같은 것이 아니라, 셀피(selfie)일 것이다. 아내와 나는, 1~2년 전 루브르 박물관의 〈모나리자〉 그림이 걸려 있는 공간에 들어가려고 했을 때를 아직도 기억한다.

어마어마하게 많은 사람들이 위대한 미술 작품을 감상하려고 하는 것이 아니라, 유명한 그림과 같은 방에 있을 때 셀피를 찍는 것에 열중하고 있었다. 모든 서구 세계가 찬탄해마지 않는 그림을 직접 보았다는 것을 증명하기 위해 자기자신의 모습을 사진찍는 것이다.

페이스북 세대는 관심의 초점을 스스로에게 돌리고, 모든 것에서 자신을 기준으로 삼기 시작했다. 자신의 경험을 기록하는 것은, 그 경험 자체보다 더 중요한 일로 인식된다.

그렇다고 해서 자기지시주의(self-referentialism)가 이기적인 태도와 동일한 개념은 아니다. 누군가에게 해를 입히는 것도 아니고 말이다. 페이스북이나 인스타그램에 사진을 올려서, 가족, 친구, 동료들(그리고 연대감은 약하지만 알고 있는 사람들)에게 재미있는 일을 했다는 것을 그저 보여주고 싶은 것이다.

이와 같은 맥락에서, 사람들에게 상품, 서비스, 아이디어를 영업할 수 있는 방법은 무엇일까? 사람들이 새로 나온 신기한 상품, 서비스, 아이디어를 사고 싶은 마음을 갖게 하는 것은 더 어려워질까, 아니면 더 쉬워질까?

영업 사이클의 변화

첫번째로 이야기할 가장 중요한 사실은, 인터넷은 영업 사이클을 근본적으로 변화시켰다는 점이다. 영업직원이 잠재적 고객과 관계를 맺는다는 것은, 영업의 과정을 함께 걸어가기 시작하게 된다는 것을 의미한다. 잠재적 고객은 이미 가능한 옵션들을 조사하고, 영업직원의 회사와 라이벌 회사에 대한 평가까지 탐색해보았을 것이다.

그렇기 때문에, 영업직원은 판매의 새로운 테크닉을 배워야 한다. 개인적 연결관계를 신속하게 맺는 방법, 영업의 각 단계에서의 적절성을 확인하기, 알맞은 속도로 고객을 움직이기. 이 모든 관계관리는 실제 세상과 온라인 세상 모두에서 이루어진다.

이상적인 균형이라는 것은 고객에게 달려있는 문제이기 때문에, 영업직원은 실제 세상과 온라인 세상에서 활용 가능한 도구를 갖추어야 할 뿐 아니라, 고객의 마음을 신속하게 읽어내야 하고, 영업 사이클에 관련된 사람 및 집단과 최적의 연계를 맺을 수 있는 방법을 마련해야 한다. 그러기 위해서는 이전에도 항상 중요했었던(특히 온라인 세상에서의 중요성이 강조되는) 경청 역량이 필요하다.

고객의 니즈는 상품 이상의 우선순위로 생각되어야 한다

대부분의 영업직원들은 고객의 말에 귀를 기울여야 한다는 것을 잘 알고 있다. 하지만 경청을 제대로 하는 사람은 매우 드물다. 그리고 경청의 기술은 금방 배우기도 쉽지 않다. 경청을 한다 해도 제대로 듣지를 못한다. 중요한 것은, 고객이 전달하는 모호한 메시지 아래 숨어 있는 의미에 귀를 기울이는 것이다. 잠재 고객이 가지고 있는 감정은 어떤 것일까? 새로운 것을 구입하는 것에 대해 긍정적인 마음일까? 아니면 낯선 첨단기술에 대해 두려움을 가지고 있을까? 변화에 대한 저항감을 느낄까? 이전에 쓰던 제품에 대해 불편해하는 점은 어떤 것일까?

커뮤니케이션 과정에 참여한 사람들이 기억하는 것, 그리고 중요하게 생각하는 것은 '감정'이다. 우리가 귀를 기울여 듣고 반응해야 하는 것은 상대방이 직접 이야기한 내용이 아니라, 바로 그 '감정'인 것이다. 고객의 정서를 파악하고, 그에 적절하게 반응하는 방법을 알아낼 수 있다면, 곧 당신은 최고의 영업전문가가 될 것이다.

연결관계 구축 작업은, 고객이 약한 강도의 연대를 맺고 있는 지인들과 함께 살아가고 있는 세계를 잘 이해하는 것부터 시작된다. 우선 우리는 그 정도 약한 수준의 네트워크에 포함되어야 한다.

영업 후 케어(또는 연속 영업) 작업을 통해 그와 같은 연결관계가 강하게 유지되기를 원한다면, 너무 서두르지도 말고, 지나치게 가까운 척 하는 것도 금물이다. 사람들과의 연결관계는 초반에는 표면적일 수밖에 없다. 하지만 그 관계가 지속될 수 있다면, 정서적 연대감이 강해지게 될 것이다.

온라인 세상에서는, 타인의 이야기가 당신의 주장보다 더 중요하다

온라인에서 과연 누구를 믿는 것이 옳은 일인지 알지 못하고, 우리의 온라인 신뢰 관계는 대면소통때보다 더 깨질 가능성이 높기 때문에, 지갑이나 자동차를 판매하는 영업직원을 과연 믿어야 할지에 대한 제3자의 의견을 받는 것은 도움이 된다. 성공적인 영업직원은 제3자와의 연결관계를 맺고 지지를 받기 위해 온라인 네트워크 구축에 많은 시간과 에너지를 투자한다. 그 인적 네트워크는 현재 및 미래의 영업 세상에서 새로운 페르소나를 만드는 작업을 도와줄 것이다.

지지 네트워크를 튼튼하게 구축한 후부터는 고객이 당신을 찾아오기를 차분히 기다리면 된다. 물론 그렇게 말처럼 간단하고 쉬운 일은 아닐 것이다. 익숙함을 느끼는 고객 채널을 상대할 때보다, 영업과 홍보 활동을 더 열심히 해야 한다. 하지만 이제 영업 사이클에서 고객이 가지고 있는 파워는 이전보다 훨씬 많이 커졌다. 고객이 관계를 맺고 싶다는 신호를 명확히 보내지 않는 경우, 상대방이 준비될 때까지 기다려야 하는 것은 당신의 몫이다.

영업계약을 맺기 위해 당신이 해야 할 일은, 고객과의 관계에서 두가지를 구축하는 것이다. 믿음(credibility)과 신뢰(trust). 믿음이 먼저 오고 신뢰가 나중에 온다. 당신이 고객의 문제점을 이해하고 있다는 것을 보여줄 때 믿음이 생기고, 당신이 그 문제를 해결해주었을 때 신뢰가 생기게 된다.

믿음과 신뢰가 가장 중요한 요소이다

두가지 중 하나만 없어도, 고객과의 관계가 지속되기는 어렵다. 당신에 대해 인간적인 매력을 느낀다 하더라도, 당신을 믿을 수 없다면 고객은 다른 곳에서 전문가를 찾을 것이다. "우리 회사의 페인트 색깔 문제에 대해 진짜 이해하고 있는 것이 맞나?"라고 의심하면서 말이다.

신뢰가 없다면, 당신의 전문성에 대한 평가도 낮아질 것이고, 당연히 구입은 다른 쪽에서 하게 될 것이다. "판매 이후에도 고객에 대한 관리가 진짜 이루어질지 의심스럽다"라는 마음이 들 것이니까.

이 두가지의 관계 핵심 요소를 만들어내려면 어떻게 해야 할까? 경청이 그 답이다. 고객이 이슈를 파악하고 있는 수준만큼 문제를 이해하고 있다는 것을 보여주게 되면 믿음을 끌어낼 수 있을 것이다. "이 사람은 내가 연두색을 싫어한다는 것을 잘 알고 있다니까! 마침내 페인트에 대해 제대로 이해하는 사람을 찾았어!"

그 다음에는, 당신이 문제점을 해결할 수 있다는 것을 보여주자. 처음에 고객이 시장에 나와 문제해결사를 찾게 만든 이슈를 없앴을 때, 고객과의 강한 신뢰관계가 구축될 수 있다. "(당신이 골라준) 라벤더 색깔은 이 방에 정말 잘 어울리네요!"

신뢰와 믿음은 온라인 영업을 성공적으로 이끌 수 있는 두가지 핵심 요인이다. 고객과의 강하고 지속적인 관계를 만드는 데에 꼭 필요한 요소라고 할 수 있다. 영업계약을 체결하기 위해서는, 고객이 실제 세상과 온라인 세상에서 의사결정을 내리는 과정 자체를 이해해야만 한다.

고객이 당신에게 연락을 했다는 것은, 무엇을 의미할까?

고객이 자신이 구입한 상품에 대해 만족하고 있지만, 옳은 판단을 한 것인지에 대해 확인받고 싶어한다고 생각해보자. 이 경우, 당신이 정기적으로 관리해야 할 명단에 고객을 포함시키고, 고객이 원할 때 대응할 수 있도록 관계를 구축해 놓는 것이 바람직하다.

의사결정의 초반, 문제에 대한 구조화작업의 도움을 받고 싶어 하는 고객을 떠올려보자. 정보가 부족한 상황이라면, 당신에게 더 유리하다. 통계자료를 제공해주고, 앞으로 어떤 일이 발생하게 될지에 대해 간단하고 명료하게 설명해주자. "2019년 모델은 예전 버전보다 전기를 절반 정도만 사용한다는 것을 인식하고 계십니까?"

문제의 해답을 찾기 위해 어떻게 해야 할지에 대해 잘 몰라서 혼란스러워하는 고객이 있다고 해보자. 그렇다면 보다 적극적으로 뛰어들어서 도움이 될만한 사이트 링크, 정보, 편견없는 조언을 제공해주는 것이 필요하다. 필요할 때 의논할 수 있는 영업전문가로서 기억될 수 있으니까 말이다.

문제의 수렁에 빠져 있는 고객은 정보를 원한다. 비교자료, 데이터, 세부사항들. 이 단계에서, 당신이 가지고 있는 상품 및 서비스에 대한 모든 지식은 실제적인 도움을 줄 수 있다. 너무 놀라서 눈이 휘둥그레질 정도까지 해줄 필요는 없지만, 고객의 니즈를 만족시켜주기는 해야 한다. "이 두 가지 모델들은 모두 성능이 좋습니다만, 모델 B는 크기가 더 작고 소음이 적습니다. 속도가 빠른 것은 말할 것도 없지요."

이번에는 고객이 이미 특정 행동을 하기로 결정하고, 주문을 하기 위해 당신을 찾았다고 생각해보자. 점점 더 많은 고객들이 이와 같은 상태에서 영업전문가를 찾아온다. 그때부터 중요한 것은 이와 같은 준비가 되어 있다는 것을 파악하고, 협상을 하는 일이다. 이미 마음을 정한 고객은 늦장을 부리고 싶어하지 않는다. 그러니까 불필요한 밀당을 하는 것은 바람직하지 않다. "좋은 선택을 하셨습니다. 이 특급 커피머신은 필요한 기능을 모두 가지고 있기 때문에, 매일 아침 멋진 커피 한잔을 선물해드릴 겁니다. 자, 이제 필요한 서류를 작성해볼까요."

그렇기 때문에, 어떤 설명이라도 시작하기 전에 고객의 이야기에 귀를 기울이는 것이 중요하다. 현재 상황이 어떤 것인지 제대로 파악하지 못한다면, 앞으로 어떻게 해야 할지에 대해 고객에게 길을 제시할 수가 없다.

마지막으로 당신이 해야 할 일은, 고객이 이번의 계약을 편안하게 진행해서 앞으로 더 큰 계약을 할 수 있도록 만드는 것이다. 그렇다고 해서 영업과정의 모든 부분들을 당신이 혼자 해내야 하는 것은 아니다. 당신이 고객을 수동적으로 만들어 놓으면, 갑자기 고객이 각성해서 적극적이 되고 새로운 계약을 제안하는 일은 절대 일어나지 않을 것이다. 영업에서 가장 중요한 점은, 고객이 계약과정에 능동적으로 참여하도록 하는 것이다. 고객과 함께 작은 계약에서 출발해서, 더 큰 계약으로 나아가도록 하자.

관계 구축을 위한 무리한 시도는 오히려 나쁜 결과를 초래한다

리차드 드레이퍼스(Richard Dreyfuss)가 1960년대의 알루미늄 벽널(siding: 외벽용 널빤지) 영업직원인 빌 바보스키(Bill Babowsky, BB)를 연기한 1987년작 코미디 영화 〈캐딜락 공방전(*Tin Men*)〉은, 젊은 수습사원이 영업이라는 마법의 세상으로 들어오는 장면으로 시작한다.[3]

바보스키는 한 주부와의 대화를 하면서, 바닥에 1달러짜리 지폐를 일부러 떨어뜨려서, 상대방이 지폐를 주워주게 만든다. 그는 이 트릭을 써보면, 판매를 할 수 있을지 없을지를 알게 된다고 설명한다. 지폐를 주워주는 고객은 친절한 사람이기 때문에 알루미늄 벽널에 대한 이야기를 들어줄 것이고, 그렇지 않다면 아예 이야기도 못 붙이게 할 것이라는 예측이다.

얼핏 듣기에 괜찮은 트릭인 것 같지만, 실행방법은 완전 잘못되었다. 바보스키는 고객에게 실험을 해보는 것이 아니라, 어떻게 하면 신뢰로운 관계를 구축할 수 있을지에 대한 방법을 찾았어야만 했다. 영업을 위한 단계를 진심을 가지고 밟아나갔다면, 볼티모어의 주택가에서 알루미늄 벽널의 판매량을 늘릴 수 있었을 것이다.

고객을 수동적인 존재로 만들지 말고, 능동적인 존재로 존중해주자. 영업 관계에 적극적으로 참여할 수 있도록 초대하자. 당신이 모든 일을 다 하면 안 된다. 고객과의 신뢰관계가 튼튼하게 만들어진다면, 단순한 연결 관계를 넘어서서 영업까지 가능한 단계까지 자연스럽고 편안하게 나아갈 수 있게 될 것이다.

그리고 고객이 주위 사람들에게 당신에 대한 이야기를 하게 되는 것, 그것이 바로 온라인 세상에서 이루어지는 영업의 핵심이다. 당신 또한 온라인 세상에서의 생활을 편안하게 느끼고, 능숙하게 행동할 수 있어야 한다. 점점 더 많은 사람들이 점점 더 많은 시간 동안 핸드폰을 통해 페이스북, 인스타그램, 스냅챗을 이용하고 있다. 언제 어디서나 온라인 세상에서 정보를 찾는다는 이야기이다. 이렇게 1일 24시간, 주 7일 내내 운영되는 세상에 대해 당신은 민첩하고 신속하게 반응을 보일 필요가 있다. 고객이 실제 세상 및 온라인 세상에서 어떻게 살아가고 있는지, 그리고 어떻게 메시지를 받고 어떻게 관계를 맺으며 어떻게 물건을 구입하고 싶은지에 대해 이해해야만 한다.

호혜성은 어떻게 만들어내면 좋을까?

온라인 세상에서 일단 연결관계를 만들어냈다면, 그때부터 생각해볼 것은 호혜성(reciprocity)의 구축 문제이다.

고객들이 당신에게 의무감을 갖게 하려면 어떻게 하면 될까? 죄책감을 만들어낼 필요까지는 없고, 당신에게 뭔가 좋은 일을 해줘야 하겠다는 수준이면 충분하다.

온라인 공간에서 해야 할 일은 상호작용에 대한 승인을 받고, 적절한 정도의 연락을 하는 것이다. 지나치게 부담을 느낄 정도로 밀어붙일 필요는 없다. 호칭을 어떻게 하면 좋을지에 대해 물어보고, (내용이 어떤 것이든 간에) 이메일을 보내고 전화를 걸어도 된다는 허락을 받는 것이다. 집요하게 따라다니면서 괴롭히거나, 아예 관심이 없는 것 둘다 좋지 않다. 고객의 니즈를 존중하는 것이 중요하다.

그러고 나서는, 그러한 상호작용에 대해 고객이 어느 정도 준비되어 있는지에 대해 생각해보자. 사실 상호작용을 하는 것 자체는 별로 어렵지 않은 일이기 때문에, 자칫 잘못하면 지나치게 되기 쉽다. 비용이 많이 들지 않는다고 너무 많은 연락을 퍼부어대는 실수를 하게 되는 일이 종종 생긴다. 상호작용의 양에 대해 항상 고려하자.

중요한 것은 고객의 마음을 추론하는 것이 아니라, 질문을 하려는 태도이다. 온라인 공간에서 가장 바람직한 것은 처음에는 프라이버시 존중, 악수, 상호작용 등 모든 관계의 규칙을 엄격하게 지키고, 그 다음에 관계가 수립되었을 때 다소 캐주얼한 태도를 취하는 것이다. 당신이 가지고 있는 정보원천들과 사이트 링크를 공유하고, 당신이 어떤 것을 목표로 하는지에 대해 투명하게 공개하는 것이 좋다. (당신이 숨긴다 하더라도) 잠재적 고객은 어떻게든 알아낼 것이다. 당신에 대한 정보를 얻는 데에는 몇 번의 클릭과 몇 분의 투자만 있으면 가능한 일이니 말이다. 온라인에서든 실제 세상에서든, 당신의 진짜 모습을 숨기려는 어떤 시도도 바람직하지 않다.

기본적으로, 우리의 뇌가 보이는 기본적인 반응패턴은 온라인 세상에서도 변하지 않았다는 사실을 기억할 필요가 있다. 사람들과의 연결관계를 맺고 싶다면, 그들의 관심을 끌어야 한다. 그 다음에 상대방의 감정에 대해 초점을 맞춰주고, 그들의 기억에 남는 존재가 되어야 한다. 신선한 아이디어를 가지고 고객에게 접근하고, 영업으로 가는 과정에 그들을 참여시켜야 한다. 고객이 준비가 되었다면, 영향력을 행사할 수 있는 고전적인 방법을 통해 동기를 부여하자. 권위, 선호, 희귀성, 몰입, 일관성, 사회적 증명, 상호호혜성.

새로운 연결관계를 맺는 과정에서는 사람들의 도움을 받자

원래 인간은 다른 인간에 대한 관심이 매우 많은 존재이다. 그들의 의도가 무엇인지, 어떤 사람인 것 같은지, 자신에게 어떤 행동을 할 것인지, 나를 위해 그리고 나와 함께 무엇을 할 것인지.

우리는 다른 사람들과 어울리기를 좋아한다(누군가 모르는 사람이 키우는 고양이와 강아지를 인터넷에서 보며 좋아하는 것까지 포함해서). 원래 인간은 고통을 줄일 수 있는 방법을 찾고, 주위 사람들과 자신을 비교하며, 자신의 노력에 대한 보상을 받고 싶어한다. 우리는 매력적인 사람들, 아기처럼 귀엽고 어려보이는 사람들, 그리고 시각적으로 아름다움을 느낄 수 있는 물건들에 대해 긍정적인 편향을 보인다. 전형적인 상황을 좋아하고, 사물이나 동물을 의인화해서 생각하는 경향이 있다. 자연의 사진을 보면 마음이 가라앉고, 도시의 사진을 보면 에너지 수준이 올라간다. 그리고 단순한 것에 더 마음이 끌린다.

논리적으로 생각했을 때, 열심히 일했다면 반드시 보상이 있어야 한다고 우리는 믿는다. 그래서 피드백이 도움이 된다. 일을 잘했다면 일터의 정치적인 상황에 상관없이 성과를 인정받아야 하며, 논리와 사실만 확실하다면 상대방을 설득할 수 있다고 생각한다. 안타깝지만 이와 같은 생각은 실제 현장에서는 통하지 않는다.

우리는 정서적으로 이해받고 가치를 인정받고 싶으며, 주위 사람들로부터 관심을 받고 싶다. 팀의 한 구성원으로서 존중받고 싶다. 하지만 그와 동시에 자율성도 원한다. 우리가 노력하는 바에 대해 인정받고 싶고, 우리가 수행하는 역할에 대해 이해받고 싶다. 이 모든 희망들은 논리적이지는 않지만, 관계에서는 정말 많이 중요한 일이고, 영업상황에서도 마찬가지이다.

영업 프로세스에 긍정적인 영향을 주기 위해 활용가능한 역할과 관계들이 다양하게 존재한다. 멘토, 파트너, 스토리텔러, 학생, 백업, 셀럽, 의사결정자, 제공자, 가이드, 실무자, 조력자, 홍보대사 등등. 장기적으로 성공적인 관계를 구축하기 위해서는 이 중에서 하나의 역할을 골라서 그 역할의 전문가가 되는 것이 좋다. 이 역할들은 모두 인정받고 이해받기 쉬운 것들이며, 온라인 세상에서 명료성을 보이는 것은 큰 도움이 된다.

온라인 세상에서 기억은 매우 어려운 도전과제이다

언제 어디에서나 기억이라는 것은 영업직원에게 정말 힘든 것이다. 연구결과를 보면, 사람들은 전반적으로 기억을 많이 하지 못한다. 디테일을 잘 기억하지 못하며, 자신의 관점과 일치하지 않거나 충돌되는 일에 대해서는 특히 더 잘 잊어버린다.[4] 인간은 듣고 싶지 않은 일에 대해서는, 바로 소리를 꺼버린다.

암울한 상황이긴 하지만, 다행히도 최근 연구에서는 기억을 강화할 수 있는 간단한 방법들이 발견되었다.[5] 영업직원이라면, 그 아이디어를 활용해서 사람들의 관심을 끌기 위해 당신이 열심히 일한 것에 대해 고객이 기억할 수 있도록 할 수 있다.

첫째, 전반적인 전략. 다시 강조하지만, 영업 과정에 고객을 참여시켜야 한다. 그러면, 결과에 대해 고객은 최소한 일부라도 책임감을 갖게 된다. 고객으로 하여금 스토리를 이야기하도록 하고, 해결책을 설계하도록, 게임에 직접 참여하도록, 경쟁과정에 참가하도록, 브레인스토밍하도록, 실제 선택을 하도록, 그리고 필요한 부분을 가르치도록 해주자. 영업관계를 같이 만들어나갈 때, 고객은 지금의 상황에 참여하고 있다는 것을 명확하게 느낄 수 있고, 지금까지 진행된 바에 대한 기억을 더 잘할 수 있게 된다.

그리고 또 할 수 있는 일은 무엇일까? 고객이 인지적으로 분석을 하기보다는 자신에게 관련된 부분에 대해 상상을 할 수 있도록 도와주자. 우리의 상상력을 활용하게 되면, 감정이 활성화되고, 의사결정이 가능하게 된다. 고객에게 최소한 40초 이상은 맡겨주자. 이 정도의 시간이면 기억이 강화될 수 있다. 이야기를 하거나 타이핑을 하기보다는 직접 손으로 적는 것이 좋다. 실제적으로 몸을 움직여서 글을 쓰는 행동은 기억에 큰 도움이 된다. 그림을 그리는 것도 기억 강화에 좋다.

미러링mirroring도 기억에 도움이 된다

인간은 자신과 비슷하게 보이고, 비슷하게 느끼는 사람을 신뢰하는 경향이 있다. 그러니까 당신이 누군가를 흉내낼 때 신뢰도는 올라가고 있는 것이다. 최근 연구 결과를 보면, 미러링은 영업 전략의 효율성을 20% 높여주고, 연봉 협상 가능성도 강화시킨다고 한다. 그러니까 협상 과정 중에 잠재적 상사의 행동을 미러링함으로써 연봉을 1/3 정도 올릴 수도 있을 것이다.[6] 미러링을 하기 위해 꼭 대면소통을 할 필요는 없다. 전화에서의 목소리 패턴을 흉내내거나, 이메일 사용에서의 단어 사용 패턴을 반복할 수도 있다. 물론 미러링이라는 작업은 대면소통에서 더 효과가 크다.

인간은(그리고 영장류는 대부분) 상대방에게 동의하거나, 편안함을 느끼고, 연대감을 표현하고 싶을 때 서로를 무의식적으로 흉내낸다. 의식적인 수준에서는 이와 같은 행동을 거의 인식하지 못한다. 대화가 잘 진행되는 과정을 잘 관찰해보면, 상대방이 당신을 최선을 다해 미러링하고 있다는 것을 알 수 있을 것이다.

미러링 행동이 무엇인지를 명확하게 알게 되면, 어디에서든지 볼 수 있다. 최고의 영업직원들이 크게 힘을 들이지 않고도 고객을 어떻게 설득하는지, 가장 성공한 정치인들이 어려운 환경에서도 유권자들의 충성도를 어떻게 얻어내는지, 정말 큰 영향력을 가진 임원들이 부하직원과 동료들에게 어떻게 신뢰를 쌓는지를 보면 이해할 수 있을 것이다.

미러링은 자신과 상대방의 방향을 일치시키는 행위라고 할 수 있겠다. 누군가와 나아가는 방향이 같다고 생각할 때, 우리와 상대방은 서로의 행동을 흉내낸다. 어떤 사람을 처음 만났는데 그 사람을 좋아하게 되고 신뢰하기 시작했다면, 그 친밀감을 미러링을 통해 표현하게 된다. 물론 다른 방법으로 보여줄수도 있겠지만, 미러링은 상대방과의 연대감을 알려줄 수 있는 가장 신뢰로운 방법이다.

이와 같은 미러링을 과장하지 않고 자연스럽게 수행하게 될 경우, 상대방은 의식적인 수준에서는 알아채지 못한다. 하지만 당신은 그들과 더 강한 연결관계를 맺을 수 있고, 상대방으로 하여금 당신에 대한 긍정적 느낌과 신뢰를 강하게 느끼도록 할 수 있게 된다. 수많은 영업 도구들 중에서도 이와 같이 간단한 신체적 언어 도구를 잊지 말도록 하자.

성공을 거둔 온라인 영업전문가를 만나보자

라이언 에스티스(Ryan Estis)는 직접 발로 뛰며 물건을 파는 전통적인 영업직원으로 일을 시작했다. 모르는 사람들에게 전화를 돌리고, 고객이 될지도 모를 사람들과 몇 분이나마 직접 만나기 위해 도시 곳곳을 운전하며 돌아다녔다. 온라인에서의 영업은 거의 하지 않는 편이었다. 그런데 어느 날 갑자기 에스티스는 온라인 세상의 영업 분야에서 엄청난 성공을 거두었다. 기조연설을 해달라는 요청이 빗발치기 시작했고, 그와 팀 구성원들은 새로운 고객의 전화를 받느라 눈코 뜰 새 없이 바빠졌다.[7]

에스티스는 이렇게 말한다. "사실 직접 만나서 얼굴을 보고 하는 대면 상호작용을 대신할 수 있는 것은 없다고 저는 여전히 믿고 있습니다." 그러나 온라인 상호작용은 곧바로 할 수 있지만, 직접 만나는 대면 미팅을 잡으려면 몇주에서 몇 달이 걸리는 상황은, 영업직원들에게 새로운 도전인 동시에, 새로운 기회를 제공해준다.

오늘날 우리가 살고 있는 온라인 세상은 속도가 매우 빠르며, 어마어마한 정보가 흘러넘치는 곳이다. "현대의 고객들은 모두 너무 바빠서 시간이 부족한 사람들입니다. 쉽게 산만해지고, 엄청난 정보와 자극 속에 파묻혀 있으며, 집중할 수 있는 시간도 매우 짧고, 몰입을 방해하는 잡음들이 어디에나 존재하고 있지요." 이와 같이 어지러운 환경을 뚫고 고객에게 다가선다는 것은 정말 어려운 일이다. 에스티스는 이렇게 말한다. "하지만 저는 어려운 도전과제라기보다는 좋은 기회라고 믿고 있어요."

현대의 세계는 이전의 그 어떤 시대보다 인적 네트워크가 촘촘하게 구축되어 있다. 고객과 연결관계를 맺을 수 있는 기회가 엄청나게 많다는 의미이기도 하다. "전세계에 깔려 있는 인적 네트워크를 활용할 수 있기 때문에, 현재는 역사상 그 어떤 때보다 비즈니스를 발전시킬 가능성이 높은 시대인 것이지요."

에스티스의 말에 의하면, 과거에도 영업은 인간관계를 매우 중요시여기는 분야였다. 물론 오늘날도 마찬가지이다. 그저 그 관계가 기존에는 없었던 새로운 방법으로, 그리고 기존과는 다른 방법으로 형성되고 유지된다는 것만 다를 뿐이다. "오늘날의 영업은 더 이상 당신이 누구를 알고 있는가에 대한 문제가 아니다. 이제 중요한 것은 누가 당신을 알고 있는가의 문제이다. 영업을 잘 하기 위해서는, 사람들이 당신을 추천하도록 해야 하고, 사람들이 당신을 찾게 만들어야 한다"라고 이야기한 에스티스는, 영업직원이 고객의 동의를 구하지 않고 일방적으로 전화를 하는 콜드콜(cold call)을 이제 더 이상 하지 않는다고 한다. 그는 그 대신에 웜 콜(warm call)을 한다. 이미 자신을 알고 있는 사람들과 접촉을 하는 것이다. 평판 덕분에 자신을 알고 있는 사람들, 그리고 만족스러운 고객이 소개해준 사람들과 말이다.

한 분야의 전문가subject-matter expert가 되자

그렇다면 사람들이 당신을 어떻게 발견하도록 해야 할까? 웜콜이 가능하도록 하기 위해서는 어떤 준비가 필요할까? 가장 처음으로 해야 할 일은, 당신이 관련 분야에서 전문가가 되도록 하는 것이다. 에스티스는 "당신이 어떤 산업분야에서 일을 하든지 간에, 현재는 예전의 그 어느 때보다 더 경쟁이 심한 시대이다. "고객은 넘쳐나는 정보 때문에 혼란스러워한다. 선택지가 너무 많아서 힘든 상태이다."라고 이야기한다.

예를 들어, 당신이 휴가를 보낼 숙소 예약을 원한다고 상상해보자. 우선 무엇을 해야 할까? 인터넷에 접속해서 어떤 옵션들이 있는지 한번 알아보자. 5분 내로 일일이 평가해볼 수도 없을만큼 어마어마하게 많은 선택지들을 보게 될 것이다. 결국은 그와 같은 정보의 홍수 속에서 길을 찾도록 도와줄 전문가의 조언이 필요할 수밖에 없다.

블로그 운영은 전문가로서 자신의 모습을 보여줄 수 있는 좋은 방법이다. 블로그는 이제 한물갔다는 루머는 매우 과장된 부분이 있다. 블로그는 예전의 단순한 문서 포스트 형식에서, 그림, 영상, 사진으로 정보를 제공하는 버전으로 변화했고, 지금도 새로운 변화를 하고 있다. 물론 당신으로부터 신뢰할 수 있는 정보를 얻을 수 있다는 느낌을 주는 콘텐츠를 만드는 다른 방법들도 존재한다. 하지만 가장 중요한 것은 일관성이라고, 에스티스는 말한다. 한두달 시도해보고, 시간 낭비였다는 결론을 내리는 짓은 하지 말아야 한다. 에스티스는 정기적으로 블로그에 글을 올리는 작업을 8년 동안 해왔다. "주 3회 글을 쓴다는 것은 힘든 일이지만, 그 과정을 통해 영업에 많은 도움을 받을 수 있습니다. 신뢰할만한 전문가로 알려지게 되면, 신뢰할만한 영업직원으로서도 인정받게 되니까요."

기존 고객의 추천을 받는 것은 어느 시대에서도 최고의 방법들 중 하나였지만, 지금과 같이 고객들이 정보의 홍수 속에서 허덕대고 있는 세상에서는 그 어느 때보다도 중요하다. 에스티스의 이야기를 들어보자. "훌륭한 영업직원들은 일차원적으로 고객들에게 추천을 부탁하지 않습니다. 추천을 해주고 싶은 전문가로 고객이 인식하도록 하죠." 이와 같이 오래된 영업 스킬은 새로운 온라인 세상에서 더 중요해졌다.

첫번째 단계는, 고객의 기대수준을 넘어서는 것이다. 에스티스는 "고객이 추천해줄 수 있을만한 상태를 먼저 만드는 것이 중요합니다"라고 말한다. 그렇게 당신의 역량수준을 끌어올려놓은 다음에는, 사람들이 손쉽게 당신을 추천해줄 수 있는 환경을 만들어주는 것이 필요하다.

온라인에서 당신을 쉽게 찾을 수 있게 해서, 고객들이 당신의 웹사이트, 트위터, 당신이 만들어놓은 컨텐츠를 자연스럽게 공유할 수 있도록 해주자. 에스티스는 "결국 우리는 우리의 고객들을 전도사(evangelist)로 만들고 싶은 겁니다"라고 이야기한다. 고객들이 당신에 대한 이야기를 하고 싶도록 만들어야 한다. 에스티스의 주장에 따르면, 지인들에게 꼭 소개해주고 싶은 온라인 정보를 만드는 것은 정말 어려운 일이지만, 그러한 성과물은 영업에 큰 도움이 된다고 한다.

콜드콜의 효용도는 매우 낮아졌다

콜드콜이라는 것이 아예 할 필요가 없는 것은 아니겠지만, 고객들이 활용가능한 옵션들이 너무나 많은 현재의 상황에서는 그다지 추천할만한 방법은 아니다. 에스티스는 이렇게 말한다. "당신이 직접 고객을 찾아나서는 것보다 더 좋은 방법은, 고객이 당신을 찾도록 해주는 것입니다. 하지만 당신이 고객을 찾아가야 할 때에는, 자신만의 방법으로 맞춤화하는 것이 더 좋습니다."

잠재적 고객은 당신의 전화 때문에 불쾌한 마음이 들 수도 있다는 사실을 꼭 기억해야 한다. "결국 누군가의 시간을 방해하게 된다는 것입니다"라고 에스티스는 이야기한다. 그렇기 때문에, 전화를 걸기 전에 최대한 많은 준비가 필요하다는 것이다.

맞춤화와 개인화 작업은 현대와 같이 정보가 넘쳐흐르는 세상에서 가장 핵심적인 요소이다. 에스티스는 이렇게 주장한다. "영업의 전통적인 방법은 요즘 시대에도 효과적인 부분이 있습니다. 하지만 이제는 기존의 영업전략에 대해 조금 다른 시각으로 볼 필요가 있는 거죠." 각 고객의 특성에 맞게 영업방법을 맞춤화하는 것은 어느 시대에서도 좋은 접근법이었고, 오늘날 당신이 활용할 수 있는 새로운 도구들이 많이 발명되었다. 잠재적 고객과 약속이 잡히면, 미리 상대방에 대해 링크드인, 트위터, 인스타그램, 그리고 기타 소셜미디어들을 찾아볼 수도 있다.

에스티스와 동료들은 고객에게 필요할 것 같은 부분에 대해 리서치를 해보고 나서, 전화를 하기 전에 특정 문제에 관련된 컨텐츠를 보내준다. "그러한 사전작업을 하게 되면 고객과의 대화 내용 자체가 달라집니다. 거래가 성사될 가능성이 높아지지요. 내가 자신에게 도움이 될 수 있는 사람이라는 느낌을 받게 되니까요."

거래를 꼭 해야겠다는 마음이 들게 하는 것도, 잠재적 고객의 결정가능성을 높여줄 수 있는 방법이다. 에스티스의 주장에 따르면, 얻을 수 있는 정보들이 많은 상황에서 사람들은 구입을 망설이게 된다고 한다. "사람들은 넘쳐흐르는 정보 속에 있기 때문에 구입을 금방 결정하지 못합니다. 선택지가 너무 많아서 힘들어하는 거죠. 저는 새로운 자동차의 구입 문제를 7년 동안이나 고민했다니까요." 물론, 이와 같은 절박성을 갖게 하는 것은 진실성이 기반이 되어야 한다. 진정성이 없는 중고자동차 영업직원의 느낌을 받게 되면, 고객들은 곧바로 등을 돌려버릴 테니 말이다.

"전문적인 영업은 고객들이 문제를 해결하도록 도와주거나, 적어도 문제 해결의 가능성을 높여주어야 합니다"라고 에스티스는 이야기한다. 당신의 상품이 고객의 니즈에 대한 최고의 해답이라고 진정으로 믿는다면, 그 믿음이 제대로 전달되어야 한다. 고객의 문제를 해결하기 위해서는 지금 구입하는 것이 최선이라는 명확한 근거를 가지고 있다면, 모든 어려운 상황을 헤쳐나가서 영업을 할 수 있는 상황이다.

첨단 기술은 우리의 생활과 일하는 방식을 근본적으로 바꿔놓았고, 지금 이 순간도 변화를 만들어내고 있다. 현재와 같이 급격한 변화가 일어나는 시대에 가장 이상적으로 접근할 수 있는 방법은, 자기자신을 "학생"이라고 생각하는 것이라고 에스티스는 말한다. "오늘날 최고의 영업직원은 학생과 선생의 역할을 동시에 할 수 있어야 합니다." 즉, 새로 나오는 첨단기술도구를 지속적으로 찾아내고 실험해야 한다는 의미이다. 스냅챗(Snapchat)을 사용하는 것이 좋을까? 비즈니스를 하는 데에 인스타그램 스토리를 어떻게 활용할 수 있을까?

에스티스는 이렇게 주장한다. "최고의 플레이어는 자신의 게임 수준을 올리기 위해 지속적인 노력을 합니다." 당신은 새로 나온 도구와 테크닉을 항상 시도해보면서, 자신의 접근법을 다듬어나가야 한다.

물론, 당신이 독립적으로 움직일 수 있는 한, 영업전략에 있어서 새로운 도구를 시도해보고 실험을 해볼 수 있는 여지는 더 많아질 것이다. 하지만, 당신이 개인사업자이든 조직에 소속된 영업직원이든, 필요한 도구는 반드시 활용해야 한다고 에스티스는 말한다.

당신이 대기업에서 일하고 있다면, 현재 사용 가능한 마케팅 도구들을 모두 익혀서, 다양한 방법으로 고객에게 실험해볼 필요가 있다.

링크드인과 같이, 당신이 사용할 수 있는 소셜미디어를 통해 당신의 아이디어를 세상에 알리자. 에스티스는 이렇게 말한다. "사람들과 정보를 공유하는 것을 넘어서서, 당신은 그 과정을 통해 뭔가를 배우게 됩니다." 블로그를 운영하거나 온라인 공간에서 활발하게 활동하는 역량이 다소 부족하다 해도, 온라인 세상에서 잠재적 고객과 접촉해서, 그들이 어떤 특성을 가지고 있으며, 어떤 욕구를 가지고 있는지를 더 잘 이해하는 것은 얼마든지 가능하다. "당신의 고객을 이해하는 것은 매우 중요한 일이다"라는 오래된 격언은, 새로운 온라인 세상에서도 여전히 적용된다.

실용적인 해결방법

온라인 영업과 프레젠테이션을 위한 제안 10가지

I. 이야기를 하고 글을 쓸 때에는 진정성을 기반으로 해야 한다. 관행적인 마케팅 스킬이나 지나친 자화자찬은 피하자. 미국의 대통령 후보들이 할 것 같은 행동은 최대한 하지 말기를 바란다. 사람들에게 모든 것을 해주겠다는 약속은 하지 않는 것이 좋다.

II. 상대방에게 집중하자. 커뮤니케이션의 성공 여부는 말하는 사람이 아니라, 듣는 사람에게 달려 있다. 대화에서 결국 중요한 존재는 당신이 아니라 고객이라는 것을 잊지 말아야 한다.

III. 영업 프레젠테이션을 할 때 파워포인트를 사용하는 것은 바람직하지 않다. 화려함을 자랑하는 키노트(Keynote)나 프레지(Prezi)와 같은 슬라이드 소프트웨어 둘 모두 추천하고 싶지 않다.

IV. 영업을 위한 소통을 할 때, 농담으로 시작하는 것은 권하고 싶지 않다(정말 예술적으로, 진짜 재미있게 농담을 할 수 있다면 예외겠지만). 유머란 상대방을 즐겁게 만들어줄 수도 있지만, 지나치게 개인적이고 지역색을 강조하며, 공격적이라고 느껴질 수도 있다는 점을 반드시 기억해야 한다. 특히 정치적인 유머는 조심할 필요가 있다. 유머집에 실려 있는 이야기를 달달 외워서 써먹는 것은 바람직하지 않다. 유머를 사용하고 싶을 때에는, 현재 상황과 고객에게 적절하게 맞는 내용을 즉석에서 만들어내는 것이 더 좋다.

V. 이야기를 할 때에는 적절한 수준의 열정이 필요하고, 상대방이 지루함을 느끼지 않도록 하려는 노력이 요구된다. 쓸데없는 정보의 투척이어서는 안 된다. 고객에게 도움이 될만한 지혜를 공유해주는 것은 좋지만, 그렇다고 해서 당신이 가지고 있는 모든 지식을 다 주려는 태도는 그다지 바람직하지 않다.

VI. 고객에게 전달해줘야 할 것은 스토리이지, 끊임없이 쏟아져서 고객을 숨막히게 하는 데이터가 아니다. 불필요한 디테일은 줄이고, 흥미를 끌만한 드라마를 최대화시키자. 실제 스토리를 이야기해주되, 핵심도 없고 재미도 없는 일화는 줄이자.

VII. 고객이 계약을 할 준비가 되어 있다는 표현을 하기 전에는, 회사나 서비스에 대해 열을 내어 구입권유를 하지 않아야 한다. 어떤 형태로든지 요청을 받기 전에는 적극적인 영업을 하지 않는 것이 좋다. 고객에게 도움을 주는 좋은 일을 함으로써 간접적인 영업행동을 했다는 것에 만족해야 한다.

VIII. 당신 자신에 대한 이야기로 대화를 시작하는 것은 바람직하지 않다. 아젠다를 곧바로 들이대거나, 아젠다가 실린 슬라이드를 보여주면서 이야기를 시작하는 것도 좋지 않다. 그렇다고 해서 당신의 넥타이 색깔에 대한 목적없는 수다를 하는 것도 별로이고, 조직과 당신의 관계에 대해 넋두리를 늘어놓는 것도 그다지 생산적이지 않다.

IX. 이야기를 할 때 바닥을 보면서 하는 태도는 좋지 않다. 반드시 슬라이드를 사용해야 한다면, 참고자료로만 활용하자. 슬라이드에 있는 내용을 목소리 높여 주장할 필요는 없다. 슬라이드에 지나치게 많은 숫자를 실어놓는 것도 바람직하지 않고, 그 숫자들을 일일히 해석하려는 태도도 효율적이지 않다.

X. 미팅을 하기로 약속한 시간보다 이야기가 길어지지 않도록 유의하자. 스스로 묻고 대답하는 형식은 바람직하지 않다. 매력적인 목소리를 내기 위해서 지나치게 인위적으로 노력하는 것은 오히려 역효과를 낼 수 있다.

온라인 영업의 팁

온라인 커뮤니케이션을 위해 이 책이 제안하는 모든 아이디어들은 영업직원과 고객과의 관계에도 적용 가능한 것들이다. 하지만 아래의 제안들은 그중에서도 당신의 온라인 영업스킬을 조금 더 세련되게 다듬는 데에 도움이 될 것이다.

1. 가장 먼저 해야 할 일은 고객의 니즈가 무엇인지를 파악하기 위해, 고객의 이야기를 듣는 것이다. 자화자찬을 하지 말고, 제3자의 추천을 통해 영업을 진행할 수 있도록 하자.
2. 기존 고객이 당신을 추천해주도록 하는 것이 그 어느 때보다 중요하다.
3. 고객이 구매에 대한 결심을 어느 정도 했는지에 맞춰 적절한 정보를 제공함으로써, 고객이 당신을 믿을 수 있게 하자.
4. 고객의 문제점을 해결함으로써 신뢰관계를 구축하자.
5. 계약이 체결된 후에도 지속될 수 있는 관계를 구축하는 것에 신경쓰자.
6. 영업과정에 고객을 참여시키는 것이 중요하다. 고객을 위한다는 생각으로 모든 일을 다 당신이 하는 것은 효과적이지 못하다.
7. 고객이 사용하는 언어, 습관, 행동을 미러링하되, 진심을 갖고 행동하자.
8. 당신의 분야에서 전문성을 갖춘 전문가가 되자.
9. 맞춤화와 개인화 작업은 예전의 그 어느 때보다 더욱 중요해졌다.

요약

- ★ 인터넷은 영업 사이클에 있어서 엄청나게 큰 변화를 가져왔다.
- ★ 당신이 믿을 만한 영업전문가라는 확신을 주기 위해 약한 강도의 온라인 연결 관계를 활용할 수 있다.
- ★ 자기 자신의 성공사례를 스스로 홍보하는 것보다는 제3자의 인정을 받으려는 노력이 가장 바람직하다.
- ★ 고객들은 구매의 여부에 대한 결정을 어느 정도 내린 후에 당신을 찾아오는 경우가 점점 더 많아지고 있다.
- ★ 경청은 과거의 그 어느 시대보다 중요한 기술이 되었다.
- ★ 온라인 세상에서는, 고객들이 어떤 것을 기억하고 어떤 것을 잊어버리는지 세심하게 관찰해보자.
- ★ 자신의 분야에서 실력 있는 전문가가 되어, 신뢰할 만한 정보의 원천이 되도록 하자.

결론

우리가 관계를 형성하는 방법에 있어서, 온라인 세상에서는 뭔가 근본적인 것이 변화했다. 다음 세대는 과연 현재 대면 관계를 관리하는 동일한 방법으로, 온라인 연결관계를 관리할 수 있을까?

앞에서 내가 언급했듯이, 온라인 세상에서의 신뢰의 속성은 완전히 바뀌었다. 신뢰라는 것을 일단 구축하기는 조금 더 쉬워졌을지 모르지만, 훨씬 더 깨어지기 쉬워졌다. 그리고 어떤 자극이 신뢰관계를 위협할 때의 상황이 완전히 달라졌다. 신뢰가 있는 대면소통관계에서 어느 한쪽이 말썽을 부리고, 갈등을 조장하고 분노를 촉발하며, 심지어 믿음을 깰 수 있는 행동을 한다고 해보자. 그 연결관계가 충분히 튼튼하다면, 발생된 문제는 해결될 것이고, 문제를 발생시킨 사람은 사과를 할 것이며, 신뢰는 곧 회복될 것이다. 일단 신뢰회복이 된 후에는, 신뢰가 이전보다 더 강해질 수도 있다.

온라인 세상에서의 상황은 상상 그 이상으로 전혀 다르다는 것을 기억할 필요가 있다! 일단 신뢰에 대한 위협이 발생하면, 신뢰는 곧 깨지게 되고, 복구하기도 거의 불가능하게 된다. 사람들은 바로 일어나 다른 곳으로 옮겨가 버린다. 온라인 공간에서의 신뢰라는 것이 깨지기 쉬운 만큼, 아주 작은 자극에도 금이 가고 부서져버릴 수 있는 것이다.

우리는 온라인 세상에 존재하는 문제점을 인정하고 대면할 필요가 있다

당신의 관계들 중 대부분이 온라인 공간에서 이루어진다면, 온라인 관계가 가지고 있는 '깨지기 쉽다'는 속성이, 대면관계에서 자연스럽게 소화 가능한 장애물과 부정적 자극들을 제대로 다룰 수 없게 만들 가능성이 있다.

또한 온라인 세상에서의 관계 패턴에 익숙해져 있는 사람이라면, 관계의 의미에 대한 이해도가 매우 약할 수도 있다.

이와 같이 대면관계보다 더 강도가 약한 연대감은 주위 사람들과의 관계를 더 어렵게 만들게 된다. 연구결과에 따르면, 긍정적 내용의 대화내용보다 부정적 대화에 대한 기억이 더 오래 남는다고 한다. 왜냐하면, 우리의 신체 대사작용상 옥시토신(oxytocin)과 코티졸(cortisol)은 다르게 움직이기 때문이다.[1] 그렇다면, 온라인 공간에서의 정체성이 점점 더 강화되어가는 상황에서, 우리는 어떻게 진화해나가야 될까? 현재 우리는 대면 관계와 온라인 관계 두가지를 모두 해야 하는 세상에 살고 있다. 하지만 2050년에는 어떤 상황이 될까? 2100년에는?

미래의 세상은 어떤 모습일까?

나는 희망한다. 우리가 다양한 세상에서 살아가기 위해 필요한 도구들을 능숙하게 다루며, 적절한 수준의 정서적 참여를 할 수 있는 방법을 배울 수 있기를. 우리가 앞으로 마주하게 될 미래에는 그러한 역량이 필요하게 될 것이기 때문이다. 예전에는 일터, 가정, 그 외의 관심 공간이나 술집 정도로 우리의 세상이 나누어졌었다면, 이제는 그보다 훨씬 더 많은 세상에서 우리는 생활하고 있다. 반은 대면관계이고 반은 온라인 관계인 공간, 완전한 온라인 공간, 드물지만 완전히 대면소통을 해야 하는 공간도 있다. 미래의 전문가는 자연스럽고 능숙하게 하나의 세상에서 또 하나의 세상으로 움직일 수 있는 사람이 될 것이다. 우리가 배워야 할 것은, 여러 개의 세상을 자유롭게 오가는 방법, 그리고 다양한 세상에서 살아가는 것(또 각각의 세상에 살고 있는 사람들과 관계를 맺는 것) 자체를 편안하게 여기는 태도이다.

우리 모두 알고 있는 옛말처럼, 최종 책임자인 장군은 전투의 마지막 장면에 나타나서, 기존에 승리를 거두었던 전투에서 활용해온 전략을 사용한다. 오늘날의 비즈니스 세상에서, 우리는 자신이 그만큼의 지혜를 가지고 있다는 것을 주위로부터 인정받기가 쉽지 않다. 여전히 많은 사람들은 온라인 세상에서도 기존의 소통방법을 사용하고, 효과가 있기를 기대하고 있는 듯하다. 하지만, 그 대신에 우리는 새로운 일의 방법을 배워야만 한다.

현재 우리가 살아가야 하는 세상은 실제 물리적 세상, 온라인 세상1, 온라인 세상2, 온라인 세상3 등 여러가지가 있다. 한번에 한 세상을 경험할 때도 있고, 여러가지 세상에서 동시에 생활을 할 때도 있다.

우리는 다양한 텍스트 플랫폼을 통해 일터 동료들과 상호작용을 한다. 친구와 가족에게 문자를 보내기도 한다. 온라인 스포츠나 온라인 게임에 참여할 때도 있다. 우리의 취미생활에는 온라인 버전도 존재하고, 채팅 기능도 포함되어 있다. 우리는 동시에 다양한 세상에서 살아가는 방법을 배워야 하기도 하고(각각의 세상에 대한 관심의 정도는 약간씩 줄이면서), 하나의 세상을 더 심층적으로 파악하는 방법을 학습해야 하기도 한다. 퇴근 후 집에 와서 가족들과 함께 텔레비전을 보는 동시에, 이메일 답장을 쓸 때도 있다. 그리고 주말 내내 모든 일을 제쳐 두고 드라마 〈왕좌의 게임*(Game of Thrones)*〉을 볼 때도 있으니까 말이다.

더 많은 세상에서 살아가는 방법을 배우거나, 하나의 세상을 더 깊이 탐색하게 되면서, 우리에게는 주의집중에 대한 새로운 기준을 배워야 할 필요성이 생겼다. 조직 구성원, 배우자, 주위 사람들의 메시지에 대해 즉각적인 반응을 해야 하는 요청을 받기도 하지만, 지금 얼굴을 보고 이야기하는 상대방이 문자를 하느라 나에게 제대로 주의집중을 하지 못하는 것을 참아내야 하는 상황을 모두 겪어야 하니까 말이다. 새로운 공간들이 다양하게 존재하는 온라인 세상에 적응해나가는 과정을 방해하는 것은, 우리가 아직도 예전의 기준을 사용하고 있다는 사실이다.

새로운 규칙이란 어떤 것일까? 어떻게 하면 규칙을 통해 기대한 효과를 볼 수 있을까? 온라인 세상과 실제 세상 양쪽 모두에서 효과있는 규칙을 만들려면 어떻게 하면 좋을까? 기존에 실제 세상에서 숨쉬듯이 당연하게 생각했던 것들에 대해, 온라인 세상에서는 보다 더 의도적이고 명확하게 자신이 하는 행동에 대해 감정을 집어넣어야 한다. 그렇게 하기 위해서는 어떻게 하면 될까?

온라인 세상에서, 우리는 다소 의도적으로 감정 표현을 해야 한다

대면소통을 하는 세상에서는, 우리의 무의식이 많은 일을 해주기 때문에, 사실 어느 정도는 커뮤니케이션을 하는 데 있어서 조금 게으름을 피울수 있었다.

하지만 새로운 세상에서 우리는 감정표현을 할 때 다소 의도적으로 노력을 해야 한다. 지금쯤 독자들은 이해하고 있을 것이다. 온라인 세상에서 명확한 메시지를 전달하기가, 민감하게 감정을 표현하기가, 상대방과 상황에 적절하게 맞는 소통방법을 쓰기가 얼마나 어려운지 말이다. 현대를 사는 사람들은 인간관계라는 것이 원래 얼마나 복잡한 것이었는지에 대해 날로날로 깨닫고 있는 중이다.

온라인 세상에서의 소통을 보다 성공적으로 수행하려면 무엇을 해야 할까? 지금까지 책을 읽어오면서 아무것도 얻지 못한 독자들이 있다면, 지금부터 이야기할 온라인 커뮤니케이션 개선 방안 8가지를 꼭 읽어보길 바란다.

1. 온라인 커뮤니케이션이 속성상 완벽하지 않다는 사실을 받아들이자

온라인 커뮤니케이션에 대해 마음대로 상상을 하거나, 실제적으로 불가능한 것을 기대하는 태도는 전혀 도움이 되지 않는다. 가능할 때마다 가벼운 이슈들을 온라인 미팅에서 많이 다뤄보자. 감정과 태도는 주로 신체적 언어를 통해 전달되는 것이므로, 감정을 다뤄야 하는 일은 대면 미팅에서 주로 관리하기를 권한다.

2. 팀에게 새로운 힘을 불어넣고 싶다면, 정기적인 대면 미팅을 계획하자

중요한 일을 시작해야 할 때, 큰 성공을 축하해야 할 때, 중요한 문제를 논의해야 할 때에는, 모든 사람들이 모일 수 있는 미팅자리를 준비하자. 온라인 공간에서 의견충돌문제를 해결하려 하거나, 팀을 활성화시키려고 하는 것은 그다지 효과적이지 않은 시도이며, 사람들의 실망감만 커지게 만들 뿐이다. 대부분의 사람들은 전화통화를 할 때 대면미팅만큼의 감정 투자를 하지 않기 때문에, 시각적 정보와 미묘한 어조 변화를 통한 정보를 충분히 얻지 못하는 상황에서 핵심적인 메시지를 전달하기란 어려울 수밖에 없다.

3. 어떤 포맷의 온라인 소통을 하든지 간에, 10분마다 반드시 휴식하자

휴식시간을 가지면 사람들은 재충전을 하게 된다. 10분 마다 전체 미팅의 휴식 시간을 갖거나, 참여자들로 하여금 일어나서 잠시 스트레칭을 하도록 하는 것도 방법이다. 그렇다고 긴 시간 동안 쉴 필요는 없다. 잠깐의 기분 전환을 할 수 있는 기회를 주면 되는 것이다. 마찬가지로 문자 플랫폼을 이용한 커뮤니케이션도 길면 좋지 않다.

4. 참가자들이 정기적으로 이야기할 수 있는 기회를 제공해주자

전화회의가 길어지면 많은 사람들은 음소거 버튼을 눌러두고, 반은 건성으로 회의 내용을 들으면서 자기 할 일을 하곤 한다. 이들이 회의에 적극적으로 참여하도록 만들려면, 직접 이야기를 할 수 있는 기회를 만들어주면 된다. 대면 미팅에서는 참가자들의 신체적 언어만 관찰해도 그들이 현재 어떤 상태인지 파악할 수 있다. 하지만, 온라인 미팅에서는 정기적으로 회의진행을 멈추고, 참가자들의 상태를 파악해야 한다. 이때에는 모든 참가자들에게 다 신경을 써야 한다. 모든 사람들이 각각 이야기를 하도록 요청하자. 배짱이 두둑한 사회자라면, 이후에 퀴즈가 준비되어 있다고 말할 수도 있을 것이다. 연구결과에 따르면, 미팅이 끝난 후 질문을 할 거라는 이야기를 해줄 때, 사람들은 미팅 내용을 더 잘 기억한다고 하니까 말이다.[2]

5. 회의 사회자를 꼭 정해두자

신체적 언어를 대신할만한 온라인 소통도구가 있어야만 미팅이 제대로 진행될 수 있다. 모든 사람들이 이야기를 하고, 모든 사람들이 집중하는지를 확인할 책임을 질 누군가를 정하자.

6. 자신의 감정에 대해 직접 언어로 표현하자

시각적 신호가 부족한 상황에서는 다른 사람들의 감정을 읽기가 정말 어렵다. 따라서 전화를 할 때에는 명료한 언어로 감정 표현을 해야 하고, 상대방도 그렇게 행동할 수 있도록 교육할 필요가 있다. 이렇게 말해보는 거다. "이 모든 성과를 우리가 함께 만들어냈다고 생각하니, 기분이 정말 좋네요!", "밥(Bob), 3분기 실적에 대해 불안해하는 것 같아 걱정이 되네요. 어떤 점이 걱정이 되는지요?" 온라인 공간에서 사라져버린 감정이라는 것을 의도적으로 되돌려 놓을 필요가 있다.

7. 동영상 클립을 활용해서 사람들간의 친밀도를 높이자

대면 미팅을 하면 참가자들이 자신의 감정을 손쉽게 나눌 수 있다. 이와 같은 공유과정을 통해 사람들은 연대감과 친밀감을 높이게 된다. 그러니까 온라인 미팅에서도 수다를 떨어보자. 동영상 클립을 통해서 말이다. 참가자들로 하여금, 현재 자신의 생활이나 지역의 환경에 대한 30초~1분 길이의 동영상을 서로에게 보내주도록 하는 거다. 개인적인 정보를 나누면서 미팅 참가자들은 연결관계가 맺어짐을 느끼게 된다.

온라인 미팅 덕분에 절약된 출장비를 활용해서 좋은 기술적 장비를 갖추자. 완벽한 솔루션은 아니지만, 반드시 도움이 될 방법이다.

8. 마지막으로, 더 이상 저항하지 말고, 기술을 적극적으로 활용하자

이제 머뭇거릴 시간은 없다. 우리가 만들어낸 온라인 세상은 분명히 존재하고 있다. 온라인 공간에서의 이슈들을 다룰 새로운 방법과 행동전략을 배워야만 한다. 우리는 실제 세상에서의 비즈니스 도구들을 능숙하게 다루는 사람이 되는 방법을 배우는 것과 동시에, 온라인 비즈니스 세상의 규칙과 유의점에 대해서도 학습할 필요가 있다.

온라인 세상은 우리를 어떻게 변화시킬까?

사람들은 검색엔진에서 당신의 이름을 찾아볼 것이다. 사실, 지금도 그러고 있다. 미래의 세상에서는 대화를 하고 싶을 때 상대방의 홀로그램 및 그와 관련된 핵심 정보들을 함께 띄워놓게 될 수도 있다. 이제 온라인 세상에서 숨을 곳은 없다. 하지만 당신의 모습을 보다 세련되게 다듬는 작업은 가능할 것이다.

당신의 존재가 페르소나에 갇혀버리기 전에, 페르소나에 대한 통제력을 갖자

당신의 온라인 정체성과 온라인에 올려놓은 콘텐츠(당신이 판매하는 것, 이야기하는 것, 주장하는 것)가 일치하지 않을 때, 사람들은 기존에 존재하던 온라인 페르소나를 더 믿게 되는 경향이 있다. 2017년 8월 3일, 매사추세츠(Massachusetts)의 판사는 20세의 미셸 카터(Michelle Carter)에게 15개월의 형을 선고하였다. 문자 메시지를 통해 남자친구의 자살을 부추겼다는 과실치사가 죄명이었다. 저장된 문자 메시지에서 그녀의 온라인 페르소나는

매우 강하게 느껴졌고, 미셸을 변호하는 변호사의 주장에 대한 신뢰도를 오히려 낮게 만들었다.[3] 이 사례에서, 미셸의 온라인 세상(남자친구와 함께 했던)과 그녀의 실제 세상은 모두 무너졌고, 남은 것은 법정 구속밖에 없었다.

1950년대 사람들은, 가정과 직장은 거의 겹쳐지는 것이 없는, 아주 명확하게 분리된 두 개의 세상이라고 생각했었다. 이제 우리의 가정과 직장이 겹쳐지는 공간들은 점점 늘어나고 있다(그럼에도 불구하고, 큰 갈등이나 충돌이 생기지 않는다). 직장에 있을 때에도, 온라인 축구리그에 대해 친구에게 문자를 보낼 수 있고, 코믹콘(Comic-Con)에 갔던 사진을 볼 수 있다(그때, 스타워즈의 스톰트루퍼(stormtrooper) 의상을 입고 있는 상사를 우연히 마주쳤었다). 이 모든 세상들은 실제 세상과 온라인 세상에 반씩 다리를 걸치고 있고, 점점 더 서로간의 연결성이 강해지고 있다. 앞으로 이 세상에서 잘 살아가려면 각 세상을 편안하고 자연스럽게 왔다갔다할 수 있는 능력과, 모든 세상에서 진정성 있는 성격을 유지할 수 있는 능력을 길러야 한다.

문제는 그 능력을 갖추는 것이 최소한의 기본 수준밖에 되지 않는다는 사실이다. 연구결과에 따르면, 밀레니얼 세대는 리더에게 점점 더 많은 투명성을 요구하고 있다고 한다.[4] 관리자가 점프를 해야 한다고 말할 때, 밀레니얼 세대는 "얼마나 높이 뛸까요?"라는 말을 하지 않는다. 그 대신에 "왜요?", "점프를 해서 얻을 수 있는 게 뭔데요?", "높게 뛰려면 어떻게 해야 하는데요?"라고 묻는다. 이와 같은 투명성에 대한 요구는 일의 세계에서 점점 더 많이 나타나고 있으며, 모든 사람들에게 많은 영향을 미치고 있다. 팀장과 관리자는 팀구성원들에게, 그들이 하는 일이 더 큰 미션에 어떤 기여를 하게 되는지를 보여주기 위해 더 많이 노력해야 하며, 팀구성원들은 그 어떤 때보다 협력적으로 일하고 일의 진행과정에 대해 더 많은 관심을 보이기 위한 준비태도를 갖추고 있어야 하는 상황이 되었다. 온라인 커뮤니케이션이 더 많이 쓰이게 되면서, 일터에서의 권력관계는 변화했고, 고객들은 더 큰 힘을 갖게 되었으며, 고용주-구성원 관계의 속성은 매우 많이 바뀌게 되었다.

온라인 커뮤니케이션의 위험성에 대해 다루어본 이 책의 마지막은, 몇 가지 현재 트렌드를 살펴보는 작업으로 채워보려고 한다. 실제 세상과 온라인 세상간의 충돌 상황의 중심점에서 한번 살펴볼 것은 가상 현실(VR, virtual reality)이다.

언젠가 가상현실은 대부분의 대면 미팅을 대체하게 될 것이다

크리스토퍼 블롬(Kristopher Blom)은 1998년부터 가상현실 분야에서 일해왔다.[5] 예전의 영화와 책에서는 가상현실의 미래에 대해 많은 예측을 했었지만, 그때의 기술력으로는 실제로 기능을 구현하기가 매우 어려웠었다. 블롬은 "그때 당시, 가상현실은 극단적으로 비싼 것이었어요"라고 말했다. 오늘날 우리가 보듯이 간단하게 머리에 끼우는 형태도 아니었다. 초기의 가상현실 시스템은 이미지를 전체 방으로 투사하는 기초적인 수준이었다. "그때는 가상현실 시스템을 사용할 수 있는 사람이 별로 없었습니다"라고 블롬은 이야기했다.

하지만 가상현실 개발의 초기단계에서도, 물리적으로 떨어진 지역에 있는 두 사람이 동일한 가상 공간에 있는 듯한 느낌은 만들어낼 수 있었다. 블롬이 가졌던 첫번째 의문점은 이것이었다. "우리가 동일한 가상 공간에 있을 때, 그 경험도 공유할 수 있는 것일까?" 이때 연구자들은 공유된 온라인 공간을 만들수는 있었지만, "나와 상대방의 상태를 제대로 구현해내지는 못했습니다"라고 블롬은 말했다. 가상공간에서 당신을 나타내는 아바타를 만들어놓을 수는 있었지만, 당신의 움직임까지 반영하지는 못했던 것이다.

물론 현재에는 기술이 엄청나게 많이 발전했지만, 아직 우리가 나아가고자 하는 목표는 동일하다. '물리적으로 같은 곳에 있지 않은 사람들이 가상경험을 공유하기.' 블롬은 이용자의 신체의 움직임을 반영할 수 있는 아바타를 개발하는 연구팀에서 일해왔다. 당신이 움직이는 대로 아바타의 몸이 움직일 수 있게 해주는 것 말이다. "이러한 경험은 매우 강력합니다. 우리의 뇌는 자신이 실제 움직이는 대로 아바타가 움직인다는 것을 인정하게 되니까요."

이제 블롬은 '가상 연설가(Virtual Orator)'라는 제품을 개발하는 일을 한다. 이 도구는 남들 앞에서 연설하기를 두려워하는 사람들에게, 가상 청중 앞에서 연습할 수 있는 도움을 주는 것이다.

"이 제품은 제가 지금까지 갖고 싶어했던 도구였어요. 이런 도구가 예전에 있었다면, 그렇게 힘들게 연설하는 법을 배우지 않아도 되었을 테니까요." 블롬은 이렇게 이야기했다.

가상 청중은 긍정적 또는 부정적 반응을 보여줄 수 있도록 프로그램할 수 있다. 어느쪽으로 하든, 핵심은 실제 청중 앞에서 이야기하는 실제 느낌을, 가상 경험이 어느 정도 갖게 해줄 수 있는가의 문제이다. 블롬은 이야기한다. "청중을 바라보는 연습을 해야 하기 때문에, 실제 현실에서는 제대로 연습하기가 어렵습니다. 하지만 가상현실로 연습을 하게 되면, 실제 청중 앞에서의 경험을 하게 되지요."

가상현실 경험은 사람들에게 정말 강한 영향을 미친다고 블롬은 설명한다. "실제 사람들을 볼 수 있으니까요" 우리의 시각은 다른 감각들보다 우선시되는 경향이 있다. "시각적 자극을 주게 되면, 기본적으로 우리의 뇌는 그것이 실제 상황이라고 인식하게 됩니다."

현대의 연구자들은 온라인 환경에서 더 기능을 잘하는 아바타를 만들기 위해 애쓰고 있다고 블롬은 이야기한다. 오늘날, 아바타는 팔과 다리 부분의 움직임을 매우 많이 따라할 수 있고, 당신의 시선이 어디를 향하는지를 보여줄 수 있다. 스타트업 기업들은 사진을 기반으로 당신의 얼굴의 디지털 버전을 만들고, 얼굴의 미세한 움직임도 따라할 수 있는 소프트웨어를 개발하는 중이다. "이와 같은 일들은 점점 더 많이 생길 겁니다. 얼마 지나지 않아, 우리는 실제 우리의 얼굴과 똑같이 생긴 디지털 얼굴로 소통을 할 수 있을 거예요."라고 블롬은 말했다.

첨단기술이 세세한 얼굴표현을 따라해서, 서로 진짜 같은 디지털 얼굴을 보며 소통의 질을 높일 수 있기까지는 시간이 좀 걸릴 거라고 블롬은 이야기한다. 하지만 얼마 지나지 않아 가상현실 경험은 우리의 소통 방법을 훨씬 더 풍요롭게 만들어줄 것이다.

홀로그램은 여행을 대체할 것이다

일단 가상현실과 다른 첨단소통도구들을 받아들이게 되면, 물리적 공간에 투사된 가상 자신(virtual selves)에 대해 점점 더 편안함을 느낄 수 있게 될 것이다. 가상 감각을 통해서는 현재 같이 있지 않은 사람도 같이 있는 것처럼 생각하게 될 수 있다.

현재의 모든 트렌드는 고용과 업무 공간에 있어서 급속한 일터의 변화를 보여주고 있다. 이제 우리의 신체를 대신할 수 있는 아바타라는 아이디어가 일터 트렌드에 하나 더해질 것이다. 비용도 낮아지고, 이용편리성도 좋아지고 있기 때문에, 이러한 트렌드는 멈출 수가 없을 것 같다.

많은 사람들이 직접 만나고, 같이 앉아서 협업을 하는 전통적인 공간으로서의 사무실이라는 개념은 이제 구식이 되었다. IBM은 지난 20년 동안 약 2,200평(7,800만ft²)의 공간을 차지하고 있었던 사무실 공간을 줄이면서 연간 1억 달러를 절약하게 되었다.[6] 20년 동안 줄이지 못했던 금액이었다. 어쩌면 우리의 후손들은 '사무실'이라는 단어가 무엇을 의미하는지 알지 못하게 될 수도 있다. 사무실이라는 것은 여전히 기능을 하겠지만, 과거와 같은 물리적 공간의 개념은 아니게 될 것이다.

대면 컨퍼런스는 앞으로도 필요한 경우에는 활용하게 될 것이다

그렇다고 해서 지금 당장 익숙한 대면 컨퍼런스를 바로 걷어치우기란 불가능한 일이다. 적어도 앞으로 10년 동안은 더 대면 컨퍼런스를 하게 될 것이다. 왜 그럴까? 이유는 몇가지가 있다. 컨퍼런스를 통해 팀과 사람들은 시각의 변화를 가질 수 있게 된다. 관행적인 업무방법에서 벗어날 수 있는 방법이기도 하다.

더 중요한 부분은, 컨퍼런스가 조직과 구성원들에게 강력한 대면 만남의 기회를 제공한다는 사실이다. 우리의 뇌는 주위 사람들의 감정을 따라하는 거울신경을 가지고 있기 때문에, 대면 미팅은 우리가 온라인 공간에서는 얻지 못하는 (적어도 한참 동안은) 중요한 경험을 하게 해준다.

그리고 컨퍼런스는 사람들이 정보로 점철된 세상에서 한곳에 초점을 맞출 수 있는 기회를 제공한다. 질적인 수준이 높지 않은 소통 채널에서 정서적 보상을 제대로 받지 못하기 때문에, 인간은 온라인 소통에 초점을 맞추기를 어려워한다. 그리고, 이메일을 확인하고, 페이스북을 들여다보고, 인스타그램을 체크하는 행동으로는 엔도르핀이 별로 분비되지 않는다. 온라인 세상의 지속적인 업데이트는 우리에게 설탕과 같은 역할은 해주지 못한다. 결론적으로, 온라인 공간에서 우리는 계속 산만해질 수밖에 없고, 더 깊은 수준의 의미있는 상호작용을 위해 직접 얼굴을 보는 만남을 가끔씩은 해줘야 하는 것이다. 그리고 항상 바쁜 일에 시달리고 스트레스를 받고 있는 조직구성원들은 가끔씩 사무실을 벗어난 곳에서 일에 대해 생각해볼 기회가 필요하다(물리적인 사무실이 있는 한).

온라인 미팅은 이미 관계가 구축되어 있는 곳에서는 기능을 잘할 수 있지만, 인간 관계를 처음 시작하는 기능은 아주 형편없다. 사람들간의 특정한 반응은 아주 친밀한 관계에서만 일어나기 때문이다. 독자들도 지금쯤은 다 알고 있겠지만, 가장 중요한 소통 요인은 신뢰이다. 그런데 온라인 공간에서의 신뢰는 깨지기 쉽고, 얄팍한데다가, 한번 깨지면 복구가 불가능하다.

온라인 공간에서의 고립감이라는 것이, 우리의 사회적 불안에 새롭게 더해질 것이다

앞으로는 우리는 점점 더 많은 사람들을 만나게 되겠지만, 그 만남의 형태는 대면소통이 아니라, 온라인 소통이 될 것이다. 우리의 무의식은 이와 같은 온라인 연결관계에 대해 만족하지 못하는 면이 있다.

변화의 속도가 점점 더 빨라지고, 앞으로 어떤 일이 일어날지에 대해 확신하지 못하는 막막한 상황 때문에, 우리 모두는 미래는 형편없을 거라는 두려움을 가지고 있다. 하지만 논리적으로 생각해보면, 미래의 많은 부분은 우리가 과거에 해왔던 무엇인가의 반복일 것이다. 우리는 예전과 같은 생각을 할 것이고, 같은 곳에 가게 될 것이고, 같은 사람들과 논쟁하는 행동을 끊임없이 반복하게 될 것이다. 우리의 분노의 대부분은 좋아지기를 희망하면서, 그리고 어떻게 하면 다르게 할 수 있었을까를 고민하면서도 과거의 행동을 반복하는 데에서 온다.

많은 현자들은 과거란 우리가 바꿀 수 있는 것이 아니므로, 그냥 흘려보내라는 조언을, 정말 예전부터 우리에게 해주었다. 하지만 그들의 조언은 문제의 핵심을 제대로 이해하지 못했다고 생각한다. 우리는 과거의 행동을 미래에 되풀이하는 것을 두려워하기 때문에 오히려 과거에 대해 더 생각해볼 필요가 있다. 과거를 돌아보고, 우리의 기억과 협상해서, 미래를 통제할 수 있도록 과거의 행동을 다르게 해보기 위해 노력해야 한다.

하지만 물론 우리는 미래를 통제할 수 없다. 그 대신에, 우리는 스스로에 대해 생각해볼 필요가 있다. "과거와 동일한 상황과 또 마주쳤을 때, 결과를 변화시키기 위해 내가 할 수 있는 작은 일은 무엇이 있을까?" 그렇지 않으면, 영화 〈사랑의 블랙홀(*Groundhog Day*): 주인공이 동일한 날을 반복해서 살아가게 되는 내용 - 역주)〉에 출연하게 될텐데, 누가 그것을 원하겠는가?

자신이 왜 앞으로 나아가고 있는지, 누구와 함께 움직이고 싶은지, 어떻게 앞으로 나아갈 것인지에 대해 명확하게 파악하고 있다면, 어려움을 해결할 가능성이 좀더 높아질 것이다. 그리고 당신의 미래는 조금 더 긍정적인 것으로 변화할 수 있을 거라 생각한다.

꼭 이 방법일 필요는 없다

온라인 세상이 정말 기능을 잘할 경우, 미래에는 어떤 형태를 띄게 될까? '주위 사람들을 미워하고 질투하며, 우리가 살고 있는 시대보다 과거의 언젠가가 분명히 더 좋았을 것'이라는 환상에 빠지지 않고, 보다 만족스럽고 풍요로운 삶을 사는 데 있어서 온라인 공간은 우리를 어떻게 도와줄 것인가?

내가 생각하기에, 온라인 세상이 인간을 위해 더 좋은 환경을 만들어줄 수 있는 방법은 다섯가지 정도가 있는 듯하다.

첫째, 온라인 세상은 과거보다는 미래에 초점을 더 많이 맞추어야 한다. 현재, 우리는 특정 영화의 세부 내용에 대한 내기를 할 때, 뉴스를 알아볼 때, 페이스북에서 놓친 것을 파악하고 싶을 때 구글 검색을 한다. 인터넷은 우리가 이미 알고 있는 것을 보여준다. 현재의 실망스러운 상태나 과거를 보여주는 것이 아니라, 더 많은 가능성과 제안을 온라인 공간이 가져다주게 하려면 어떻게 해야 할까?

영화에 나오는 증강현실(augmented reality)의 목적은 멋진 도구를 장착한 사람의 능력에 찬사를 보내기 위한 것이었다. 우리의 현재 인터넷은 우리가 이미 알고 있는 것을 말해줄 뿐이다. 흥미로운 새 방향을 알려주기보다는, 우리의 기존 경향성을 강화해주는 수준이다.

둘째, 온라인 세상에서는 좀더 클라우드소싱(crowdsourcing: 대중들의 참여를 통해 솔루션을 얻는 방법 - 역주)이 많아져야 하고, 사용자가 만들어낸 콘텐츠가 중심이 되어야 한다. 인터넷의 현재 트렌드는 페이스북과 같은 거대한 주인공이 가지고 있는 힘이 점점 커지고 있고, 우리가 보게 되는 정보를 점점 더 많이 정해주게 된다는 것이다. 이미 나의 페이스북 공간은, 내가 구글에서 검색해봤던 상품과 관련된 광고들로 채워지고 있다. "이탈리아 여행을 생각하고 계신가요?" "최고급 트렁크를 구경해보세요!" 이와 같은 트렌드는 반드시 변화해야 한다. 그렇기 때문에, 우리는 세상과 자신의 진정한 지혜를 공유해줄 사람들이 더 많이 필요한 것이다.

셋째, 인터넷은 우리가 스스로의 삶에 대해 더 좋은 이야기를 만들고, 구성해나가고, 표현할 수 있도록 도움을 주어야 한다. 페이스북조차도 우리의 삶에 대해 기록하고 의미를 부여하는 작업을 해주고 있다. 문제는 한 장 한장의 사진에만 초점을 맞출 뿐, 우리의 전체 스토리에 대해서는 별 관심을 보이지 않는다는 것이다. 우리는 조금 더 충분한 시간을 들여서 숨을 돌리며 우리의 전체 인생에 대해 생각해보아야 한다. 그렇다면 인터넷은 우리가 이 작업을 하는 것을 어떻게 도와줄 수 있을 것인가?

넷째, 온라인 세상은 다양한 아이디어, 신념, 목적, 의미를 추구하는 커뮤니티들을 흩트려놓기보다는 통합하는 작업을 해주어야 한다. 우리는 사람들이 의견을 모을 수 있는 포럼을 더 많이 필요로 한다. 더 많은 신뢰를 할 수 있는 정보가 요구된다. 오해에 기반한 증오가 아니라, 공통 기반을 구축하는 작업이 필요하다. 온라인 세상은 이 작업을 어떻게 도와줄 수 있을까?

마지막으로, 온라인 세상은 우리가 눈앞의 문제에만 매몰되지 않고 조금 더 장기적으로 생각할 수 있도록 도움을 주어야 한다. 1일 24시간, 주 7일 내내 휴대폰을 켜놓게 되면서, 우리의 정신없는 온라인 인생은 매우 충실한 기록으로 남게 되었다. 문제는, 더 범위가 넓은 아이디어를 만들어내고, 천천히 신중하게 조직을 운영하거나 깊이있는 연결관계를 갖기보다는, 스쳐가며 흘낏흘낏 보기만 하게 되었다는 것이다. 이와 같이 피상적이고 지나치게 빠르게 달리느라 에너지를 다 소비해버리는 인터넷이 우리에게 더 심층적이고 적절한 속도의 즐거운 경험을 주려면 무엇을 어떻게 하면 좋을까?

온라인 커뮤니케이션이라는 것이 과연 어떤 것인지를 이해하기 위해 온라인 세상을 여행해보면서, 나는 온라인 커뮤니케이션의 많은 부분들이 얼마나 비인간적인지를 파악할 수 있었다. 우리가 근본적으로 일상적 사건들의 패턴을 보고, 의미를 창출하며, 기억을 구성할 수 있도록 해주는 것은 감정임에도 불구하고, 온라인 세상은 우리의 인간적인 감정을 빛바래게 만들어버렸다. 온라인 세상은 인간의 상호작용으로부터 얻을 수 있는 큰 즐거움을 없애버렸다. 나와 상대방이 동시에 서로의 이야기를 듣고, 의도적으로 힘든 노력을 하지 않고도 즉각적인 소통을 할 수 있으며, 우리 사이의 거리를 거의 느끼지 못할 정도로 열정적인 대화를 할 수 있는 기쁨 말이다. 그리고 온라인 세상은 둔감하고 무채색이며, 어떤 때는 우스꽝스럽기까지한 커뮤니케이션 형태를 만들어냈다. 인간이라는 존재가 지금까지 많은 시간을 들여 찾아낸, 거리감이나 편견, 좌절감을 느끼지 않고 상대방과 소통할 수 있는 자연스러운 방법들을 쓸모없게 하고 말이다.

이제 우리가 인간으로서 반드시 해야 할 일은, 색깔이 없어 단조로워진 세상에 감정과 기억들을 복구시키는 방법을 배우는 것이다. 우리 스스로가 만들어낸 온라인 세상에서의 분쟁의 씨앗은 엄청난 편리함과 신속함을 가져다줬지만, 그에 대해 우리가 치러야 하는 대가는 매우 크기 때문이다.

참고문헌

서론

1. Piercarlo Valdesolo, "Scientists Study Nomophobia—Fear of Being without a Mobile Phone," *Scientific American*, February 2016.

2. Moira Burke, Cameron Marlow, and Thomas Lento, "Social Network Activity and Social Well-Being," in *Proceedings of the SIGCHI Conference on Human Factors in Computing Systems* [Atlanta, April 10–15, 2010], ed. Elizabeth Mynatt et al. (New York: Association for Computing Machinery, 2010), 1909–1912.

3. Denis Campbell, "Facebook and Twitter 'Harm Young People's Mental Health,'" *Guardian*, May 19, 2017. See also Tara Bahrampour, "Teens Who Spend Less Time in Front of Screens Are Happier—Up to a Point, New Research Shows," *Washington Post*, January 22, 2018.

4. Vanessa K. Bohns, "A Face-to-Face Request Is 34 Times More Successful Than an Email," *Harvard Business Review*, April 11, 2017.

5. Keld Jensen, "People Lie More Often by Email Than Face-to-Face," *Forbes*, July 23, 2014.

6. Christopher Bergland, "Face-to-Face Social Contact Reduces Risk of Depression," *Psychology Today*, October 5, 2015.

7. Nicholas Epley et al., "Egocentrism over Email: Can We Communicate As Well As We Think?," *Journal of Personality and Social Psychology* 89, no. 6 (2006): 925–936.

8. Melinda Wenner Moyer, "Eye Contact Quells Online Hostility," *Scientific American*, September 1, 2012.

9. Adrian Furnham, "The Secrets of Eye Contact, Revealed," *Psychology Today*, December 10, 2014; Michael Argyle and Janet Dean, "Eye Contact, Distance, and Affiliation," *Sociometry* 28, no. 3 (1965): 289–304.

10. Robin Reilly, "Five Ways to Improve Employee Engagement Now," *Gallup Business Journal*, January 7, 2014; Jacques Bughin and Michael Chui, "Evolution of the Networked Enterprise: McKinsey Global Survey Results," McKinsey & Company, March 2013, www.mckinsey.com/business-functions/digital-mckinsey/our-insights/evolution-of-the-networked-enterprise-mckinsey-global-survey-results.

11. Lynn Wu, "Social Network Effects on Productivity and Job Security: Evidence from the Adop-

tion of a Social Networking Tool," *Information System Research*, November 1, 2012.

12. Derek Thompson, "Study: Nobody Is Paying Attention on Your Conference Call," *Atlantic*, August 21, 2014.

13. John Cloud, "Study: Doodling Helps You Pay Attention," *Time*, February 26, 2009.

14. Innocent Chiluwa et al., "Texting and Relationship: Examining Discourse Strategies in Negotiating and Sustaining Relationships Using Mobile Phones," *Covenant Journal of Language Studies* 3, no. 2 (2015): 15–38.

15. Suzanne Wu, "Was It Smart to Use Your Phone at That Meeting?" *USC [University of Southern California] News,* October 24, 2013.

16. Epley et al., "Egocentrism over Email."

17. John Medina, phone interview with the author, August 21, 2017. See also John Medina, *Brain Rules: 12 Principles for Surviving and Thriving at Work, Home, and School*, 2nd ed. (Seattle: Pear Press, 2014).

18. John Medina, phone interview with the author, August 21, 2017.

19. John Medina, "The Performance Envelope," *Brain Rules* (blog), September 25, 2014, http://brainrules.blogspot.com/2014/09/the-performance-envelope.html.

20. Medina, *Brain Rules*: 12 Principles, ch. 4.

21. Nick Morgan, *Power Cues: The Subtle Science of Leading Groups, Persuading Others, and Maximizing Your Personal Impact* (Boston: Harvard Business Review Press, 2014).

22. Annamarie Mann and Jim Harter, "The Worldwide Employee Engagement Crisis," *Gallup Business Journal*, January 7, 2016.

23. Alan R. Teo et al., "Does Mode of Contact with Different Types of Social Relationships Predict Depression in Older Adults? Evidence from a Nationally Representative Survey," *Journal of the American Geriatrics Society*, October 6, 2015. See also Kim Jung-Hyun, Seo Mihye, and David Prabu, "Alleviating Depression Only to Become Problematic Mobile Phone Users: Can Face-to-Face Communication Be the Antidote?," *Computers in Human Behavior* 51, part A (October 2015): 440–447.

24. Morgan, *Power Cues*, here and for the discussion of voice in the remainder of this chapter.

25. A. K. Pradeep, *The Buying Brain: Secrets for Selling to the Subconscious Mind* (Hoboken, NJ: Wiley, 2010), 4.

26. Stanford Gregory, phone interview with the author, April 2012.

1장

1. See, for example, A. D. Craig, "Interoception: The Sense of the Physiological Condition of the Body," *Current Opinion in Neurobiology* 13, no. 4 (2003): 500–505. See also Barnaby D. Dunn et al., "Listening to Your Heart: How Interoception Shapes Emotion Experience and Intuitive Decision Making," *Psychological Science* 21, no. 12 (2010): 1835–1844; Jonathan W. Ho et al., "Bidirectional Modulation of Recognition Memory," *Journal of Neuroscience* 35, no. 39 (2015): 13, 323–13, 335; Lisa Kinnavane et al., "Detecting and Discriminating Novel Objects: The Impact of Perirhinal Cortex Disconnection on Hippocampal Activity Patterns," *Hippocampus* 26, no. 11 (2016): 1393–1413; S. Takami, "Recent Progress in the Neurobiology of the Vomeronasal Organ," *Microscopy Research and Technique* 58, no. 3 (2002): 228–250.
2. Giacomo Rizzolatti and Corrado Sinigaglia, *Mirrors in the Brain: How Our Minds Share Actions and Emotions*, trans. Frances Anderson (New York: Oxford University Press, 2008).
3. Nick Morgan, *Power Cues: The Subtle Science of Leading Groups, Persuading Others, and Maximizing Your Personal Impact* (Boston: Harvard Business Review Press, 2014).
4. Tim Elmore, "Nomophobia: A Rising Trend in Students," *Psychology Today*, September 18, 2014, https://www.psychologytoday.com/us/blog/artificial-maturity/201409/nomophobia-rising-trend-in-students.
5. Piercarlo Valdesolo, "Scientists Study Nomophobia—Fear of Being without a Mobile Phone," *Scientific American*, February 2016.
6. Caglar Yildirim, "Exploring the Dimensions of Nomophobia: Developing and Validating a Questionnaire Using Mixed Methods Research" (master's thesis, Iowa State University, 2014).
7. Vicky Kung, "Rise of 'Nomophobia': More People Fear Loss of Mobile Contact," CNN, March 7, 2012.
8. Elmore, "Nomophobia: A Rising Trend in Students."
9. NIDA Blog Team, "Teens and 'Nomophobia': Cell Phone Separation Anxiety," *Drugs & Health* (blog), National Institutes of Health, National Institute on Drug Abuse for Teens, December 9, 2015, https://teens.drugabuse.gov/blog/post/teens-and-nomophobia-cell-phone-separation-anxiety.

2장

1. Sandy Pentland, "The New Science of Building Great Teams," *Harvard Business Review*, April 2012.
2. Linda Carroll, "Face-to-Face Interaction Acts Like a 'Vitamin' for Depression, Study Suggests," *Today.com*, October 5, 2015.

3. Chen Wang, Rui Zhu, and Todd C. Handy, "Experiencing Haptic Roughness Promotes Empathy," *Journal of Consumer Psychology* 26, no. 3 (July 2016): 350–362.

4. Lawrence E. Williams and John A. Bargh, "Experiencing Physical Warmth Promotes Interpersonal Warmth," *Science*, October 24, 2008: 606–607.

5. Denis Campbell, "Facebook and Twitter 'Harm Young People's Mental Health,'" *Guardian*, May 19, 2017.

6. Nick Morgan, *Give Your Speech, Change the World: How to Move Your Audience to Action* (Boston: Harvard Business Review Press, 2005).

7. Luke J. Chang et al., "A Sensitive and Specific Neural Signature for Picture-Induced Negative Affect," *PLOS Biology* 13, no. 6 (2015): e1002180.

8. Nick Morgan, *Power Cues: The Subtle Science of Leading Groups, Persuading Others, and Maximizing Your Personal Impact* (Boston: Harvard Business Review Press, 2014), ch. 7.

9. Ibid.

10. Ezequiel Morsella et al., "Homing in on Consciousness in the Nervous System: An Action-Based Synthesis," *Behavioral and Brain Sciences* 39 (2016): e168. doi:10.1017/S0140525X15000643.

11. Ibid.

12. Ibid.

3장

1. European Commission, "Factsheet on the 'Right to Be Forgotten' Ruling," n.d., www.inforights.im/media/1186/cl_eu_commission_factsheet_right_to_be-forgotten.pdf.

2. Chris Palmer, phone interview with the author, August 25, 2017.

3. Chris Palmer, "Personal Mission Statement," *Chris Palmer Online*, personal web page, July 17, 2017, www.chrispalmeronline.com/s/Personal-Mission-Statement-kjlf.doc.

4. Amy J. C. Cuddy, Susan T. Fiske, and Peter Glick, "Warmth and Competence as Universal Dimensions of Social Perception: The Stereotype Content Model and the BIAS Map," in Mark P. Zanna, ed., *Advances in Experimental Social Psychology* 40 (2008): 61–149.

5. Susan Fiske and Chris Malone, *The Human Brand: How We Relate to People, Products, and Companies* (San Francisco: Jossey-Bass, 2013).

6. Wikipedia, s.v. "Disappearance of Morgan Nick," updated March 21, 2018, https://en.wikipedia.org/wiki/Disappearance_of_Morgan_Nick.

7. David Meerman Scott, *The New Rules of Marketing and PR: How to Use Social Media, Online Video, Mobile Applications, Blogs, News Releases, and Viral Marketing to Reach Buyers Directly*, 6th

ed. (Hoboken, NJ: John Wiley & Sons, 2017).

8. Carmen Simon, phone interview with the author, September 2016.

9. Carmen Simon, *Impossible to Ignore: Creating Memorable Content to Influence Decisions* (New York: McGraw-Hill, 2016).

4장

1. Eric Jaffe, "Why It's So Hard to Detect Emotion in Email and Texts," *Co.Design*, October 9, 2014, www.fastcodesign.com/3036748/why-its-so-hard-to-detect-emotion-in-emails-and-texts.

2. Nick Morgan, *Trust Me: Four Steps to Authenticity and Charisma* (San Francisco: Jossey-Bass, 2008).

3. Derek Thompson, "Study: Nobody Is Paying Attention on Your Conference Call," *Atlantic*, August 21, 2014.

4. Global Workplace Analytics, "Latest Telecommuting Statistics," updated June 2017, http://globalworkplaceanalytics.com/telecommuting-statistics.

5. Giacomo Rizzolatti and Corrado Sinigaglia, *Mirrors in the Brain: How Our Minds Share Actions and Emotions*, trans. Frances Anderson (New York: Oxford University Press, 2008).

6. Luke Dittrich, "The Brain That Couldn't Remember," *New York Times*, August 3, 2016.

7. Nick Morgan, *Power Cues: The Subtle Science of Leading Groups, Persuading Others, and Maximizing Your Personal Impact* (Boston: Harvard Business Review Press, 2014).

8. Ibid.

9. Stanford Gregory, phone interview with the author, April 16, 2012.

10. Joshua Feast, CEO of Cogito Corporation, phone interview with the author, January 2017.

5장

1. Jim Harter and Annamarie Mann, "The Right Culture: Not Just About Employee Satisfaction," *Gallup Business Journal*, April 12, 2017.

2. Jacques Bughin and Michael Chui, "Evolution of the Networked Enterprise: McKinsey Global Survey Results," McKinsey & Company, March 2013, www.mckinsey.com/business-functions/digital-mckinsey/our-insights/evolution-of-the-networked-enterprise-mckinsey-global-survey-results.

3. Lynn Wu, "Social Network Effects on Productivity and Job Security: Evidence from the Adoption of a Social Networking Tool," *Information System Research*, November 1, 2012.

4. Lynn Wu, phone interview with researcher Sarah Morgan, April 2017.

5. Simon Sinek, *Start with Why: How Great Leaders Inspire Everyone to Take Action* (2009; repr., New York: Portfolio, 2011).

6. Robert B. Cialdini, *Influence: The Psychology of Persuasion*, rev. ed. (New York: Harper Business, 2006).

7. Susan Fiske, phone interview with the author, June 2017.

8. Ibid.

6장

1. Vanessa K. Bohns, "A Face-to-Face Request Is 34 Times More Successful Than an Email," *Harvard Business Review*, April 11, 2017.

2. Nicholas Epley and Justin Kruger, "When What You Type Isn't What They Read: The Perseverance of Stereotypes and Expectancies over E-mail," *Journal of Experimental Psychology* 41, no. 4 (July 2005): 414–422.

3. Huma Qureshi, "You've Got (Offensive) Mail," *Guardian*, July 27, 2009.

4. Rowena Brown, "Email Communication in the Workplace: Investigating the Impact of Email Stressors, Normative Response Pressure, and Stress Appraisals on Employee Adjustment Outcomes" (PhD diss., School of Psychology, University of Queensland, Australia, 2011).

5. Lea Winerman, "E-mails and Egos," *American Psychological Association Monitor on Psychology* 37, no. 2 (February 2006: 16).

6. Nicholas Epley et al., "Egocentrism over Email: Can We Communicate As Well As We Think?," *Journal of Personality and Social Psychology* 89, no. 6 (2006): 925–936.

7. Paul Aurandt, *Paul Harvey's The Rest of the Story* (New York: Bantam, 1984).

8. Maria Wimber et al., "Retrieval Induces Adaptive Forgetting of Competing Memories via Cortical Pattern Suppression," *Nature Neuroscience* 18, no. 4 (April 2015): 582–589.

9. Eugene Kim, "Slack, the Red Hot $3.8 Billion Startup, Has a Hidden Meaning behind Its Name," *Business Insider*, September 27, 2016, www.businessinsider.com/where-did-slack-get-its-name-2016-9.

10. The quotes and observations in this section are from the author's Skype interviews on September 7, 2017, with various Klick Health personnel, including Keith Liu and Yan Fossat.

7장

1. Jessica Digium, "Craziest Thing You've Heard on a Conference Call?," *Spiceworks*, March 19, 2015, https://community.spiceworks.com/topic/849475-craziest-thing-you-ve-heard-on-a-conference-call.

2. Ibid.

3. John Medina, Brain Rules: *12 Principles for Surviving and Thriving at Work, Home, and School*, 2nd ed. (Seattle: Pear Press, 2014).

4. Rob Matheson, "Watch Your Tone: Voice-Analytics Software Helps Customer-Service Reps Build Better Rapport with Customers," *MIT News*, January 20, 2016.

5. Karin Ulbrich, Stefan Klotz, and Josef Settele, "Combining Computer and Real Environment: Experience from Implementing Biodiversity Research in the Classroom," *Proceedings of EDULEARN14 Conference*, July 7–9, 2014, Barcelona, Spain.

6. Shashank Nigam, CEO of SimpliFlying, phone interview with the author, May 15, 2017.

8장

1. Pew Research Center, "Mobile Fact Sheet," January 12, 2017, www.pewinternet.org/fact-sheet/mobile/.

2. Tom Rogers, "How to Design Small Decision Making Groups," www.intuitor.com/statistics/SmallGroups.html.

3. R. I. M. Dunbar, "Neocortex Size As a Constraint on Group Size in Primates," *Journal of Human Evolution* 22, no. 6 (1992): 469–493.

4. D. Roland et al., "Will Social Media Make or Break Medical Conferences?," *British Journal of Hospital Medicine* 76, no. 6 (2015): 318–319.

5. David Meerman Scott, cofounder of Signature Tones, phone interview with the author, June 2017.

6. Roger Courville, phone interview with the author, May 2017.

9장

1. Robert Kelly, "Robert Kelly BBC World Interview: On South Korea," YouTube, posted by David Waddell, March 10, 2017, www.youtube.com/watch?v=0M7679g1Bew.

2. John Medina, phone interview with the author, August 31, 2017. See also John Medina, *Brain Rules: 12 Principles for Surviving and Thriving at Work, Home, and School*, 2nd ed. (Seattle: Pear Press, 2014).

3. Kathleen L. McGinn and Eric J. Wilson, "How to Negotiate Successfully Online," *Harvard Business Review*, March 2004.

4. Nikki Blacksmith, John C. Willford, and Tara S. Behrend, "Technology in the Employment Interview: A Meta-Analysis and Future Research Agenda," *Personnel Assessment and Decisions* 2, no. 1 (2016): 12–20.

10장

1. Moira Burke, Cameron Marlow, and Thomas Lento, "Social Network Activity and Social Well-Being," in *Proceedings of the SIGCHI Conference on Human Factors in Computing Systems* [Atlanta, April 10–15, 2010], ed. Elizabeth Mynatt et al. (New York: Association for Computing Machinery, 2010), 1909–1912.
2. Denis Campbell, "Facebook and Twitter 'Harm Young People's Mental Health,'" *Guardian*, May 19, 2017. See also Tara Bahrampour, "Teens Who Spend Less Time in Front of Screens Are Happier—Up to a Point, New Research Shows," *Washington Post*, January 22, 2018.
3. Barry Levinson, dir. and writer, *Tin Men*, Touchstone Pictures, 1987.
4. Hafeezullah Amin and Aamir S. Malik, "Human Memory Retention and Recall Processes: A Review of EEG and fMRI Studies," *Neurosciences* 18, no. 4 (2013): 330–344.
5. Kathy Benjamin, "11 Simple Ways to Improve Your Memory," *Mental Floss*, November 16, 2016.
6. Steven MacDonald, "21 Science-Based Selling Techniques," *SuperOffice*, October 23, 2017.
7. Ryan Estis, phone interview with the author, July 2017.

결론

1. Judith E. Glaser and Richard D. Glaser, "The Neurochemistry of Positive Conversations," *Harvard Business Review*, June 12, 2014.
2. Jeffrey D. Karpicke, "A Powerful Way to Improve Learning and Memory," *Psychological Science Agenda*, June 2016.
3. Ray Sanchez, Natisha Lance, and Eric Levenson, "Woman Sentenced to 15 Months in Texting Suicide Case," CNN, August 3, 2017.
4. Michael Krigsman, "HR Millennial Report: 'We Want Transparency, Honesty, and Opportunity'—A Conversation with Two Successful Millennials Reveals Important Advice for Employers," *CXO Talk*, September 26, 2015, www.cxotalk.com/article/hr-millennial-report-we-want-transparency-honesty-opportunity.
5. Kristopher Blom, interview with the author, September 2017.
6. Janet Caldow, "Working Outside the Box: A Study of the Growing Momentum in Telework," *Institute for Electronic Government, IBM Corporation*, January 21, 2009.

색인

ㅇ

ㅍ

ㅎ

감사의 글

제가 강의에서, '소통의 과정에서 반드시 신경써야 하는 신체적 언어'에 대해 이야기하려고 애쓰고 있을 때, 정말 많은 청중들이 온라인 커뮤니케이션에 대한 질문을 하는 것을 보면서, 이 책의 집필을 시작하게 되었습니다.

저와 함께 정말 오랜 기간 동안 애써왔던 에이전트, 에스몬드 함스워스(Esmond Harmsworth)는 이번에 또다시 초기단계의 아이디어를 정리하는 작업을 도와주었습니다. 제프 케호(Jeff Kehoe)와 하버드 비즈니스 리뷰 프레스는 이 책을 기획할 수 있도록 조력해주었습니다. 너무나 신속하게 변화하고 있는 온라인 환경을 따라잡기 위해, 모든 것을 몇번씩 뒤집어엎으며 새롭게 써야 했던 과정을 모두 지켜보면서도, 이 책에 대한 믿음을 놓지 않아주었던 제프에게 깊은 감사를 표합니다.

과연 책이 나올수 있을까에 대한 불투명함과 막막함으로 계속 힘들어하는 저에게, 힘을 북돋아주셨던 고객분들, 친구들, 동료 코치분들에게 감사드립니다. 데이비드(David), 조쉬(Josh), 릭(Rick), 빈스(Vince), 샐리(Sally), 수잔(Susan), 라이언(Ryan), 브라이언(Brian), 다르메쉬(Dharmesh), 파스칼(Pascal), 로리(Lori), 스테판(Stephen), 조단(Jordan), 애쉴리(Ashley), 크리스틴(Christine), 탐센(Tamsen), 미치(Mitch), 크리스토퍼(Christopher), 마크(Mark), 트라인(Trine), 매트(Matt), 팀(Tim), 매튜(Matthew), 제프(Jeff), 스티브(Steve) 그리고 도움을 주신 많은 분들께 감사드립니다.

제가 하는 모든 일에는 가족의 도움이 가장 컸습니다. 니키(Nikki), 사라(Sarah), 엠마(Emma)가 없었다면, 모든 아이디어들은 곧바로 시시한 것이 되어버렸을 것입니다. 홀리 스미스(Holly Smith)의 훌륭한 연구와 근사한 열정은 중요한 과제들을 잘 풀어갈 수 있도록 도와주었습니다. 감사드립니다. 특히 사라는 저와 함께 연구를 진행하고 초반 아이디어를 정리하느라 정말 애를 많이 써주었습니다. 감사합니다.

저에게 믿음과 사랑을 보내주시고, 용기를 내도록 격려해주신 전세계의 지인분들께 다시 한번 감사를 표합니다. 니키(Nikki), 엠마(Emma), 데이브(Dave), 사라(Sarah), 잭(Jack), 에릭(Eric), 줄리아(Julia), 하워드(Howard), 리타(Rita). 감사합니다.

마지막으로, 따뜻한 사랑과 날카로운 통찰력으로 제 이야기를 들어주며 책의 진행을 관리해준 나의 너무나 멋진 아내 니키에게 영원한 사랑의 마음을 전하고 싶습니다.

저자 소개

닉 모건(Nick Morgan)은 미국의 최고 강연자, 이론가, 코치를 떠올릴 때 생각나는 사람이다. 열정적인 강사로서, 사람들이 생각과 아이디어를 명료하게 정리하고, 멋지게 상대방에게 전달할 수 있도록 조력하는 일에 전념하고 있다. 포춘*(Fortune)*지가 선정한 50대 기업 CEO와 대표들을 위한 글을 쓰기도 한다. 회의에서의 발표, 언론 인터뷰, 인상적인 TED 강의를 해야 하는 사람들을 코칭한다. 정치분야와 교육분야의 리더들과 함께 오래 일해왔다. 닉은 전세계의 다양한 지역에서 강의를 하고, 컨퍼런스를 이끌며, 패널들과의 토론을 진행한다. 지난 선거 기간에는, CNN의 대통령 후보 토론에 대해 전문가로서 조언을 제공하기도 했다.

기존의 사고방식에 대해 도전과제를 던지는 것으로 잘 알려져 있는 닉의 이야기는 전세계에서 출판되었다. 연설이라는 주제를 다룬 『효과적인 연설방법 : 청중 중심의 연설을 통해, 사람들이 새로운 행동을 하도록 조력하기*(Working the Room : How to Move People to Action through Audience-Centered Speaking)*』는 2003년에 하버드 비즈니스 리뷰 프레스에서 출판되었고, 내용을 수정보완한 후 2005년에 『연설을 통해 세상을 바꾸자 : 당신의 청중이 행동을 위해 움직이도록 하기*(Give Your Speech, Change the World : How to Move Your Audience to Action)*』라는 이름의 페이퍼백으로 재출간되었다. 진정성 있는 커뮤니케이션에 대한 『나를 믿어주세요*(Trust Me)*』는 2009년 1월에 조제이-바스(Jossey-Bass) 출판사에서 출간되었다. 커뮤니케이션과 뇌과학의 주제를 다룬 『파워의 신호 : 집단을 리딩하고, 타인을 설득하며, 개인적 영향력을 최대화하는 작업의 절묘한 과학*(Power Cues : The Subtle Science of Leading Groups, Persuading Others, and Maximizing Your Personal Impact)*』은 2014년 5월에 하버드 비즈니스 리뷰 프레스에서 출판되었다.

닉은 1998년부터 2003년까지 〈하버드 경영 커뮤니케이션 레터*(Harvard Management Communication Letter)*〉의 편집자 역할을 맡았었다. 지역 및 전국 단위의 잡지와 신문에 수백개의 칼럼을 기고했고, 라디오와 TV 프로그램에 자주 출연하고 있다. 하버드의 케네디 행정대학원(Harvard Kennedy School of Government)의 '공공 리더십 센터(Center for Public Leadership)'의 교수로 근무하기도 했다.

문학 및 수사학 전공으로 박사학위를 얻은 후, 닉은 버지니아 대학(University of Virginia), 리하이 대학(Lehigh University), 프린스턴 대학(Princeton University)에서 셰익스피어(Shakespeare)와 연설 과목을 수년간 강의하였다. 버지니아 주지사 찰스 롭(Charles S. Robb)의 연설문을 작성하면서 이 분야의 일을 시작했고, 1997년에는 자신의 커뮤니케이션 컨설팅 회사 '퍼블릭 워즈(Public Words)'를 설립하였다.

최고의 자신감으로 가득차 있는 강연자에게도 자신의 커뮤니케이션 방법에 대해 다시 한번 생각해볼 수 있도록 도전과제를 제시하며, 솔직하고 직설적인 접근을 하는 것이 닉의 성공이유이다.

저자 닉 모건(Nick Morgan)

닉 모건은 미국의 최고 커뮤니케이션 코치 및 사상가들 중 한 명이다. 포춘지가 선정한 50대 기업 리더들과 함께 작업하고 있다. 닉의 블로그를 방문하는 사람들은 매달 10만 명이 넘으며, 그의 글은 널리 공유되고 있다. 닉 모건은 전문가로서의 조언을 제공하기 위해 CNN에 정기적으로 출연하고 있으며, HBR.org에 자주 글을 기고한다. 그는 하버드 비즈니스 리뷰 프레스에서 『연설을 통해 세상을 바꾸자(*Give Your Speech, Change the World*)』와 『파워의 신호(*Power Cues*)』를 출간하였다.

[트위터] @DrNickMorgan

[Homepage] publicwords.com

역자 박정민

이화여자대학교 대학원 심리학과에서 상담심리학 전공으로 박사 학위를 받았다. 한국청소년상담원(현 한국청소년상담복지개발원) 선임상담원, 이화여자대학교 학생상담센터 상담원, ㈜다산E&E의 EAP 팀장, ㈜피플인싸이트그룹의 EAP 팀장, ㈜리더스인싸이트그룹의 Development 담당 상무를 역임하였고, 현재 COZY SUDA라는 1인 기업 대표로 재직 중이다. 다양한 조직의 임원 및 중간관리자, 구성원을 대상으로 Smart Leadership & Followership 개발을 조력하는 Coach, 역량을 평가하는 Assessor, 건강한 마음관리를 하는 Counselor로 활발히 활동하고 있다.

[Homepage] www.cozysuda.com

[Email] monica@cozysuda.com

저서

일에 대한 모든 수다(지식과 감성, 2019)

코칭여행자를 위한 안내서(지식과 감성, 2015)

오해하지 말아주세요(박영스토리, 2014)

남자의 공간(21세기북스, 2013)

멘붕 탈출! 스트레스 관리(학지사, 2013)

역서

동기부여 도구상자 (박영스토리, 2020)

평판 : 나를 둘러싼 평판. 평판이란 무엇인가? 왜 중요한가? (박영스토리, 2019)

일터에서 긍정심리학 활용하기(박영스토리, 2019)

일의 심리학 : 옥스포드 심리학 총서(박영스토리, 2018)

밀레니얼 세대가 일터에서 원하는 것(박영스토리, 2017)

나의 일을 의미있게 만드는 방법(박영스토리, 2016)

일터에서 의미찾기(박영스토리, 2015)

역량기반 평가기법(지식과 감성, 2015)

스트레스 없는 풍요로운 삶(시그마프레스, 2013)

상사를 관리하라(랜덤하우스, 2011)

Y세대의 코칭 전략(시그마북스, 2010)

중간관리자의 성과코칭전략(이너북스, 2009)

심리치료의 거장(학지사, 2008)

Can You Hear Me?
–효과적인 온라인 업무소통 방법–

초판발행 2021년 1월 5일

지은이 Nick Morgan
옮긴이 박정민
펴낸이 노 현

편 집 문선미
기획/마케팅 노 현
디자인 BEN STORY
제 작 고철민·조영환

펴낸곳 (주) 피와이메이트
서울특별시 금천구 가산디지털2로 53 한라시그마밸리 210호(가산동)
등록 2014. 2. 12. 제2018-000080호
전 화 02)733-6771
f a x 02)736-4818
e-mail pys@pybook.co.kr
homepage www.pybook.co.kr
ISBN 979-11-6519-108-5 03180

정 가 16,000원